安青松 著

Meditation on
China's Economic Transformation：
From Microeconomic Perspective

风动
／
幡动
／
仁者心动

解机

——中国经济转型的微观思考

经济管理出版社
ECONOMY & MANAGEMENT PUBLISHING HOUSE

图书在版编目（CIP）数据

辨机 / 安青松著. —北京：经济管理出版社，2014.7
ISBN 978-7-5096-3246-8

Ⅰ. ①辨…　Ⅱ. ①安…　Ⅲ. ①上市公司—企业管理—研究—中国　Ⅳ. ①F279.246

中国版本图书馆 CIP 数据核字（2014）第 166520 号

组稿编辑：宋　娜
责任编辑：宋　娜
责任印制：黄章平
责任校对：陈　颖

出版发行：经济管理出版社
（北京市海淀区北蜂窝 8 号中雅大厦 A 座 11 层　100038）
网　　址：www. E-mp. com. cn
电　　话：（010）51915602
印　　刷：北京晨旭印刷厂
经　　销：新华书店
开　　本：720mm×1000mm/16
印　　张：14.75
字　　数：232 千字
版　　次：2014 年 10 月第 1 版　　2014 年 10 月第 1 次印刷
书　　号：ISBN 978-7-5096-3246-8
定　　价：78.00 元

序论及本书设计

就经济学研究而言，这是一个群星闪耀的时代。中国经济转型无疑是星空中最闪亮的一颗。新一轮的中国经济转型，从宏观看是源于国家发展战略层面的两大主题，一是国家治理体系和治理能力现代化；二是加快形成新的发展方式。前者将进一步明晰政府与市场、政府与企业的边界，核心问题是处理好政府和市场、政府和企业的关系，更加尊重市场规律和公司自治原则，更好地发挥政府的作用。后者将推动发展的立足点转变到提高质量和效益上来，依靠科技进步、劳动者素质提高、管理创新驱动，依靠绿色经济和循环经济推动，着力激发各类市场主体发展新活力，增强创新驱动发展新动力。本书研究的视野选择在微观层面，即在国家发展战略的两大主题背景下，对于公司的治理结构和行为方式将带来怎样的影响和变化趋势。

公司是实现国家发展战略的重要微观基础。本书在理论篇中，重点探讨了转型背景下的公司治理和公司并购。转型背景下的公司治理是考量市场经济理念是否内化于心，转型背景下的公司并购是考察市场经济理念能否外化于行，一静一动，动静之间，见微知著，见小曰明。在我国“转轨经济”中，探讨公司治理问题的核心是处理好政府与企业的关系；探讨公司并购问题的重点是关注市场在配置资源中的作用。中共十八大报告明确提出了第 5 个现代化建设的目标，即国家治理体系和治理能力现代化，公司治理是反映国家治理体系和治理能力现代化水平的重要“缩影”。所谓“至微者理也，至著者象也，体用一源，显微无间”（《程氏易传序》），在探讨转型背景下的公司治理时，笔者通过对公司治理与各利益相关者关系的深入考察，反复印证如下观点：一是“契约精神”是公司治理的灵魂，“法治化”是公司治理运行的基础；二是在市场化原则下的本土融合、在公司自治原则下的价值导向，是提升我国公司治理水平的现实途径；三是各国公司治理结构深受本国文化传统和治理体系的影响，不能简单移植，本土化才是生命力所在。在探讨转型背景下的公司并购时，笔者通过对近年来我国资本市场并购重组趋势、上市公司跨境并购实践以及创新的挑战等多维度考察，力图以资本市场为“晴雨表”， 揭示我国经济转向发挥市场在配置资源中起决定作用的历史进程，及其企业不断面临的各种问题和挑战。“图难于其易，为大于其细”（《道德经》第 63 章），是本书阐发微观思考的出发点。

本书在实务篇中，呈现了 2013 年以来笔者关注的上市公司和资本市场实践的 7 个专题研究摘要，相对于“改革元年”的鸿篇巨制而言，可谓秋毫之末。好在所关注研究的方向紧扣改革步伐，不失前沿性和前瞻性，并执著于“接地气”的视角，期盼博智者拈花一笑。本书最后收录了最近两年笔者与企业家们对话交流的发言（文稿摘要），聊效“一枝一叶总关情”之诚，汇编奉献于慧眼前请求批评指正。微观思考，以管窥天，以蠡测海，难免唐突，然则，耕作于细，践行于微，见山见水，君自采撷。

二〇一四年九月八日

目录

理论篇……………………………………………………………… 001

置身转型时代，笔者从曾经的上市公司治理、并购规则的制定者之一，而今站在自律组织、中间组织的立场，观察、检验制度的实践效果，思考经济转型、监管转型带来的挑战。思考是在讨论中形成的，具有多元性、包容性、客观性，真实受用。期以转识成智对我国上市公司治理、并购制度的进步和理论完善有所增益，进而对国家治理体系和治理能力现代化建设有所增益。

实务篇 115

本篇收录笔者 2012~2014 年在经济类核心期刊发表的 7 份专题论文，对相关专业问题的发生、发展规律性进行了潜心探讨，自性知见，著相印证。论文中针对部分问题所提的建议反映了共识，已在后续出台的相关政策中得到体现。

附　录 181

“向之所欣，俯仰之间，已为陈迹，犹不能不以之兴怀”。附录所记，是中国上市公司协会初创时期的情景和事缘，在感悟中思考，在激情中展望，万涓成水，汇流成河。新型社会中间组织是国家治理体系和能力现代化的重要建设者，在中国经济社会转型的背景下，中国上市公司协会的初创者们曾经进行了积极的探索。

理论篇

置身转型时代，笔者从曾经的上市公司治理、并购规则的制定者之一，而今站在自律组织、中间组织的立场，观察、检验制度的实践效果，思考经济转型、监管转型带来的挑战。思考是在讨论中形成的，具有多元性、包容性、客观性，真实受用。期以转识成智对我国上市公司治理、并购制度的进步和理论完善有所增益，进而对国家治理体系和治理能力现代化建设有所增益。

从促进资本市场健康发展，维护投资者特别是中小投资者合法权益，维护资本市场公开、公平、公正的立场出发，监管部门较早地将公司治理作为监管的核心内容，成为推动建立有效公司治理的重要力量。以 2002 年证监会发布《上市公司治理准则》为标志，经过股权分置改革、清理大股东占用资金、规范公司治理专项活动等工作，经历 10 余年的倡导和督导，至今上市公司治理已取得了巨大进步。曾经困扰资本市场的大股东与上市公司“三不分”、侵占上市公司资金等情况，基本已成为过去。上市公司已成为我国建立现代企业制度最为规范的群体。在推进国家治理体系和治理能力现代化建设的新时期，公司治理作为微观领域最重要的制度建设，必然也必将成为国家治理体系和治理能力现代化建设的重要组成部分。站在政府职能转变和监管转型的新的历史起点上，公司自治与自律将成为企业生存的主要法则，而公司治理作为实现公司自治、自律的内生机制，同样面临转型的挑战。转型中的公司治理，需要更加从实际出发的思考，既有内生机制的思考，包括形式与实质，形似与神至，“拿来主义”与本土化的问题，也有外生环境的思考，包括老课题“政府与企业的关系”，新课题如何确立现代企业制度的灵魂“契约与法治”。

公司治理：微观领域最重要的制度建设

正如公司的诞生，所激发的创业激情、创新动力、创造活力，催生了现代市场经济的大发展和人类财富的大增长，建立公司制度无疑是中国经济体制改革在微观领域关键环节的重大突破。在波澜壮阔的中国经济改革实践中，公司治理作为微观领域最重要的制度成果，必将继续以改革的精神走向未来。

一、资本市场促进公司治理转型

党的十八大报告提出，经济体制改革的核心问题是处理好政府和市场的关系，必须更加尊重市场规律，更好地发挥政府的作用。这是30多年改革经验的重要总结。在政府与市场的关系中，最重要的是政府与企业的关系，具体体现在公司治理结构中。我国公司治理结构，与公司制度发育最为充分的美国相比，发展历程和路径截然不同。简而言之，在美国是政府逐步“走进”高度自治的公司，在中国是企业由政府部门的“附属物”逐渐“走出” 政府。美国公司治理结构大致经历了5次变革，每一次变革都是“政府与企业关系”的一次调整，总的趋势是政府监管在适度“走进”企业。第一次变革（1901~1939年）是从自由企业制度到政府监管的介入，这一阶段前期是托拉斯制度促进企业的大型化，后期是反托拉斯限制大股东权利，使得公司控制权私人受益降低，导致大公司的股权分散化，股东股权治理弱化，管理层控制权得到加强。第二次变革（1950~1970年）的特征是董事会中心主义的兴起和独立董事制度由诱致性制度变迁到强制性制度变迁，政府监管强制要求独立董事在上市公司董事会中占有一定比例。第三次变革（20 世纪 80 年代）是通过立法关注利益相关者权益和上市公司社会责任。第四次变革是机构股东行动主义盛行。第五次变革是出台《萨班斯·奥克斯利法案》，解决公司治理结构中经营者、中介机构和分析师合谋问题，加强高级管理人员的法律责任，强化审计机构的独立性，加强信息披露。美国公司治理结构在 100 多年时间里经历了 5 次大的变革，这 100 多年也是美国经济突飞猛进、综合国力稳居魁首的“黄金时代”，公司治理结构变革所激发的市场主体活力功不可没。成熟市场经济的实践证明，公司治理是微观领域最重要的制度建设。

最近 30 年我国经济体制改革最重要的实践是“分权改革”，首先是政府高度集权向分散权力转型，其次是行政权与经济权的逐步分离。我国企业就是在“分权改革”中逐步由政府部门的“附属物”，转变为独立法人和市场竞争主体，这是一次根本性的转型，是转轨经济中企业组织形式、运行机制的创新和再造。在我国企业治理逐步“走出”政府“附属物”的根本性转型过程中，资本市场发挥了至关重要的促进作用。在中国资本市场推动下的公司治理转型，无疑是中国经济持续增长和发展方式转变的微观基础。

企业脱离政府部门的“附属物”后如何治理？这是我国公司治理转型的核心问题。在资本市场推动下，上市公司以“权利公平、机会公平、规则公平”为基础，初步形成了规范运作的法人治理结构，成为中国企业向现代企业制度转型的方向和标志。经过 20 世纪 80 年代的“放权让利”为特征的前 10 年改革探索，20 世纪 90 年代我国企业开始了大规模公司制改造。我国企业的公司制改造，是在计划经济体制向市场经济体制转轨的过程中进行的，必然带有旧体制的特征和惯性，缺乏契约精神和法治环境，没有公司自治的基础和传承，没有股权文化的经济实践，公司制改造的结果必然缺少公司治理的灵魂和活力，被形象地称为“形似而神不至”。资本市场的单兵突进和持续发展，为上市公司治理的市场化转型带来了法治环境和经济实践。

以 2002 年《上市公司治理准则》出台为标志，中国上市公司治理开始了以价值导向、问题导向的改革进程。在 10 余年时间里，经历 5 次具有里程碑意义的典型事件。

一是政府主导作用，规范治理结构。2002~2003 年，中国证券业监督管理委员会（以下简称证监会）与当时的国家经贸委联合开展了上市公司建立现代企业制度检查工作，通过全面自查、重点检查、督促整改，完善上市公司治理结构；2007~2009 年，适应股权分置改革形成的市场环境，证监会开展了为期 3 年的规范上市公司治理专项活动，共计督导整改了上市公司治理运行中的 9000 多个不规范问题。

二是股权分置改革，奠定治理基础。2005~2007 年的股权分置改革，解决了股权分置造成的契约不公平、权益不平等、信息不对称等问题，股权分置改革的机制设计，有效促进了市场参与主体从非合作博弈向合作博弈的转变，进一步确立了“权利公平、机会公平、规则公平”的法治原则，形成了公司治理的股东共同利益基础。

三是纠正占用资金，维护法人财产。控股股东滥用权利侵占上市公司资金，是转轨经济中特有的现象，一度在我国资本市场泛滥成灾。2004~2006 年相关执法部门联合开展了一系列督促清理、依法纠正、执法问责、完善立法的工作，坚决遏制了侵占上市公司利益的行为，维护和保障了公司法人财产的安全性和法人人格的独立性，进一步完善了公司治理转型的法治环境。

四是推进市场化并购重组，形成外部治理机制。并购重组是资本市场配置资源的重要方式之一，控制权市场是上市公司外部治理的重要机制之一，可以有效促进上市公司不断优化资源配置、提高持续盈利能力。2006 年以来，上市公司并购重组规模、绩效大幅提升，以政府部门减少干预、市场主体归位尽责为方向，相关制度安排的市场化程度逐步得到改善。

五是建立退市机制，健全市场约束机制。对于一个规范、透明的资本市场来说，退市制度是市场机制的自我完善，在市场约束机制的作用下，可以有效督导公司审慎经营、持续发展、规范行为、控制风险。资本市场退市机制的建立，在优胜劣汰的市场机制作用下，进一步促使企业脱离政府部门“附属物”的藕断丝连关系，使政企分开、政资分开等改革成果充分接受了市场机制的检验。

上述事件的重要实践成果，是促进上市公司治理转型，使得上市公司成为中国企业健全现代企业制度的先锋，在全新的治理机制下，上市公司成为了中国特色社会主义市场经济的微观基础，成为了中国经济持续增长和发展方式转变的战略引擎。

二、公司治理转型的目标是焕发公司活力

现代公司治理是公司利益相关者权利、义务和责任的均衡分配体系，在强调权益公平、机会公平、规则公平的同时，更加注重机制效率，注重焕发公司活力。因此，公司治理的目标是有效解决代理问题，降低代理成本，促进公司可持续发展。

我国上市公司由于发展的内外部机制发生了深刻变化，从而具备了先进的治理优势和优越的发展环境。在新型治理机制下，经过 20 多年的持续发展，上市公司的规模、结构、质量、效益不断改善，成为了推动企业改革和经济增长的中坚力量，在提高经济运行质量、加快转变发展方式方面发挥着中流砥柱的作用。截至 2011 年 12 月底，我国境内上市公司达到 2342 家，总资产 102.89 万亿元，营业收入 23.32 万亿元，占 GDP 的 49%，利润总额 2.61 万亿元，占规模以上工业企业利润总额的 48%，上市公司缴纳的所得税占全国企业所得税的 34%。截至 2012 年 6 月底，我国股市共计实现融资 4.8 万亿元，最近 4 年公司信用类债券年均新发 1.57 万亿元；最近 6 年（2006~2011 年）上市公司实施行业整合类重大资产重组，累计交易金额约 7570 万亿元。资本市场加速了经济资源向优质企业集中，促进了信息化与工业化的融合，有力推动了产业结构加快调整和升级的步伐。

在新型治理机制下，我国上市公司初步形成了透明、持续、稳定的分红机制，逐步形成了公平分享经济增长成果的社会分配机制。统计资料显示，上市公司分红金额由 2007 年的 2747 亿元增加至 2011 年的 5983 亿元，年平均增长率为 22%，利润分配率基本保持在 30%~40%的水平。截至 2011 年，我国境内上市公司连续 5 年以上进行现金分红的公司为 727 家，占全部上市公司的 35%；沪深两市共有 206 家上市公司累计现金分红金额超过融资额（含首发），其中，深赤湾、

宁沪高速、锦江投资的累计分红金额分别是公司累计融资额的 24 倍、20 倍和 14 倍。2012 年上半年的上市公司年化实际支付股息率的整体水平由 2011 年度的 1.82%提升至 3.72%，高出同期一年期银行利率 0.72 个百分点。以工商银行为例，据测算，中国人寿投资并持有工商银行股票，2008~2011 年 4 年现金分红股利（税前），平均每年近 1.5 亿元，而同样的资金如按照一年期银行存款利息率计算，每年收获利息（税前）不足 1.2 亿元，股票现金分红比银行定期存款利率增收了 25%。

2011 年，我国境内上市公司的分红家数占比为 76%，分红净利润占比为 31%，明显高于新兴市场和欧美成熟市场的平均水平。2011 年，我国境内上市公司实际支付股息率平均水平为 1.82%，与规模相近的美国、英国等市场相比大致持平。如以 2012 年上半年 3.72%的年化股息率进行比较，我国境内上市公司的股息率在全球主要市场中位居前列。

在新型治理机制下，上市公司与资本市场形成了良性互动。上市公司在资本市场获得经济增长“源头活水”的同时，形成了公平的社会分配机制，保障了上市公司科学发展、可持续发展的精进趋势。

三、公司治理转型的方向是尊重公司自治

公司的独立法人人格属性，决定了公司的生命力在于公司自治。所谓公司自治是指公司依照公司章程，自主安排公司治理机制，配置公司权利、义务和责任的活动。从制度经济学的角度看，公司治理是公司利益相关者通过合作博弈而逐渐形成的一般均衡，实现公司内部关系的有序化和各方利益的均衡。从法学的角度看，公司自治是内生制度与外部干预共同作用的产物，是股东、董事、监事、经理等公司利益相关者，在公司目标、利己动机和外在环境等因素的共同作用下，所进行的权利、义务、责任等资源的安排。

从公司实践看，公司治理是公司自治的重要机制，因此，公司治理应当具有

自觉性、自发性和主动性特征。“徒善不足以为政，徒法不足以自行”，脱胎于政府部门“附属物”的中国企业，公司治理转型一开始就表现出强制性制度变迁的特点。中国上市公司治理的形成，与国有企业改制上市、家族企业公众化一脉相承，按照资本市场的准入标准，企业改制上市要求建立规范运作的“新三会”并公开披露相关信息，行政监督强制介入公司治理的优点是整齐划一，“底线”清晰，不足之处是上市公司治理缺乏自觉性、自发性和主动性，上市公司高级管理人员对公司治理缺乏深刻认识，被动地将公司治理作为风险控制和应对监管要求的工作，被形象地比喻为为了进入资本市场融资而被动“着正装”到监管部门“排队”，实际运作中却是“形似而神不至”，割裂了公司治理与经营绩效的相关关系，割裂了公司治理与投资者信心的本源关系。

如何引导公司从被动接受公司治理制度安排，到自觉自愿发挥公司治理机制作用，直至主动自发运用公司治理机制来促进可持续发展、增强投资者的信心？在这方面，行政监管能够发挥作用的空间越来越小，自律组织可以发挥的作用越来越大。OECD 公司治理专家彼得先生在 2012 年中国公司治理研讨会上表达了这样的观点：“公司治理最大的挑战是实践公司治理的行为。”这个观点表明，公司治理的实践性更为重要，即公司治理的有效性取决于能否提升公司组织的运转效率，从而促进公司的可持续发展。对于公司治理而言，实践中行之有效的做法，比强制的合规性要求更具有吸引力。在针对公司治理的立法中，应当充分体现尊重公司自治原则，更多采用自律性“软法律”，以增强公司治理规范的包容性。因此，在强制性“硬法律”中，应当采取“负面清单”的立法理念规定底线、最低要求，给予公司“法无禁止即可为”的空间；在自律性“软法律”中，给予公司“不遵守须解释”的可选择性，鼓励最佳实践做法，使得公司治理规范能够适应不同行业、不同发展阶段和不同文化传统的公司需要。

正如一家民营上市公司董事长所说，企业在一步步地从家庭作坊式经营向现代企业制度转型的过程中，应当注意把学习西方经验和中国文化因素有效结合，才能让公司治理落到实处。可见，公司治理必然受本国独特的历史、政治、经济、文化等因素影响。同时，不同行业、不同规模的公司也是千差万别的，考虑治理机制的角度会有差异，即便是同一家公司，在其不同的发展阶段和发展时期，治理方式也必须不断发展变化。因此，我们倡导的公司治理最佳实践，应该具有本土化、有效性、务实性、创新性等特征。在《公司法》的框架下，每家公司遵循公司自治原则，不唯书、不唯上、不唯洋、只唯实，务实探索行之有效的治理经验，推动我国公司治理建设向普适化、个性化、实用化方向发展。

中国经济发展到今天，已经完全有可能也应该培育出具有全球竞争力和具备自主创新能力的以中国资本为主体的公司，培育出真正受到投资者欢迎和受社会尊重的“百年老店”。然而，要实现这个目标，公司治理正是企业最重要的基础软件。有生命力的公司治理结构才能催生出有生命力的公司。有生命力的公司治理应当具有科学的决策机制、健全的风险防范和控制机制、科学的选人机制和对经营者的激励机制。可以这样说，在提高上市公司质量的系统工程中，公司治理正处于中心环节，良好的公司治理不仅是上市公司健康发展的重要保障，更是资本市场稳定发展的重要基石，是资本市场价值投资的源泉。

现代市场经济的成功经验表明，公司是迄今为止最有效率的企业组织形式，以公司自治为基础的公司治理是企业焕发活力的不竭源泉。尊重公司自治原则，完善公司治理结构和机制，是中国企业改革 30 多年来最重要的实践成果之一，尤其是上市公司治理转型的实践，是中国经济迈向市场化的关键环节，可以展望在推进国家治理体系和治理能力现代化的历史进程中，公司治理仍然是微观领域最重要的制度建设。

公司治理：投资者的信心之源

一、上市公司治理的中国化实践

公司治理是一个全球共同关注的命题，在不同的国家地区、不同的文化背景、不同的经济实践下，公司治理体现出了不同的特性。中国公司治理的起步、演进和发展与经济体制改革、建立社会主义市场经济体系、引入现代企业制度、培育和发展资本市场的历史大背景有着紧密联系，因此，上市公司治理的中国化实践尤其引人瞩目。

传统的公司治理是建立在信任—委托、委托—代理关系的基础之上，中国的公司治理也概莫能外。同时，由于法律沿革、文化背景、经济实践的特性，中国上市公司治理具有以下三方面的实践特征：

1. 强调内部制衡的机制设计

中国上市公司治理是少有的采用了独立董事和监事会的双层架构，这与传统的英美模式董事会集执行职能与监督职能于一身，传统的德日模式董事会、监事会职能分设均不相同。从法律沿革而言，中国公司治理结构源于大陆法系，借鉴德日模式，设立监事会，突出监督职能，同时借鉴英美模式，引入独立董事制度，强化董事会的开放性、专业化、战略决策能力建设。从文化背景而言，悠久的中国文化主张“阴阳相和”、“中和妙用”，在中国古代平等的人际关系通常以“义”来维系，“义者，宜矣”。其本意为合理的分配，因此相信可以通过组织内部结构合理分配权利，而“致中和天地位焉”。从经济实践而言，中国上市公司无论是国有企业改制上市，还是家族企业公众化，无论是从保护国有资产，还是从保护投资者特别是中小投资者权益考虑，必然一方面强调董事会开放性、专业化、战略决策能力建设，发挥独立董事的特殊作用，另一方面强调监督机制的独立性，分设监事会，因此采取了独立董事与监事会并行的制度安排。客观地看，我国上市公司治理结构实际上是两套体系同时在运作，一套体系是依据《公司法》运作的“新三会”即股东会、董事会、监事会。另一套体系是以政府行政管理为背景的党委会、工会（职代会）和纪检（政府审计）部门，这套体系在国有控股上市公司中作用更为显著。无论是双层架构还是两套治理体系，都体现了突出内部制衡作用的机制设计。

我国上市公司治理结构依据《公司法》采用的独立董事和监事会并行的双层架构，是有别于英美模式和德日模式的特殊结构。从法律背景考量，西方法律制度分为两大体系——大陆法系和英美法系。英美公司所处的法律环境是英美法系，以判例法为主要渊源，比较关注程序合法。对于案例的具体问题具体分析，使应用这一法系的英美公司及其监督人员更偏重对个案细节的探究，推崇实践，更注重对业务具体信息的把握。由此，承担督导职能的外部董事置身董事会内，可与内部董事享有同等的知情权，有利于其行使职能。我国的法律近代化则更多地受大陆法系影响，主要借鉴了德国和日本的法理逻辑，其特点是以制定法为主要渊源，相对英美法更加重视有关法的实质的规定，更加重视实体法、成文法。大陆法系要以有限的成文法规范无限的行为，即要求对事实的抽象化、原则化，相应的公司治理的监督职能更注重公司行为的合规性，而非对具体业务的把握。虽然立法渊源各有千秋，经济背景各不相同，在各国公司治理的实践中，相对于复杂的经济活动，通常会出现殊途同归的结果。公司治理在中国的具体实践中，来自不同立法渊源、经济背景的独立董事和监事会制度，除具有特定概念的基本特征外，逐步融入了本土化特色的中国元素。在新兴加转轨的中国资本市场，上市公司独立董事和监事会职责分设，突出体现了强调内部权力制衡的特点，二者可以发挥不同作用，从具体实践案例看，独立董事促进形成了董事会议的专业化协商机制，监事会形成了对股东大会、董事会决策执行效率和决策效果的评估监督机制。当然，二者并行还需要考虑降低治理成本和提高决策效率问题。

2. 以市场为导向的制度建设

上市公司的实践较为集中地反映了中国公司治理的先进成果。经过 20 多年的持续发展，上市公司以市场为导向的制度建设，取得了以下三方面的成就：

一是健全了公司治理相关的法律法规体系。法律法规是公司治理建设的制度基础，内地有关公司治理的法律体系虽然起步较晚，但是发展迅速，日益完备。1993 年颁布的《公司法》和 1998 年出台的《证券法》，奠定了中国公司治理机制的基本法律框架。在此基础上，证监会及其他有关部门进一步研究制定了一系列法规和规章，内容涵盖了“三会”运作、独立董事、股权激励、中小投资者保护等公司治理的多个方面，初步形成了较为完备的上市公司治理制度框架，对规范上市公司治理起到了积极的作用。2011 年初，中国证监会与 OECD 联合发布了《中国上市公司治理白皮书》，中国在上市公司治理方面较为完备的法律制度建设，给 OECD 留下了深刻印象并给予了较高的评价。

二是完善了信息披露制度体系，导入了先进的财务会计制度，促进了上市公司治理的基础建设。信息披露是资本市场的基石，自 1990 年上海、深圳证券交易所成立伊始，即要求上市公司依据上市规则披露信息。1992 年 10 月证监会成立以来，一直致力于建立完备的上市公司信息披露制度，形成了以定期报告、临时报告为主线的信息披露体系，促进了上市公司提高经营透明度，形成了上市公司治理结构规范运作的市场督导机制；内地上市公司率先推行了与国际标准接轨的《企业会计准则》、《企业内部控制规范》，夯实了上市公司治理规范运行的会计基础，推进了上市公司治理水平的国际化进程。

三是初步形成了以市场为导向的外部治理机制。我国上市公司完成了股权分置改革，促进了全流通市场格局的初步形成，上市公司控制权市场得到了发展，健全了上市公司治理的市场约束机制；随着内地资本市场的持续发展，机构投资者队伍不断壮大，参与上市公司治理的积极性不断提高；注册会计师、律师执业质量和透明度不断改善，“看门人”机制作用得到了进一步发挥，促进形成了有利于提高公司治理水平的外部治理机制。

3. 注重公司治理的实践性

公司治理形成于实践作用于实践，特别是在缺乏公司实践历史经验的内地，关注公司治理的实践性更具有现实意义。中国上市公司治理是在价值导向、问题导向的改革实践中不断取得进步的，可以从以下三方面具有典型意义的实践来加以考察：

一是股权分置改革构造了契约公平、平等自治的公司治理基础。股权分置改革遵循市场经济和公司治理的基本理念，按照平等协商、自愿对价、程序保障、公平契约的机制设计，实践性地导入了契约公平、平等自治的公司核心价值理念，构建起公司治理的股东共同利益基础，使得股权分置下股东之间的非合作博弈转变为共同利益基础上的合作博弈，为上市公司治理规范和可持续发展奠定了制度基础。

二是清理大股东占用资金，维护和保障法人财产制度和法人人格属性。由于转轨经济初期对维护和保障法人人格属性和法人财产制度方面的立法不足，导致控股股东占用上市公司资金现象一度泛滥成灾，2005 年监管部门会同司法机关开展了专项治理工作，直接推动了相关立法的进步。2006 年 1 月重新颁布实施的《公司法》明确规定，公司股东不得滥用股东权利损害公司和其他股东的利益，造成损害应当依法承担赔偿责任。2006 年 6 月全国人大常委会通过的《刑法修正案（六）》，明确将不正当关联交易和掏空上市公司规定为犯罪。维护和保障法人财产制度和法人人格属性成为了公司治理的“法律底线”。

三是发挥政府监管的强制作用，促进提高上市公司治理水平。针对上市公司治理中存在的问题和不足，监管部门采取多种措施，加大完善上市公司治理的工作力度。2002 年，证监会会同当时的国家经贸委联合开展了“上市公司建立现代企业制度检查工作”，重点检查了上市公司独立性、“三会”建设和规范运作以及控股股东行为规范，在促进完善上市公司治理结构方面取得了积极成效；2007~2009 年证监会开展为期 3 年的规范公司治理专项活动，督促上市公司整改了 9000 多个公司治理问题，显著增强了上市公司董事、监事、高级管理人员规范运作意识，形成了“三会”运作的基本规范。

以上公司治理的实践特征表明，公司治理的本源属性和机制设计，都是以维护和保障股东的利益为宗旨和立场的。就公司治理的实践性而言，争取投资者的信心和信任，应当成为公司治理始终不渝的原则和目标之一。

二、信心之源：公司治理最佳实践

上市公司治理的核心目标之一，是维护投资者特别是中小投资者合法权益，维护资本市场公开、公平、公正原则，进而促进资本市场健康发展，提升投资者的信心。资本市场投资者如何从上市公司治理获得信心？首先上市公司治理应当是经济实践的行为而不是流于形式的观瞻，因此，公司治理应当是自觉的、自发的和主动的，使得投资者切身感到通过公司治理结构，可以实现权利公平、机会公平、规则公平，并由此生起信心。“三个公平”只有内化于公司治理的具体实践之中，并通过实践检验才能成为投资者信心生起的本源。上市公司治理促进实现“三个公平”，具有外生性即监管要求，更重要的是其内生性，即公司治理各机构的自觉性、自发性和主动性。

回顾我国上市公司治理的发展实践，由于根源于“新兴加转轨”市场的原因，明显具有政府监管部门以强制性制度变迁的方式导入的特征，这与成熟市场经济国家由市场主体自愿、自发，自律组织倡导、引导形成的公司治理机制有重大区别。基于委托代理关系形成的公司治理，本质上是投资人与经营者因商事活动形成的契约关系。通常在商事活动中，依据契约精神确立的制度，普遍具有诱致性制度变迁的特征。卢梭在《社会契约论》中对契约精神的表述是，社会契约所要解决的根本问题是，“创建一种能以全部共同的力量来维护和保障每一个结合者的权利和财产的结合形式”。公司治理无论是以“资合”还是以“人合”为背景，归根结底离不开这种“契约精神”作为基础，也只有在恪守“契约精神”下的公司治理，才能真正成为投资者信心的源泉。

正本清源，在法律意义上，公司治理是公司自治的重要实现形式。公司自治是公司治理主体依照公司法和公司章程，自主安排公司治理机构，配置公司权力

(利)、义务和责任的活动。现代公司制度，源于1844年英国公司法确立的准则设立主义，这部公司法规定“凡符合法定条件之社团，一经注册登记即取得法人资格，不必另有特许或者国会法令授权”。准则设立主义从根本上改变了法人的性质和发展方向，公司法人从特许主义到准则主义的变化是公司法历史上的伟大转折，其意义可以和“从身份到契约”历史进程相提并论。准则主义为公司章程注入了前所未有的活力，公司章程成为公司对外的承诺书，也是公司治理的法理依据。公司章程不再与法律混为一体，更不是特权的表达，而成为当事人意思自治的表征，成为公司自治的工具。准则设立主义，使私法自治原则在公司法中得以彻底贯彻，公司自治理念成为公司法理论与实践的基石，并不断获得发展和完善。在推进完善我国上市公司治理的实践过程中，监管部门从尊重公司自治原则出发，一直采取了十分谨慎的态度，防止行政力量过度介入公司治理，因此，证监会最早出台关于公司治理的规章，是1997年发布《上市公司章程指引》，属于倡导性质。2002年发布的《上市公司治理准则》也不具有强制力。2012年中国上市公司协会的评估报告指出，《上市公司治理准则》仅有30%左右的内容，被上市公司治理实践普遍采用。由此可见，公司治理是从实践中来到实践中去，公司治理的进步需要利益相关者之间的博弈，在实践中不断完善契约达到一般均衡。

从公司治理的国际经验看，世界各国公司治理大致都经历了理论探讨、制度设计、实践检验、倡导最佳实践的发展过程。尤其是当市场出现问题时，反思、总结公司治理的有效性问题，倡导公司治理最佳实践，往往成为了改善投资者关系，提振投资者信心的重要工作。在国际公司治理改革进程中，著名的“卡德伯里报告”、“格林伯里报告”、“汉贝尔报告”，都是在市场机制出现问题时，反思、检讨公司治理的有效性不足问题，总结形成了若干公司治理的最佳做法，并加以倡导和推广，以恢复和提振投资者信心。国际经验表明，公司治理没有统一的模式，也没有放之四海而皆准的标准，只有上市公司切身感受“管用”，投资者由此生起信心，公司治理才真正具有实践意义，才能成为公司自觉的行动和投资者信心的源泉。

郭树清在担任证监会主席时表示：“外部监管和市场约束虽然都是防范风险的重要防线，但公司治理的约束才是最根本的、最主要的防线”，“新的治理结构是一个系统性的概念和体系，各个机构之间各司其职，相互制约，任何一方的弱化都会形成治理结构的失衡”。由于本源不同，我国上市公司治理面临的最大挑战是，如何引导公司从被动接受公司治理制度安排，到自觉自愿发挥公司治理机制作用，直至自发主动运用公司治理机制来促进可持续发展、增强投资者信心。OECD 公司治理专家彼得先生曾表达了这样的观点：“公司治理最大的挑战是实践公司治理的行为。”这个观点表明公司治理的实践性更为重要，即公司治理的有效性取决于能否在“资本多数决策”下保障投资者特别是中小投资者的权利公平、机会公平和规则公平，能否在“民主议事决策”下提升公司组织效率，从而促进公司的可持续发展。因此，对于公司治理而言，实践中行之有效的做法，比强制的合规性要求更具有吸引力。2012 年 7~11 月，中国上市公司协会在全国上市公司中发起“倡导公司治理最佳实践”活动，以独立董事、监事会履职状况为切入点，组织交流研讨、培训传导、调查研究和征集最佳实践案例等系列活动。200 家上市公司发出倡议，积极响应倡导公司治理最佳实践。100 多位独立董事、监事，国际著名的四大审计机构，国内较有影响的审计机构和律师事务所合伙人，就公司治理行之有效的经验展开了广泛而深入的交流和讨论，内容包括独立董事职责边界和履职评价，独立董事与监事会的关系，独立董事与审计机构的沟通与合作，对独立董事有效履职的影响，监事会有效职责和降低监督成本问题等等。通过结合自身公司治理特点，总结行之有效的经验和做法，交流、分享了 450 多个公司治理最佳实践案例，并形成了对上市公司治理现状的基本判断和改进公司治理的建议。这种由自律组织发起探讨、交流公司治理的最佳实践的做法，并以此为基础提升成自律性“软法律”和“示范章程”，可以有效地促进公司治理正能量的聚集，增强投资者对通过公司治理获得权利公平、机会公平和规则公平的信心。比起由监管部门发布规章的管制方式，这种方式更加符合公司治理所要体现的公司自治原则，更加符合从实践中来到实践中去的务实性，这是在监管转型背景下，寻找提升公司治理水平，增强投资者信心新路径的有益探索。

混合所有制经济与上市公司治理

党的十八届三中全会明确提出混合所有制经济是我国基本经济制度的重要实现形式，发展混合所有制经济必将成为我国企业改革新阶段的“亮点”。上市公司是混合所有制经济的先行者，上市公司治理是发展混合所有制经济的“范本”，积极发展混合所有制经济也将为上市公司治理的制度完善带来新的“源头活水”。

一、法治化：混合所有制经济的“基石”

混合所有制经济是现代企业制度发展的重要成果。我国企业建立现代企业制度，以股份制经济发展为视角，大致可以分为三个阶段。第一个阶段是我国企业的公司化进程，以 20 世纪 80 年代中期股份制经济试点为开端，到 1993 年中华人民共和国第一部《公司法》颁布，股份制经济如雨后春笋般地发展起来，90 年代中后期国有企业全面推行现代企业制度，国有企业进行战略性重组，混合所有制经济伴随着我国企业的公司化进程得以发育和发展。第二个阶段是我国企业的市场化进程，这一阶段是以上市公司制度的健全和发展为标志，代表性事件是 2005~2007 年的上市公司股权分置改革。通过上市公司股权分置改革，实现我国资本市场基础性制度的重大变革，全流通市场格局形成，股份公平转让、股东权利平等等股份制经济所赖以生存的基础制度通过市场化方式得以实现。第三个阶段是我国企业的法治化进程，党的十八届三中全会提出的积极发展混合所有制经济，为我国企业的法治化进程提供了契机。

按照《中共中央关于全面深化改革若干重大问题的决定》（以下简称《决定》）精神，混合所有制经济是国有资本、集体资本、非公有资本等交叉持股、相互融合的经济制度，是基本经济制度的重要实现形式。司马迁在《史记·货殖列传》中说："天下熙熙，皆为利来；天下攘攘，皆为利往。"各类资本如何才能融合在一起？只有靠"契约精神"。什么是"契约精神"？卢梭在《社会契约论》中是这样阐述的：社会契约所要解决的根本问题是，"创建一种能以全部共同的力量来维护和保障每个结合者的权利和财产的结合形式"。只有确立了可以保障各类资本主体合法权益的结合形式，混合所有制经济才能够得以发展。在调研中，很多企业反映对发展混合所有制经济的需求，但是不同背景的企业需求也不一样。国有企业希望通过发展混合所有制经济实现"去行政化"目标，改变当前"一股独大""管人、管事、管资产"的状况，促使股东归位尽责，平等行使"管资本"的权利，改善经营机制、优化治理结构、激发经营活力。民营企业则希望发展混合所有制经济，在政府部门获得与国有企业平等的待遇，消除政策、行业、市场歧视，增强融资和获取资源能力，提高可持续发展能力。民营企业把与国有企业发展混合所有制经济称为戴上"红领巾"。同时，国有企业和民营企业对相互发展混合所有制经济有不同的顾虑，国有企业担心与民营企业混合，成功则已，一旦出现问题，会有"国有资产流失"的责任，甚至有被认为是"利益输送"的风险。民营企业则担忧与国有企业混合后，会"被控制"、"投资绑架"、"被行政化"。从经济实践看，上市公司已经是实实在在的混合所有制经济，在调研中上市公司一致认为混合所有制不能等同于股权多元化，更不能简单认为在国有企业中引入非公有资本实现股份制就是混合所有制，关键是看能否依法治理，也就是说是否具备法治化的公司治理机制。调研中企业反映的认识、需求、顾虑的焦点是法治不立。没有法治，混合所有制经济是无源之水，无本之木。离开法治谈混合所有制经济是缘木求鱼，南辕北辙。混合所有制经济的核心在于治理机制法治化，所强调的法治精神，是在企业契约中，或者是在公司治理中，实现全体股东的权利公平、机会公平、规则公平。

二、上市公司治理制度创新的新天地

《决定》将混合所有制经济提升到我国基本经济制度的重要实现形式的高度，为上市公司治理的制度创新打开了新的空间。在《决定》中提出积极发展混合所有制经济，“允许混合所有制经济实行企业员工持股，形成资本所有者和劳动者利益共同体；建立职业经理人制度，更好地发挥企业家作用”。2014 年 4 月在《国务院关于进一步促进资本市场健康发展的若干意见》（以下简称“国九条”）中具体明确：“推动混合所有制经济发展，完善现代企业制度和公司治理结构；规范上市公司控股股东、实际控制人行为，保障公司独立主体地位，维护各类股东的平等权利；鼓励上市公司建立市值管理制度；完善上市公司股权激励制度；允许上市公司按规定通过多种形式开展员工持股计划。”从这两份纲领性文件中，可以得出三个方面积极政策信号：一是重新界定政府、股东、企业的三者关系；二是重新厘清股东、经理、员工的三者关系；三是在上市公司治理中发挥重大作用的市值管理、股权激励和员工持股三项制度创新将取得突破。这三个方面的积极政策信号，两组三者关系和三项制度建设，可以归纳发展混合所有制经济的“三三制”，必将极大激发市场主体的发展活力。首先，重新界定政府、股东、企业的职责边界，这是本届政府简政放权、转变政府职能的改革方向，也是新一轮国有企业改革的重要方向。按照《决定》精神，重新界定政府、股东、企业的关系必然形成三个方面改革导向：一是“去行政化”，公司治理严格按照《公司法》运作，形成以资本为纽带的督导体系；二是“法治化”，契约主体平等，不存在没有法律依据的特殊股东，全体股东权利公平、机会公平和规则公平；三是“市场化”，由“管人、管事、管资产”，全方位掌控国有企业转变为掌控国有资本，以管资本为主加强国有资产监管。其次，重新厘清股东、经理、员工的责权利，核心是形成促进资本融合、机制融合、人才融合的机制和体制，具体而言是，健全完善市值管理制度，促进资本融合；健全完善职业经理人制度，促进机制融合；健全完善股权激励制度、员工持股计划，促进人才融合。最后，落实上市公司治理的三项制度创新，即市值管理、股权激励、员工持股计划。2014 年 5 月 19 日证监会研究部署贯彻落实国九条会议明确提出了抓紧推出上市公司市值管理制度，完善股权激励制度，尽快推出上市公司员工持股计划的工作目标；6 月 20 日证监会制订并发布《关于上市公司实施员工持股计划试点的指导意见》。建立和完善这三项制度应当明确以下方面：一是这三项制度都属于公司自治和不设行政许可的范畴，在监管转型背景下，制度建设的方向应当是明确信息披露要求，规定公平“游戏规则”，尽量减少行政干预，同时应该更加倚重自律规则和自律组织，引导公司自治。二是应当明确市值管理制度是公司治理的重要内容，上市公司是市值管理的核心主体，而不是中介机构、机构投资者或者 PE；同时，市值管理制度可以作为上市公司控股股东“管资本”的重要督导工具，但是应当严禁内幕交易和操纵市场。三是股权激励是促进形成职业经理人制度的重要方式，不仅是激励分享成长性，而且应该激励共担创业创新风险。股权激励制度的核心是让大股东与管理层之间形成博弈，监管的主要关注点是公众股东权益是否得到公平保障。四是明确定位员工持股计划制度，员工持股计划是上市公司根据员工意愿，通过合法方式使员工获得本公司股票并长期持有，股份权益按约定分配给员工的制度安排。参加对象为公司员工，包括管理层。员工持股计划的制度目标是建立和完善劳动者与所有者的利益共享机制，为上市公司提供新的市值管理工具；在制度设计上应当防止重蹈 20 世纪 90 年代初内部职工股“利益输送”和“利益漏出”的覆辙。

股权激励与上市公司治理

股权激励是上市公司治理的重要机制，是协调公司利益相关者关系的重要实现形式。美国经济学家路易斯·凯尔索在20世纪60年代最早提出，人类社会需要一种既能鼓励公平又能促进增长的制度，即在正常市场经济运行的条件下，任何人都可以获得资本收入与劳动收入。股权激励制度伴随着我国企业建立现代企业制度和资本市场的发展，得以不断规范和完善。

一、股权激励在我国的实践

广义的股权激励包括两个层面：一是对公司高级管理人员和核心技术人员的股权激励制度；二是对公司全体人员的员工持股计划。根据证监会2005年发布的《上市公司股权激励管理办法（暂行）》，股权激励制度是指上市公司以本公司股票为标的，对其董事、监事、高级管理人员及其他员工进行的长期性激励，包括股票期权、限制性股票及法律允许的其他方式。根据2014年6月证监会发布的《关于上市公司实施员工持股计划试点的指导意见》，员工持股计划是指上市公司根据员工意愿，通过合法方式使员工获得本公司股票并长期持有，股份收益按约定分配给员工的制度安排，参加对象为公司员工，包括管理层人员。二者在上市公司治理中发挥不同作用，股权激励制度是一种通过经营者获得公司股权形式给予企业经营者一定的经济权利，使他们能够以股东的身份参与企业决策、分享利润、承担风险，从而勤勉尽责地为公司的长期发展服务的一种激励方法。员工持股计划属于一种特殊的薪酬计划，是指为了吸引、保留和激励公司员工，通过让员工持有股票，使员工享有剩余索取权的利益分享机制和拥有经营决策权的参与机制。

在上市公司治理中股权激励制度与员工持股计划的关系对比见表 1。

表 1　上市公司股权激励制度与员工持股计划

制度	股权激励制度	员工持股计划
主体	管理层和核心人员	全体员工
目的	激励	福利辅以激励
方式	中期持股为主	长期持股为主
考核	经营指标	工作年限辅以相应指标

股权激励在我国的实践，可以划分为四个发展阶段：一是 20 世纪八九十年代的股份制经济试点和普及阶段，在这一阶段，内部员工持股即内部职工股成为推动我国企业实施公司化改制的重要驱动力；二是 20 世纪 90 年代以来的资本市场形成和发展阶段，资本市场为内部职工持股、MBO 收购等提供价格发现和权益转让平台；三是 2005~2007 年的上市公司股权分置改革，直接催生了《上市公司股权激励管理办法（暂行）》；四是 2013 年十八届三中全会明确提出“积极发展混合所有制经济，允许混合所有制经济实行企业员工持股，形成资本所有者和劳动者利益共同体”，推动出台了《关于在上市公司实施员工持股计划试点的指导意见》。20 世纪 80 年代，我国国有企业在经历放权让利、承包制等不涉及产权的一系列改革之后，开始探索股份制改革试点，在缺乏产权保护和流转市场的条件下，股份制试点是从发行内部职工股起步的。1982 年沈阳出现企业吸收职工入股的现象。1984 年 7 月，北京天桥百货商场为筹集资本金进行股份制试点，向内部职工发行了 300 万元股票。但是股票样本上标明了“还本付息”，营业执照上登记为“股份有限公司”（国有、集体、个人所有制）。可见，中国企业早期发行的内部职工股，主要目的是筹集发展资金，而不是制度层面的激励机制，也不是薪酬层面的避税设计。在产权不清晰的情况下，出现了超范围发行、私下转让、登记管理的不规范等情况。规范内部职工股发行成为健全和完善股份制经济的重要制度建设，大致经历了三个阶段：

第一个阶段以 1992 年 5 月 15 日国家体改委发布《股份有限公司规范意见》

至 1993 年 4 月 3 日《国务院办公厅转发国家体改委等部门关于立即制止发行内部职工股不规范做法意见的紧急通知》为期间，该阶段允许发行内部职工股但须经批准且比例不得超过总股本的 20%。

第二个阶段以 1993 年 4 月 3 日至 1993 年 7 月 1 日国家体改委发布《定向募集股份有限公司内部职工持股管理规定》为期间，针对实践中出现的“内部股社会化，法人股个人化”的问题进行清理，对新要求成立内部职工持股的定向募集股份有限公司暂缓审批阶段。

第三个阶段从 1993 年 7 月 1 日至 1994 年 6 月 19 日国家体改委发文禁止批准设立定向募集公司，该阶段内部职工股发行占总股本的比例不能高于 2.5%。

1994 年 6 月 19 日禁止批准设立定向募集公司以后，具有中国特色的定向募集公司内部职工股的发行不再出现，但是围绕已发行的内部职工股的规范、清理等大量历史遗留问题，上市公司通过股权分置改革才最终得以解决。

随着上市公司股权分置改革的启动，股份制经济的基础制度得以健全和完善，股权激励制度法规体系逐步形成，分为三个层级，第 1 个层级是部门规章，主要包括 2005 年 12 月证监会发布的《上市公司股权激励管理办法（试行）》，2006 年 1 月国资委、财政部发布的《国有控股上市公司（境外）实施股权激励试行办法》，2006 年 9 月国资委、财政部发布的《国有控股上市公司（境内）实施股权激励试行办法》；第 2 个层级是配套发布的部门规章，包括 2008 年 10 月国资委、财政部发布的《关于规范国有控股上市公司实施股权激励制度有关问题的通知》，2009 年 1 月财政部、国税局发布的《关于股票增值权所得和限制性股票所得征收个人所得税有关问题的通知》，2009 年 3 月财政部、国税局发布的《关于个人股票期权所得征收个人所得税问题的通知》，2009 年 8 月国税局发布的《关于股权激励有关个人所得税问题的通知》；第 3 个层级是证监会发布的监管指引，包括《股权激励有关事项备忘录 1 号（2008 年 3 月）》、《股权激励有关事项备忘录 2 号（2008 年 3 月）》、《股权激励有关事项备忘录 3 号（2008 年 9 月）》。随着股权激励制度法规体系的形成，自 2005 年以来上市公司推行股权激励案例呈现递增趋势，在 2013 年达到了历史上年度最高值的 161 家，8 年累计有 712 家上市公司施行股权激励方案。在推出股权激励的 712 家上市公司中，采用股票期权方式的上市公司达 364 家，占比 51.12%，限制性股票以 224 家的水平排名第二；管理层持股和业绩股票等激励方式近年已不常见。在推出股权激励的 712 家上市公司中，民营企业有 572 家，占比超八成。这与国有控股上市公司股权激励审批复杂和国有企业“高管限薪”有很大关系。在推出股权激励的 712 家上市公司中，深市中小板以 278 家的水平排名所有板块的第一；深市创业板与沪市主板实施股权激励的公司家数差距逐渐缩小，未来有望赶超。这与该两板民营控股、创新型企业相对集中有密切关系。

二、对完善股权激励的思考

从我国上市公司治理的实践看，现行的股权激励制度、员工持股计划尚未发挥出应有的制度效用，制度设计的目标、导向值得深入思考。

（1）股权激励应当体现资本市场价格发现、风险管理功能的效用。从经济发展史看，资本市场有两项最伟大的成果，一是促进企业规模化、社会化发展，二是促进创业创新发展。这两项伟大成果主要得力于资本市场的风险管理和价值发现功能。通过市场机制分散风险、为风险定价，是直接融资区别于间接融资的主要特征。我国资本市场“新兴加转轨”的重要特征之一，就是直接融资和间接融资制度设计的同质化，这与我国资本市场脱胎于“银行体系”有很大关系。比如，股权激励制度的设计，监管要求“激励”必须与公司业绩增长“挂钩”，这就是典型商业银行的“规避风险”的审核视角，这在一定程度上，限制了在创新型企业中，管理层以共担风险、分担风险为目标的股权激励计划。

（2）股权激励应当包容新经济的价值新发现。资本市场最大的品质就是对创新的包容和支持，资本市场是互联网经济的“孵化器”，同时资本市场包容支持了互联网经济所催生的新兴业态和“跨界”发展。2014 年 4 月 17 日新浪微博以首家“中文社交媒体”在纳斯达克上市，发行定价 17 美元/股，上市当天以 20.24 美元收盘，涨幅达 19.06%，市值达到 40.51 亿美元。美国电动汽车厂商特斯拉，颠覆了传统的底特律方式，创造了硅谷方式生产汽车，连续10年亏损，2010年上市，市值超过200亿美元。这些案例充分体现了资本市场对创新、新业态、“跨界”等互联网经济特征的包容性。

在股权激励制度设计上同样应当体现出对创新的包容性。开创了互联网经济“王国”的微软公司，在其创新动力的不竭源泉中，股权激励无疑是重要的源头活水之一。微软公司创建于1975年，微软公司是世界上最大的股票期权使用者之一。股权激励的对象为：董事、管理人员和雇员，几乎覆盖全员。微软公司员工持股计划，按标的物来划分，分为两个阶段，前期以股票期权为主，后期主要以限制性股票为主。2000年微软公司80%的员工拥有认股权，然而它给员工的认股权，不纯粹属于福利性质，而是带有一定的竞争性。认股权的获得是以员工对公司的贡献作为基础的。股票期权的行权安排：1995年之前授予的股票期权一般是从授予日开始的4年半之后开始行权，且在10年内终止；1995~2001年授予的股票期权一般是从授予日开始的4年半之后开始行权，并且在7年内终止，其中有些股票期权在4年半之后或者7年半之后开始行权，10年后终止；在2002年授予的股票期权是在从授予日开始的4年半之后开始行权，且在10年内终止（截至2002年6月底，3.71亿股的期权已被行权，该计划下还留有5.43亿股可以在未来被授予）。股票期权的行权价格：以现价为基础，给予员工一定折扣，比如普通员工可享受15%的优惠，公司高级专业人员可享受更大幅度的优惠，任职1年的正式雇员另有一定的股票购买特惠安排。微软通过这种股权激励计划，在全球IT行业持续向上的时候，吸引和保留了大量IT行业内的顶尖人才，公司的核心竞争力得到了极大的提高，使公司持续多年保持全行业领先地位。公司股票市值从1986年上市时的7.98亿美元，飙升到1999年的5064亿美元。2003年7月9日，微软公司宣布员工的薪酬制度进行重大改革，运行了17年的股票期权奖励制度宣告取消，从9月开始向54000名员工发放限制性股票，员工在股价下跌时依然能够有收益。限制性股票在发放后5年内逐步转归持有人。微软及时调整了激励标的物，是根据行业景气度的变化，及时降低激励成本。

（3）股权激励应当准确定位监管角色，尊重公司自治原则。监管者的角色应是对股权激励各方的博弈平台的维护，监管的核心是股权激励的博弈过程和决策机制，而激励方案的内容不在监管之列。例如，SEC 对股权激励要求公司按照 S-8 表格进行注册（自动生效），并披露相关信息，对方案不进行备案监管；在信息披露方面，SEC 对股权激励、高管薪酬制订了较为全面、系统的披露规则要求，并力求通过表格化披露和诸如“薪酬讨论与分析”的披露内容，清晰呈现股权激励的决策机制、稀释效应等，投资者、中介机构等基于公开信息与激励对象展开博弈。当然，股权激励监管除信息披露外，严刑峻法、代理诉讼、风险收费、和解制度等，对以股价操纵、业绩操纵获取激励收益的违法行为产生极大的震慑和预防作用。

（4）股权激励应当明确税收优惠政策导向。在成熟市场经济体中，税收政策调节是体现国家发展战略的重要杠杆，在资本市场体现得最为明显，如美国为激励形成市场化的养老金体系，对 401k 计划给予税收优惠支持。税收优惠是美国员工持股计划的重要刺激措施，美国税务法规对员工持股计划的税收优惠主要有以下方面：一是根据 1984 年赤字消减法规定，银行或其他金融机构发放员工持股计划贷款而获得的利息收益的 50%可免征联邦所得税。二是员工持股计划基金会分配给员工的股票红利部分和还贷部分均予免税，参加员工持股的员工在离开公司或者退休时得到的股份收益，可以享受税收优惠；员工退休后也可以将其拥有的股票继续留在信托基金，不用缴纳资产所得税。三是 1981 年经济复苏税收法规定，雇主赠予员工持股计划的部分可以减征工资税 0.5%，同时，计划可实行先分股息后征税的优惠。四是 2001 年美国国会通过“税收法 409 章”，确保员工持股计划能够覆盖全部员工。目前，税收政策对我国上市公司股权激励制度存在制约。以金蝗螂公司为例，该公司 2008 年 8 月股东大会审议通过股权激励方案，授予 20 名激励对象 300 万份股票期权，占公司当时总股本的 2.13%。2012 年 10 月公司披露第三期可行权公告，激励对象可行权购买 583.2 万股公司股票，行权价 6.05 元，当日收盘价 36.77 元，较行权价每股溢价 30.72 元（2008~2012 年金螳螂资产规模增长超过 3 倍，净利润增长近 5 倍，公司市值增长 9.4 倍，其间多次分红送股）。但是税收政策方面存在两个方面的问题：一是税收压力，以可行权数量最多激励对象为例，激励收益 2799 万元，适用现行 45%税率，应缴纳个税1200万元；二是纳税义务与行权收益存在时间上不对称，即不论行权所获股票是否出售、收益是否兑现，激励对象在行权时就产生纳税义务。在这方面美国的经验做法是，对法定股票期权在授予和行权时均不需纳税，实际出售时纳税，并且根据持有期长短而使用个人所得税或资本利得税。

（5）普惠性的员工持股计划应当与养老金体系建立联系。员工持股计划在我国上市公司中刚刚起步，成熟案例尚未形成。近年来较为引人注目的是海螺水泥，该公司6700多创始员工持股会发起设立海螺创业公司，2013年对2400名员工实施二次股权激励计划后，成功实现在我国香港股票交易所上市。员工持股计划在境外成熟市场是相当普遍的一种制度安排，具有几个方面的特点：首先，该计划是一种薪酬激励机制；其次，该计划属于一种长期性的薪酬激励机制，避免短期投资行为；再次，该计划是以信托的方式进行专业管理；最后，该计划通常依托税收优惠和养老金制度有机结合。美国通常的做法是由公司担保的职工持股基金会，贷款认购本公司股票，企业每年按一定比例提取工资总额的一部分，投入基金会偿还贷款，当贷款还清后，该基金会根据员工相应的工资水平或者劳动贡献的大小，把股票分配到每个员工的“员工持股计划账户”上。员工拥有对所持股票的收益权和投票权，但没有股份的转让权和继承权，当员工因故离职或者退休时，所持股份按照当时的市场价格转让给本公司或者其他员工获取现金收益。

机构投资者与上市公司治理

研究公司治理有很多角度，其中，机构投资者作为公司治理中外部治理的重要参与者如何发挥作用，是广泛探讨的命题。可以从三方面展开分析的视野：一是资本市场与公司治理：外部机制的激励和约束；二是成熟资本市场与公司治理：机构投资者的理性力量；三是中国资本市场与公司治理：机构投资者结构亟待完善。

一、资本市场与公司治理：外部机制的激励和约束

良好的公司治理与成熟的资本市场互为前提。资本市场为好公司、有潜力的公司提供资源和动力；有什么水平的公司，就有什么水平的市场，欧洲的历史上是这样，中国的历史上也是这样。有效的资本市场是公司治理的重要外部机制。实践表明，资本市场的价格信号和信息披露要求，形成了公司治理的外部激励和约束机制；市场机制通常是在市场相对稳定时更为有效；市场波动性大往往带来道德风险和逆向选择；市场暴涨暴跌背后时常有公司治理失效。例如，2000 年中国股市持续上涨，亿安科技操纵市场、银广厦欺诈、蓝田股份造假频频事发；2001 年美国“新经济”推动的行情方兴未艾，安然、世通事件的爆发震惊了华尔街。尤其是 2008 年以来的全球金融危机，引起大家对公司治理更多的反思，美国纽约州立大学 David A.Westbrook 教授在中国社会科学院金融论坛上提出了公司难以进行自我监管，透明度在监管框架中的作用有限等观点，对公司治理和信息披露有效性表示质疑，这表明市场机制的有效性，深刻影响着公司治理的有

效性，同时也影响到机构投资者的价值判断。从全球范围看，随着机构投资者所占比重的逐渐增大，机构投资者作为重要的外部机制，对公司治理有效性的激励作用在逐步加强。以美国资本市场为例，20 世纪 80 年代，以养老金为代表的长期资金开始较大规模进入共同基金，到 90 年代，庞大的养老金市场为美国共同基金业的快速发展提供了极为广阔的发展空间。截至 2000 年底，美国共同基金的总资产规模达 6.965 万亿美元，其中 2.5 万亿美元为养老金，占养老金总资产 12.3 万亿美元的 20%。养老金在共同基金的市场份额也从 1980 年的 5.9%上升到 1990 年的 21.2%，在 2000 年这一比例上升到 37.6%。鼓励专业的机构投资者参与公司重大决策是公司治理发展的主流趋势。

二、成熟资本市场与公司治理：机构投资者的理性力量

在成熟资本市场，机构投资者是一股理性的力量。美国沃顿商学院迈克尔·尤西母教授认为，美国的公司治理制度正在从由经理人事实上执掌全权、不受监督的“管理人资本主义”，向由投资者选择、监督经理层的“投资人资本主义”转化。以美国为例，在 20 世纪 80 年代以前，机构投资者一直信奉“华尔街规则”，即对公司治理或者业绩不满时“用脚投票”卖出股票，或者干脆不购买该公司股票。20 世纪 80 年代以后，机构投资者作为一股理性的力量不断崛起，逐步形成了积极参与公司治理的态势，得益于三个契机：一是金融市场结构的变化，机构投资者在上市公司中的整体持股比例持续、快速增长，持股量增加使机构投资者资产的流动性受到限制，持股周期拉长，积极参与公司治理成为保证资产安全的必然选择。二是金融市场参与成本上升，超过了金融中介代理成本，随着金融市场的复杂和专业化，一般投资者只能通过金融中介参与公司治理，各类权益代理组织和专业投资者获得发展。三是重要法规的修改，如 SEC 关于股东间信息沟通与代理投票相关法规的修改，以及发达国家人口的老龄化也促进了养老基金等机构

投资者参与公司治理的进程。从美国机构投资者参与公司治理的活跃程度排序看，主要的机构投资者有养老基金、工会性质的投资者、社会和宗教基金、外国机构投资者、共同基金、对冲基金、其他机构投资者（保险公司、银行信托、私募股权基金）。其中，养老基金、工会基金和社会福利宗教基金是最为活跃的公司治理参与者。机构投资者参与公司治理的主要方式为递交股东提案、征集代理投票权、与管理层私下协商、利用媒体对所关注公司施加影响、法律诉讼和争取董事等席位。

“德士古事件”是机构投资者参与公司治理的标志性事件。1985 年德士古石油公司为了反击并购，采用了“绿邮”措施，向 The Bass Brothers 公司支付了 1.37 亿美元的溢价以回购其所持有的股票，但是包括加州公共员工系统（CalPERS）和加州教师退休系统（CalSTRS）在内的其他股东却不能得到这种溢价。为了维护机构投资者的自身利益，当时管着 CalPERS 与 CalSTRS 的加州财长杰西·昂鲁，联合一些公共养老金共同组建了机构股东顾问委员会，以防止类似侵犯机构投资者行为的发生。此后，以 CalPERS 为代表的机构股东逐渐积极介入持股公司的事务，监督管理者，推动改善公司治理。20 世纪 90 年代，美国 5 家大公司的董事会（IBM、GE、康柏、AT&T 和美国捷运）在机构投资者的压力下，先后解雇了首席执行官，迫使公司管理层从根本上改变经营策略，就是“投资人资本主义”的代表性事件。机构投资者对公司治理的积极影响有三个方面：一是在一定程度上抑制公司管理层的滥用权力，机构投资者作为一种重要的制衡力量，是对公司“内部人控制”的一种制约；二是在一定程度上提高了公司的绩效；三是推动公司运动的发展。当然机构投资者参与公司治理，也可能出现追逐短期利益的短期行为，或者合谋损害其他投资者利益的行为。因此，理性的态度是，兴利除弊，积极倡导机构投资者参与公司治理，而不期待让其“控制”公司，在股东大会“空壳化”的时候可以听到机构投资者理性的声音，让公司经营者产生敬畏市场和投资者的制衡力量，让机构投资者在参与公司治理中发掘出公司新的投资价值。

资本市场机制对公司治理的激励和约束作用的有效性，与机构投资者的参与程度是密切相关的。比如美国，作为金融帝国，其资本市场虽然出现了无数次的金融危机，但是危机以后仍然持续发展。统计资料显示，美国市场的机构投资者持股市值比例，自 20 世纪 60 年代以来急速上升，到了 2012 年已经达到 90%以上。英国机构投资者持股市值占比一直保持在相对稳定的状态。相关数据表明，在成熟市场，机构投资者持股市值所占比例基本都在60%以上。以机构投资者为主力的市场，市场稳定性较好，价格发现较为理性。据统计，成熟市场指数波动率较低，稳定性较高，如美国、加拿大市场年波动率基本保持在10%左右。近10年来美国经济一直处于较低增长速度，并发生了波及全球的次贷危机、金融危机，但是，比较新兴市场而言，2008年以来美国股市还是保持了相对小的震荡幅度，而新兴市场则出现大幅下跌，比如中国、越南、印度等。

成熟市场的稳定性和有效性为机构投资者在公司治理中发挥作用，创造了良好的外部环境。研究表明，在成熟市场上，市场形成了有效的激励和约束机制，成为公司治理中十分重要的外部机制。公司治理的外部机制作用，一方面表现为在“问题导向”中的纠错能力，在成熟市场上，有效的信息披露制度、合理的价格发现机制、机构投资者的专业判断，使得上市公司的潜在风险和违规问题比较容易暴露，价格信号产生了强大的市场约束力量，自动显现出市场的纠错能力。例如，整个安然事件的曝光，不是源自公司经理层内讧，也不是始于证券监管机构查处，更不是个别小股东的偶然行为所致，而是通过作为机构投资者代言人的买方分析师的不断质疑、追问而逐渐揭露出来。另一方面是在“价值导向”中的正向激励，20年前微软才刚刚起步，苹果尚在起起落落之中，万科只有一个经营团队和公司治理结构，但是它们的投资价值在资本市场得到价格发现，3家企业在20年内迅速成长为全球性行业领袖企业，机构投资者在其中扮演了重要角色。

三、中国资本市场与公司治理：机构投资者结构亟待完善

机构投资者和公司治理在成熟资本市场具有普遍性的关系，同样适用中国资本市场和中国公司治理，当然中国资本市场也具有特殊性。

近年来机构投资者与上市公司治理的关系发生了积极变化。从20世纪90年代

开始，公司治理概念开始受到中国企业界和理论界的广泛关注。1993 年《公司法》规定公司治理基本结构，2002 年证监会陆续发布《上市公司治理准则》、《关于在上市公司建立独立董事制度的指导意见》等部门规章，随后中国人民银行、银监会、国资委从不同角度也提出了公司治理规范。2011 年 OECD 与中国证监会对我国上市公司治理情况进行了一次全面评估，认为经过 20 年的持续建设我国上市公司治理制度框架基本符合国际标准。特别是通过股权分置改革，构建起公司治理的股东共同利益基础，对公司治理的进步发生了深刻的影响，机构投资者在公司治理中的地位和作用发生了积极转变，即由股权分置下的非流通股股东与机构投资者的非合作博弈格局，转变为全流通市场上有共同利益基础的股东间的合作博弈。从 2006 年以后，股票市场自由流动股份大幅增加，到 2012 年自由流通股份占总股份的比例趋近 80%，市场已经进入全流通时代，市场稳定性逐步提高，市场机制逐步健全，机构投资者持股所占比例增加，其“话语权”和“积极性”得到了大幅提升。

当前我国机构投资者结构中，以养老金为主的长期资金比重较低，影响到了对公司治理的价值导向。从国际经验来看，养老金作为一种稳健的、长期的机构投资者，一直是参与公司治理的主要力量。根据 Georgeson 对美国上市公司股东大会的统计，2011 年美国公共养老金提交了 57 份股东提案，在所有股东提案中占比 21.2%。除美国资本市场外，基于问卷调查的一项研究成果表明，日本企业养老金和受托人都有参与所投资企业公司治理的意愿。日本企业年金联合会专门制定了《企业年金联合会股东投票权行使指南》，引导养老基金参与公司治理。根据日本养老金投资公司的统计资料，2011 年日本养老金中的 17 家资产管理公司全部行使了投票权。从投票结果来看，日本养老金对管理层提案的平均反对率为 13.2%，而对于股东提案的反对率却高达 98%，养老金与所投资公司的管理层保持高度一致。据统计，目前我国专业机构投资者持有上市公司流通市值仅为 15.52%；其中社保基金、企业年金持股市值占比较低，均不到 1%；自然人目前持流通市值为 27.05%；一般机构持流通市值 57.43%。从持股相对长期性和稳定性而言，我国各类投资者的结构与美国对比正好相反，我国是“倒三角形”，美国是“正三角形”。在美国，养老基金长期资金持股规模，一般在 50%以上，这种长期资金持有上市公司较大比例股份，有利于改善公司治理的水平，主要原因在于长期资金的机构投资者将更多关注所投资公司的可持续发展，而不是短期行为。因此，我们期待增加养老金、企业年金等长期资金的入市比重，改善我国机构投资者结构。

完善我国机构投资者结构，亟待增加长期资金的比重。推动养老金制度改革与资本市场发展的良性互动，是充实资本市场长期资金的源头活水。通过资本市场的运作，过去 20 年美国的 401K 养老金计划平均实现了 6%的年回报率，过去 10 年我国的社会保障基金平均实现了 8%的年回报率。但是，我国养老金制度还很不健全，比较单一，我国现行的社会统筹加个人账户的基本养老金规模为 2.5 万亿元，基本上属于政府主导的社会保障养老金范畴。国际通行的养老金体系一般由三大支柱组成：第一支柱是政府主导的社会保障养老金；第二支柱是雇主资助的私营养老金，如美国 401K 等；第三支柱是个人养老保险及其他储蓄。当前我国还没有真正意义上的与美国 401K 计划类似的第二支柱。按照美国 401K 的市场运作经验，发展市场导向的养老金体系，是推动长期资金进入资本市场的重要途径。建立市场导向的养老金体系应当具备以下几方面条件：第一，政府税收优惠激励。在美国企业养老金由个人上缴，即把个人工资一部分上缴养老金账户，而这部分工资收入是即期不缴纳所得税，退休以后实际取得资金以后，才缴纳个人所得税，鼓励大家把养老金投入市场运作。第二，形成责任均等分担机制。当前我国养老保险体系过度依赖政府支撑，没有发展市场导向的养老金体系，即期支付的养老金更多来自财政补贴，随着老年化社会的到来，对我国经济的可持续发展将带来比较大的问题。中央电视台近年推出的电视纪录片《金砖之国》，给人印象最深的是俄罗斯较为健全完备的养老金体系。俄罗斯在经历“休克疗法”的阵痛后，其经济增长速度不像我们这么快，但是，俄罗斯按照责任均等分担原则，依托得天独厚的资源，推动养老金体系的建设，实现了覆盖全民的养老保险体系，为俄罗斯可持续发展奠定了重要的基础。第三，资本市场体系健全。美国社会结构的稳定主要依赖健全的养老金体系，而健全养金老金体系是依靠了强大、健全的资本市场体系实现的。无疑华尔街为 401K 计划得以完美实现的市场化运作居功至伟。第四，自主决策投资。养老金量化到人，由个人自主决策投资是养老金入市的重要条件之一。

公司治理的本土化特征

所谓公司治理本土化，是指各国公司治理在本国独特的历史、政治、经济、文化等因素影响下，遵循公司自治原则，形成的适合其历史沿革、文化背景、发展阶段并行之有效的公司治理结构，有效地解决委托代理问题。

在公司制度发展较为成熟的美国，其公司治理走过了一个从否定股权治理到重视股权治理的过程。早期为了制衡垄断大股东的权力集中，美国首先否定垄断大股东的股权治理，导致美国大公司股权的分散，而到20世纪90年代，随着金融自由化，机构股东行动主义的兴起，则意味着美国开始重视股权对上市公司治理的作用。美国上市公司治理发展的经历百年变迁，不仅是美国上市公司各利益相关者博弈的产物，而且受到了美国特定意识形态、政治文化和法治环境的深刻影响，具有鲜明的本土化特征。

概念分析是研究问题的基础，探讨公司治理本土化，首先要分析公司治理在不同条件下的概念内涵和外延。我国上市公司治理自1993年《公司法》颁布实施以来已有20年历史，而独立董事制度自2001年证监会发布《关于在上市公司建立独立董事制度的指导意见》至今也有10余年了，无论是公司治理还是独立董事的概念，基本上是按照引入的概念来解读的，真正结合本土特点的概念分析做得还不够。比如说对监事会的认识，由于公司立法的传承关系，出现了一个比较有意思的循环，监事会概念根源于德国公司法，日本商法借用了监事会概念，中国的公司法则受日本的影响继承了监事会概念。2012年中国上市公司协会与德国国际合作机构举办了一次关于公司治理实践的深入对话，德方的公司法律专家一再表达，德国监事会的职能与英美董事会的职能大致相似，德国的董事会实际上是在履行英美公司经理层的职责，只是由于各地的法律背景和经济实践不同，出现了所谓“单层架构”和“双层架构”的说法。独立董事也是如此，德国公司没有独立董事的概念，但类似的职责体现在独立监事上，与美国公司独立董事强调关注公众股东利益不同，德国公司的独立监事强调关注利益相关者的利益，比如在独立监事中要求员工监事应当占一定比例。由此可见，无论是美国的独立董事还是德国的独立监事，其本土化特征都十分明显。独立董事与监事会并存，是我国公司治理的特殊性，也是本土化实践最重要的国家之一。由于董事会在公司治理中的中心地位，独立董事的实践受到了广泛关注。2005 年《公司法》的修订进一步明确了独立董事、董事会秘书在公司治理中的法律地位，2005~2007 年的股权分置改革进一步完善了股份制经济的基本制度，应该说我们对公司治理本土化的概念分析才刚刚开始。

公司治理本土化首先是实践问题。“实践出真知”，公司治理有效发挥作用的途径，只有到公司治理的具体实践中去探索。陈云同志的工作方法是“不唯上，不唯书，只唯实”，我们要找到公司治理本土化途径，应该是不唯上，不唯书，不唯洋，只唯实。2012 年 8 月中国上市公司协会发起的“倡导公司治理最佳实践”活动，就是遵循这条路径在走。国际经验表明，公司治理是公司自治的重要机制，公司治理的效率决定着公司的经营活力和可持续发展，这是探讨公司治理问题的本源。我国公司治理在经过从无到有、形式具备的历史进程之后，关注本土化，实际上是关注公司治理的本土化实践。笔者体会，本土化实践体现在三个方面，一是普适性，二是个性化，三是实用化。

公司治理本土化的第一个特征是普适性。为什么说普适性是本土化的特征之一？因为公司治理的实践遵循普遍适用的目标和原则，具有普遍的价值导向和问题导向。这是公司治理的基本属性决定的。但是普适性在不同文化背景、不同国家治理体系、不同发展阶段有不同表现方式和实现形式。例如，全球的资本市场监管者都从保护投资者权益角度，提出了上市公司治理的监管底线或者合规要求，这是普遍适用的入门条件，体现了公司治理的核心目标和原则。但是普适性如何落实又是一个问题，比如上市公司董事会要求独立董事占 1/3，1/3 的独立董事如何发挥作用，这是监管规则难以整齐划一的。在公司治理的实践中，很难找到统一的模式，只有“各美其美”，那么如何做到“美美与共”呢？即公司治理的普适性如何落实呢？国际上通常是相对于监管部门规则的“硬法律”，更多的是采用自律组织的“软法律”来解决普适性的问题，也就是在遵循公司治理核心目标和原则的基础上，尊重公司自治的实践，尊重公司的首创精神，推行公司治理的最佳实践。在美国有一个商业圆桌会议，这是一个由美国一流企业的首席执行官组成的协会，其会员公司年收入超过 6 万亿美元，总市值占美国股市总市值的近 1/3。这个组织每年都发表年度公司治理报告，实际上是本年度公司治理最佳实践的总结和推广。在中国香港，香港证券交易所经常发布倡导性质的公司治理最佳常规，推荐给上市公司借鉴，实际上是在采用“软法律”传导监管理念，或者说是在做健康市场文化建设，通常这些最佳常规被上市公司广泛采用后，即可上升为普适性的规则。所谓公司治理最佳实践或者说公司治理最佳常规，就是在公司治理核心目标和原则的基础上，形成的符合公司自身发展需要且行之有效的特色做法和运作经验。国际经验表明，总结、倡导公司治理的最佳实践，无疑是促进提高公司治理水平的务实、有效做法。世界各国公司治理大致都经历了理论探讨、制度设计、市场检验、倡导最佳实践的发展过程。尤其是当市场出现问题时，反思、总结公司治理的有效性，倡导公司治理的最佳实践，就成为提高公司治理普适性的有效途径。由于转轨经济的缘故，我国上市公司的发展实践，表现出政府强制性制度导入的特点，这与成熟市场经济国家由市场主体自治、自律组织推广的公司治理机制有重大区别。缺乏公司自治历史传承的中国式公司治理自愿性、自发性和主动性不足，是造成我国公司治理“形似而神不至”的重要原因。如何引导上市公司从被动接受公司治理的制度安排，到自觉自愿发挥公司治理机制的作用，直至自发主动运用公司治理机制来激发经营活力、促进可持续发展？首先公司治理必须回归公司自治原则的本源，让公司治理主体在遵循公司治理核心目标和原则的基础上，自主安排治理机构，配置公司权利（力）、义务和责任，以全部共同力量来维护和保障全体利益相关者的积极性，激发公司创业、创造、创新激情和活力。其次是发挥自律组织的作用，引导公司治理的价值导向，发挥自律组织在诱致性制度变迁中的积极作用，发挥公司自治的主观能动性，与政府监管的底线机制相结合，促进公司治理自律规范，推动公司治理机制普适性的发展。

公司治理本土化的第二个特征是个性化，尊重公司自治原则是中国公司治理转型的关键问题。按照公司自治原则，应该是公司治理主体在遵循公司治理核心目标和原则的前提下，自主分配公司治理各机构的权利、义务和责任，形成运转协调、高效的治理机制。因此，不同的行业，不同的历史沿革，不同的发展阶段，公司治理模式应当不尽相同。世界500强的公司治理应该说都各具特色，这就是个性化。公司自治特征决定公司治理的个性化，所以本土化的公司治理，应当尊重公司治理的个性化发展。香港证券交易所将公司治理实践中行之有效的做法，以最佳常规的形式推荐给上市公司，鼓励每家公司结合自身实际各取所需选择适合自己的做法。对于比较得到广泛认同的做法，进一步采取“守则”的形式，引导上市公司执行，如果不执行可以公开披露原因。2002年5月日本对其商法、公司法进行修改，就公司强化监事会或者废除监事会而采用独立董事制度，做出任意性规范，交由公司结合自身实际自由选择治理模式，实行独立董事制度的公司，原来的监事会制度自行废止。其进步意义在于：一是立法导向尊重公司自治权力，制度设计更适应公司实际需要；二是两项制度可相互替代，可以避免机构重叠、边界模糊，降低治理成本，提高治理效率。1966年法国股份公司法即允许公司自主选择采用单层制或者双层制。最新的《欧盟第5号公司法指令草案》，从欧盟公司实际出发，提出在保持经营职能与监督职能的法律特征的前提下，公司可以自主选择单层制或者双层制治理模式。应该说这些做法客观务实，符合市场规律，体现公司自治原则，为公司治理的个性化发展留出足够的空间，以保持公司治理的效率。

公司治理本土化的第三个特征是实用化。公司是经济组织，也是迄今为止最有效率的企业组织形式，经济持续发展的目标无疑是公司治理的核心价值所在。因此，公司治理重质（实用）不重文（形式）。比如内控规范作为公司治理的基础之一，中国平安等金融企业每年要花费上千万元的费用，因为金融企业需要通过内控规范来控制风险，所以“不用扬鞭自奋蹄”，没有监管部门的要求就搞得很完善了，但是如果监管部门按照这样的标准要求创业板上市公司搞内控规范，就不会得到积极响应，因为创业企业本身就是风险投资。同样监事会在很多金融类上市公司得到广泛重视并发挥作用，也是因为它可以有效控制风险。有人认为，目前独立董事更多的是发挥“专家顾问”的咨询作用，是走偏了。在实践中，独立董事对提高董事会决策的专业化、科学化水平发挥了积极作用，得到了广泛认同和接受，独立董事的这种实用性就是其本土化特征之一。无论从和谐文化的背景，还是从公司治理的效率来看，独立董事的作用绝不是用投反对票的次数来表现的，独立董事在决策过程中的专业化关注、合规化关注、全体股东共同利益的关注，有利于提高公司治理的科学化水平，这是独立董事在中国的实用化实践。

独立董事实践的中国元素

独立董事最早在我国出现是为了满足企业境外上市的需要，1993 年青岛啤酒赴香港上市，根据香港联交所要求，公司聘请了 2 名独立董事。在内地部门规章中最早出现独立董事是 1997 年，中国证监会发布的《上市公司章程指引》，提出“公司根据需要，可以设立独立董事”，但未强制设立。在境内上市公司全面推行独立董事制度，始于 2001 年中国证监会发布的《关于在上市公司建立独立董事制度的指导意见》（以下简称 《指导意见》），明确提出在上市公司中建立独立董事制度，并且要求“2003 年 6 月 30 日前，上市公司董事会成员中应当至少包括 1/3 独立董事”。独立董事在上市公司治理中的法律地位，在 2005 年修订的《公司法》中得以确立，“上市公司设立独立董事，具体办法由国务院规定”。截至 2013 年底，沪深两市上市公司中在职独立董事共计有 5734 人，平均每个独立董事在 2.26 家公司任职；2494 家上市公司共计聘任独立董事 8225 名，平均每家 3.3 名。境内上市公司以高校教师、退休官员、协会、会计师与律师为主，合计占独立董事总数的 91.65%。这与英美独立董事队伍以行业内退休高级管理人员为主有所不同。（数据来源同花顺统计系统）

《指导意见》是我国独立董事制度普及化的源头，发布迄今独立董事在我国上市公司已有 10 余年的实践。独立董事制度是一个“舶来品”，作为这份规范性文件的起草者，对于该制度的本土化进程给予了格外的关注。最早以法律形式确立独立董事制度，是美国 1940 年颁布的《投资公司法》。20 世纪 70 年代纽约股票交易所正式要求每家上市公司，必须在限定期限内设立一个有独立董事参加的审计委员会。这一规定确立了独立董事在上市公司治理中的地位。孟德斯鸠在《论法的精神》中曾提到：“为一国人民所制定的法律，应该是非常适用于该国人民的，所以如果一个国家的法律能适合于另外一个国家的话，那只是非常凑巧的事。”由此可见制度移植不是轻而易举的事。因此，发源于欧美国家的独立董事制度，如何在政治经济体制以及历史文化传统都不相同的中国土壤中生根发芽，需要在实践中经历一个认识、引进、讨论、争议、不断改进并形成最佳实践的本土化过程。

独立董事是公司治理最重要的制度安排之一。以英美为代表的不设监事会的单层制公司治理结构中，独立董事的核心功能是监督公司经营管理层，这也是美国创设独立董事制度的初衷。在西方社会，独立董事被看作是一个站在客观公正立场上，保护公司利益的重要角色。人们普遍预期独立董事能够承担起发现公司经营的危险信号、对公司的违规或者不当行为能够提出警告的责任。因此，如果独立董事没有事先发现公司的违规或者不当行为就会受到股东和社会谴责，甚至被追究连带责任。因此，在美国凭借丰富的专业知识和管理经验而被聘请为一家上市公司，尤其是知名公司的独立董事，是跻身于上流社会的标志之一。从更广泛意义上探讨独立董事的作用，首先要明确公司治理的目标和要义。比较一致的看法是，公司治理发端于西方经济体，与西方政治经济体制和文化传统密不可分，比如“代议制”、“教会文化”等。一般而言，关于公司治理的理论探讨，主要集中在股东理论和利益相关者理论，股东理论认为公司治理以实现公司股东利益最大化为目标，利益相关者理论认为公司治理以利益相关者权利、义务和责任的分配均衡化为目标。无论何种理论，我们必须首先承认，一切的机制安排必须遵从企业的生存法则，企业若不能持续生存，一切无从谈起。公司治理的终极目标一定是服务于企业的生存及可持续发展，脱离了这一目标，片面强调公司治理的监督制衡功能、权利分配功能、风险防范功能，就像无源之水，无本之木，偏离了轨道。因此，“实质重于形式”是公司治理的实践性要求，也是公司治理的生命力所在。

关注独立董事的作用，同样需要“实质重于形式”视角。引入独立董事制度的初衷，是为了解决“股权分置下内部人控制的一股独大”问题，制度设计核心理念是遵循公开性原则，以提高决策机制的透明度，增强决策的民主性和科学性。根据《指导意见》，独立董事有 6 项职权、须对 6 项重大事件发表独立意见。

6 项职权是：重大关联交易提前认可；向董事会提议召开临时股东大会；提议聘请或者解聘审计机构；提议召开董事会；独立聘请外部审计机构和咨询机构；公开征集投票权。6 项重大事件是：提名、任免董事；聘请或者解聘高级管理人员；公司董事、高级管理人员的薪酬；上市公司与控股股东及其关联方总额高于 300 万元或者高于最近经审计净资产值的 5%的借款或者其他资金往来，及其采取措施清欠情况；独立董事认为可能损害中小股东权益的事项；公司章程规定的其他事项。上述职权的行使和独立意见的发表，均通过公开信息披露接受社会监督。针对独立董事的实际履职状况，2013 年中国上市公司协会在对 104 名经理人员、61 名独立董事和 44 名投资者及其他市场人士的问卷调查显示：按照“很好”、“较好”、“一般”、“比较差”、“较差”分别赋予 5、4、3、2、1 的分值，认为独立董事在“促进公司整体发展”、“促进公司治理”和“保护中小投资者利益”的得分分别是 3.53、3.56 和 3.47。对于 10 多年来我国上市公司独立董事制度实施效果的总体评价，认为“很好”的占 2.2%，“较好”的占 48.4%，“一般”的占 42.9%，“比较差”的占 6.5%。2013 年 8 月深圳证券交易所发布的《2012 年深市上市公司治理情况》揭示：“2012 年，中小板和创业板上市公司没有出现独立董事投反对票、弃权票和质疑的情况；主板上市公司有 1 家上市公司独立董事认为修改公司章程的条款与公司法、证券法相冲突，投了反对票，另 1 家上市公司独立董事对公司的两个议案投了弃权票”；“独立董事委托出席情况比较严重，主板有 361 家上市公司独立董事采取了委托出席方式，中小板有 265 家上市公司存在委托出席问题，占整个板块 37.8%”。可见对独立董事制度在我国的实践效果，众说纷纭，褒贬不一。

多年来，市场对独立董事给予了过高的期许，希望独立董事能够扮演“制衡者”、“监督者”的角色。当事与愿违时，独立独事“不廉”、“不勤”、“不独”、“不懂”的质疑声便不绝于耳，挥之不去。实际上独立董事也仅仅是决策机构的一员，难以完全胜任“正义代言人”的角色，因此，简单把与“大股东”对立的独立董事视为“好的独立董事”是不恰当的。不对立并不代表“大股东”就“买通”了独立董事。在调研中部分独立董事表示：“我们也想实事求是地做，但来自市场各方的掣肘，制度细化的缺失、社会人情的考量等因素，个中滋味外人难以体会。”同时独立董事也表示：一旦出现原则性问题，绝不能同意，甚至同流合污。要做到这一点，就需要在决策前清楚了解情况，找出问题；遇到情况，要善于沟通，包括与公司董监事、会计师事务所的沟通，敢于讲明利害，还要团结其他可以团结的独立董事、监事、高管，做到独立而不孤立。可见，中国式独立董事的真实生态，是在董事会议前的沟通中，独立董事发挥了积极作用，往往是事前协商好了才上会，协商不好不上会，多数独立董事的意见在会前已被吸纳才上会，所以，董事会议通常表现出来的是“团结而和谐”的会议。须知不同意见通过事前协商解决，表面上形成和谐共赢局面，这是与中国“和而不同”的文化传统一脉相承的。协商机制是中国文化的智慧结晶，股权分置改革采用了协商机制，在中国式公司治理中同样广泛运用了协商机制。

独立董事制度在上市公司经过10余年的实践，逐渐形成了有借鉴西方同时更具有中国元素的特征。尤其是在以上市公司实践为代表的中国公司制度转型过程中，独立董事制度发挥了一些特殊的作用并创造了一些新的机制，多数上市公司认为经过10余年的探索，独立董事发挥了积极作用，主要表现在：一是打破了公司治理的封闭性，体现了现代企业制度的公开性、公众性特征。我国上市公司脱胎于国有企业或家族式民营企业，初期在股权分置下，董事会及其决策机制呈现出典型的封闭性特征。在早期的上市公司中，董事会构成基本上是大股东代表董事和内部人董事（经理、员工兼任董事），引入独立董事制度后，要求独立董事比例不低于1/3（当时而言，这一要求高于早期英美市场），打破了我国公司治理的封闭性结构，挑战了公司内部的一致性思维，有利于提高公司董事会的战略管理功能。二是引入行业专家、专业人士进入董事会，提高了公司决策的专业性、民主性和科学性。专家型独立董事为公司带来了新的知识、技能和经验，为董事会决策带来了宏观的视角、战略的思维和行业的资讯，制度要求独立董事必须具备必要的专业素质，为董事会决策带来了专业的缜密和合规的审慎，为董事会决策的科学化、民主化、专业化发挥了保障作用。三是形成了独特的二元制监督模式。独立董事在决策过程中发挥的制衡作用，与监事会在决策效果评估中发挥的制约作用，形成了中国特色的协同并存、分工有序的二元制监督模式。

本着求真务实的态度，考察独立董事的中国元素，其基本逻辑应当从分析中国上市公司治理的真实状况入手，进而分析上市公司董事会的真实状况，最终得出中国式独立董事的真实作用。首先中国上市公司治理的真实状况是双轨制，一是以《公司法》为背景的“新三会”，股东大会代股东利益，董事会代表股东行使经营管理职能，监事会代表股东行使监督职能；二是以“强”政府治理为背景的党委会、纪检（审计）、工会（职代工），党委会代表公共利益，纪检（审计）代表公共利益行使监督职能，工会（职代会）代表员工利益。在国有控股上市公司中，后者实际上是企业的治理中心；在民营背景的企业中，则形成对接“强”政府治理的“家族创始人治理体系”或“合伙创始人治理体系”。

其次，在中国式双轨制公司治理体系中，董事会作用有限，尤其是对经理层的监督和任免方面；而在董事会与监事会并存的“双层架构”中，监督职能边界模糊，提高了代理成本。主流的观点认为，董事会有两个核心功能：一是监督职能，主要在于对公司经理的监督，确保公司经理追求股东利益最大化；二是协调关系职能，主要在于协调公司与利害关系人以及公司环境的其他因素之间，公司利害关系人相互之间的关系。从我国公司治理和董事会作用真实状况看，独立董事在前者发挥作用的空间不大，在后者可以发挥出积极的作用。

独立董事在我国的具体实践中，形成了很多鲜活的、行之有效的经验做法。例如，在独立董事选聘方面，有些公司通过公开招聘的方式征集独立董事人选，增强了独立董事的公众服务意识和专业服务精神。在保障独立董事履职方面，有的公司采取按月或者按年规定独立董事到公司现场上班的时间，确保独立董事有充分的工作时间了解公司的经营情况。在激励约束方面，部分公司将独立董事津贴与其实际出席会议情况挂钩，应出席而未出席会扣减津贴，并作为续聘的考虑因素。在履职评价方面，一些公司已经先于制度规范，开始实施独立董事年度述职、评价及监事会对独立董事年度履职评价等工作，并向股东大会报告。在独立董事与监事会职责划分方面，独立董事更加注重与外部审计机构的沟通与合作，积极发挥在决策过程中的监督制衡作用，监事会则重视加强发挥对决策执行效率和效果的评估监督作用。总之，从实践看，独立董事为董事会的决策引入了外部独立的观点，只要独立董事有足够的时间与精力参与、研究、分析公司的精英活动，并具备相关的技能和经验，就能够对提高公司的绩效产生积极的影响。

在中国上市公司协会的问卷调查中，调查对象认为影响独立董事充分履职最主要的问题是：独立性不足，约束不足，缺少相关问责、评价机制。从完善独立董事制度的国际经验看，不断强化制度建设，注重发挥市场的力量成为趋势。行政监管与自律管理并重，是解决上述问题最有效的途径。例如，在解决独立性问题方面，美英两国的行政监管都要求公司董事会提名委员会要在年报中披露对于独立董事的提名政策，在实施中则采取自律管理的方式，美国商业圆桌会议1990年发布宣言提出，大型上市公司董事会应当主要由不在公司内部承担管理职责的独立董事组成，全美公司董事协会1994年发表报告强调，独立董事应在董事会成员中占多数。在独立董事产生机制上，由全美公司董事协会的董事登记候选计划项目，来为公司选聘独立外部董事提供服务。首任独立董事的选任由股东大会完成，继任者则由首任独立董事组成的提名委员会推荐。这种由独立董事选择接班人的机制，确保了独立董事在任职前具有较高的独立性。英国也是采用相同的选聘机制。可见，在我国完善独立董事制度，还有待于行政监管与自律管理互为补充形成的市场治理体系进一步健全。

董事会秘书在公司治理中的作用

董事会秘书（以下简称董秘）是特定的职业经理人。董秘最初是从我国香港引入的“舶来品”，董秘究竟扮演什么样的角色，在早期的内地资本市场还十分陌生。当时在《公司法》的起草讨论中，很多人的意见认为“秘书”在内地是特定称谓，不适合作为法定专业职位，因此在1993年颁布的《公司法》中董秘没有入法。早年的董秘不少是由董事长秘书转任的，这是应交易所的倡导设立的岗位，具体职责没有界定，主要充当“联络员”、“通讯员”的角色。联络员是联系公司董事、监管部门、交易所和投资者，通讯员是“跑口”发布公司信息。最早具体规定董秘职位职责的是1994年国家体改委、证券委发布的《到境外上市公司章程必备条款》，境内上市公司是在1997年证监会发布的《上市公司章程指引》中，才明确董秘在上市公司的职位和作用，直到2005年《公司法》修订时董秘的法定地位才得以确立。董秘制度在不断健全、完善的过程中，我国资本市场已悠悠走过了近15年的历程。董秘作为职业经理人的角色定位，是在我国企业建立现代企业制度的实践中形成的。上市公司是我国企业建立现代企业制度的先行者，董秘是现代企业制度的主要建设者和维护者之一。现代企业制度的灵魂是企业的“法治”和“契约”精神，董秘的工作内容就是围绕着企业的“法治”和“契约”文化建设和维护展开的。企业“法治”是公司治理结构的有效运转，公司治理结构有效运转的关键是协商民主的实践。协商民主是一种通过程序进行自主决策的实践，核心理念是程序正义优先于结果正义。这对于传统的中国企业来说是比较难以适应的理念，而董秘工作的挑战就是要将中国传统的企业文化与现代企业制度的精髓圆融通达。孙中山先生在其《民权初步》一文中表达了这样的观点：“集会者，实为民权发达的第一步”，就是说学会开会是适应民主决策的开端。基于强调制衡的原则，我国公司治理结构平行引入了股东大会、董事会、监事会的“三驾马车”，董秘的主要工作之一，也是基本功之一，就是组织、协调开好股东大会、董事会和监事会。在这方面，成熟市场经济国家经历数百年民主议事实践千锤百炼而成的经验，值得我们在公司治理实践中学习借鉴。1876 年美国亨利·罗伯特将军以美国众议院的会议规则为蓝本，撰写了后世备受推崇的《罗伯特议事规则》。这本书不但成为美国人公共会议的必备书，而且成为成熟市场经济国家治理和公司治理的范本和指南。《罗伯特议事规则》所确立的“三纲五常”原则，在现代国家治理体系和公司治理结构中被广泛借鉴。三纲是指三大权利，即多数者的权利（多数者的意志可以约束少数者），少数者的权利（尊重少数意见，只要有一名动议、一名附议即可形成动议），缺席者的权利（必须满足法定人数、提前告知）。五常是指五项原则，一是一人一票原则（股东会按投票权），二是一时一件原则，三是一事一议原则，四是多数决原则，五是法定人数生效原则。在《罗伯特议事规则》中专门对协商会议的特征和类型进行了描述，特别对董事会如何通知、召集、提案、讨论、表决等进行了专节论述，其间贯穿了一个核心理念，就是审慎的多数决是公司治理结构中制衡机制与协商机制的平衡点。当然，对于刚刚转型的中国公司治理结构而言，学会“开会”还有很长的路要走，董秘的工作更是任重而道远。

企业“契约”产生于所有权与经营权的分离，是委托—代理关系的基础。对上市公司而言，企业“契约”的核心内容是依法披露信息和保护投资者特别是公众投资者的合法权益，董秘是“契约”的执行者和维护者。香港地区公司秘书公会的“LOGO”，是生长在撒哈拉大沙漠上一种生命力顽强的“秘书鸟”，它的特性是忠诚、敏锐、守信，代表着董秘履行职责所应具备的基本素质。从公司内部治理来说，董秘具有广泛地涉及公司内部运作程序的职权，使得公司信息沟通和决策执行的渠道更为畅通，从而提高了公司的运作效率，促进了公司的运作规范。同时，董秘成为公司主要具体经营活动的直接经手人和见证人，对公司经营管理人员的权力具有制约作用，可以发挥保护投资者特别是公众投资者合法权益的作用，促进股东、员工和利益相关者的利益和谐统一。从外部治理来说，董秘作为公司机关代表公司与投资者、媒体、社会公众以及监管机关进行沟通，使得各相关主体的知情权、监督权得到保障。党的十八大报告提出“建立职业经理人制度，更好发挥企业家作用”，对于尚在不断完善现代企业制度的中国企业来说，董秘作为特定职业经理人的作用将日益显现。

董秘是企业社会责任的重要践行者。董秘的工作不仅在公司规范运作层面发挥专业化的作用，而且在市场、公众层面还担当着公共性质的社会责任。董秘作为公司治理结构的协调人，目标是平衡各利益相关者的权利和义务，保障全体股东平等决策和民主协商的权利，增强投资者的信心；董秘在代表公司履行信息披露义务时，通常要扮演两方面角色，既要承担发布信息的真实性、完整性、及时性的公司责任，又要承担满足公众投资者对所发布信息的真实性、完整性、及时性需求的社会责任。从促进企业可持续发展的作用看，董秘的社会责任就是“两维护一促进”，即维护市场公开、公平、公正，维护投资者特别是中小投资者的合法权益，促进资本市场健康发展。在当前监管转型的背景下，企业自治、自律的空间在不断拓展，企业也将在不断拓展的企业自治、自律空间中迸发新的活力，董秘作为企业“法治”和“契约”的维护者，其工作的目标和意义已不仅仅局限在对公司直接利益相关者的维护上，从社会和市场层面的“两维护一促进”应是题中应有之义。从这个意义看，董秘也应是资本市场法治建设的重要参与者。“一即一切，一切即一”，只有具备这样的大局观、市场观、整体观，才是一名合格的董秘。

董秘在公司治理中的关系协调角色，要求做好董秘需要智慧的人生修为。“智慧知已名为信”，这句话是说由智慧生起的信心，才是真正的信心。做董秘难，难就难在董秘工作涉及千家万户的利益、千丝万缕的关系、千奇百怪的问题、千头万绪的事件，董秘“游走” 在公司治理各机构、监管部门、投资者特别是公众投资者、媒体之间，灌输着企业的“法治”和“契约”精神，有“阳春白雪，曲高和寡”的时候，也有“切中肯綮、游刃有余”的时候，在“新兴加转轨”时代，更多时候是“要成事，须忍耐，要成全，须委屈”。做董秘的人生需要智慧，做董秘的信心来源于智慧。具备“水德”是董秘的人生修为，“上善若水，水利万物而不争，处众人之所恶，故几于道”，是董秘的人生智慧。当然要做到知行合一很不容易。子路问政，孔子说“先之，劳之，无倦”，是说勇于任事还需要付出艰辛、勤勉的劳动去实践、去担当。同时，要保持心性的空明，而不受外物的牵累，正如一首古诗所喻："空手把锄头，步行骑水牛；人从桥上过，桥流水不流。"做董秘如此，在人生的整个职业生涯中何尝不是如此！

公司治理是公司自治、自律与监管的有机融合

在新一届政府大力推进转变政府职能的新形势下，监管转型也成为了市场各方关注的话题。从上市公司来看，监管转型必然为公司治理的自治、自律，留出了更多空间，公司治理将步入公司自治、自律与监管有机融合的新天地。

一、公司治理是发展方式转变的重要标志

打造“百年老店”是每一个企业和企业家的梦想。公司之树常青的根本，在于公司治理能有效地保持动力与责任之间的平衡。公司治理的成败，取决于能否保持动力与责任之间的良好平衡。单纯从责任的角度看，公司治理强调制衡功能、风险控制功能，关注利益相关者的利益，的确具有“公益性”的特征，但是，激发公司发展活力创新动力，同样是公司治理的基本功能。近年来关于公司治理的论坛如雨后春笋，关于公司治理的著作也是汗牛充栋，对于注重务实的企业家来说，很容易把公司治理问题的讨论，当作是形而上的问题，或者说是公益性的问题，在实践中公司治理与激发公司发展活力创新动力出现了脱节的现象。正如《2013 中国中小板、创业公司治理评价报告》中得出的结论之一：“公司法定机关虚置，实际控制人是关键”，形象描述了公司治理“形似而神不至”的现状。毋庸讳言，“先走内部程序，再走法定程序”，在相当一部分中国上市公司中是普遍存在的现象。解决这个问题的关键，首先是要弄清楚公司治理问题到底应

该是理论家关心的事，还是应该是企业家关心的事。

在转轨经济的实践中，企业家对公司治理之所以“敬而远之”，产生误判的原因可能来源于三个方面：一是公司治理机制与转轨时期的国家治理体系不完全相容；二是公司治理文化与传统商业文化不完全相容；三是公司治理方式与技术追赶时期的企业发展方式不完全相容。我国公司治理结构，一开始就不是企业发展方式和企业文化内生的产物，而是由国家行政力推动建立现代企业制度而产生，由立法部门和监管部门制定标准，采取强制性制度变迁方式而建立，必然也必定会产生上述三个方面的不相容。今天，这一切也在悄然发生变化。

30 多年来，我国企业主要依靠技术模仿、产业追踪实现了快速追赶，最近几年情况正在发生变化，我国越来越多的产业和企业已开始参与国际前沿竞争，进入了培育全球领先企业的重要阶段，相应地，企业的发展方式正在发生剧烈变化。迎面而来的创新驱动发展方式，需要现代化的公司治理体系，形成对产业链和价值链的控制力，集成和整合全球资源，培育风靡全球市场的核心竞争力和品牌影响力。对于转轨时期的中国企业家而言，公司治理曾经使他们感受到的可能仅仅是“约束”和“责任”，是上市公司进入资本市场戴上的“金手铐”。打造苹果王国的乔布斯曾经动念到寺庙修行，日本铃木禅师对他说，在公司经营和在寺庙修行是一样的。于是，一代创新大师在“动力和责任”驱使下，带领苹果公司成就了“科技与人文的交汇处”的奇迹。创新驱动的发展方式，需要企业家热衷于“动力与责任”的平衡，而这种平衡只有通过公司治理机制才能实现。在公司治理实践中，创新发展的“动力和责任”二者不可偏执，就如玄妙的太极哲学，自由和约束是相对的，阴阳是平衡、互动、圆融的，于此，我们可以找到公司治理文化与中国传统文化的相容和交汇点。从中国企业亟待转变发展方式的形势看，只有公司治理体系和治理能力的现代化，才能适应创新驱动发展方式的变化，才能有效保持公司发展动力与责任的良好平衡。从这种意义上说，现代公司治理是发展方式转变的重要特征。

二、监管转型必将促进提升公司治理的有效性

哈佛大学的斯帕罗教授在其所著的《监管的艺术》一书中提出，“监管应该是找出重要问题并予以解决”。2013 年 8 月肖钢主席在《求是》杂志发表题为《监管执法：资本市场健康发展的基石》的文章，明确提出当前我国资本市场监管转型的“着力点”是“宽进严管”、加强监管执法，将“主营业务”从审核审批向监管执法转型，将“运营重心”从事前把关向事中、事后监管转移。这一以“解决重要问题”为导向的监管转型，充分体现了肖钢主席一以贯之的“市场化和人本化相结合”的监管理念，即要少干预但要更有效，要更宽容但不能让非法之徒逍遥法外；要集中注意力，但要稳定性始终如一；要更快地处理问题，但要防微杜渐，下不为例；要被监管群体积极回应，但不要被企业俘获。总之，是以保护公众投资者利益作为基本价值取向，有效激发市场主体活力。

这场“市场化和人本化相结合”的监管转型，将为上市公司治理带来深刻变化。我国上市公司治理，脱胎于计划经济体制下的“强”政府治理模式，缺乏公司治理的基础和传承，至今仍然保留着“强”政府治理体制的惯性。实际上包括上市公司在内的我国企业，基本上保持了两套治理体系，一套是以《公司法》为基础的“新三会”，股东会代表股东利益，董事会代表股东行使经营管理职能，监事会代表股东行使监督职能。另一套是以“强”政府治理模式为背景，在国有背景的企业中是以党委会、纪检（政府审计）、工会（职代会）为治理机构，党委代表公共利益，纪检（政府审计）代表公共利益行使监督职能，工会（职代会）代表员工利益，在民营背景的企业中是以“创始人”和“合伙人”对接“强”政府治理体系成为企业治理中心。两套治理体系并存，或者重叠，或者交叉，构成经济转型时期我国公司治理结构的特殊景观。后者除国有背景企业所承担的部分公共利益职能外，实际上是代表所有利益相关者的利益，这在一定程度上与公司治理的国际趋势有相当部分趋同，如强调企业社会责任、关注利益相关

者利益等。但是两套体系并存需要有效解决代理成本问题和与《公司法》规定貌合神离问题。十八届三中全会决定提出，推进国家治理体系和治理能力现代化的目标，必然要重新定位政府和企业的关系，解决两套体系并行带来的治理成本问题。新一届政府大力推动转变政府职能和加强市场监管，拉开了新一轮我国公司治理结构转型的序幕。在现代市场经济中，政府的作用主要体现在对上市公司执行强制信息披露制度的监管，监管转型的目标是，将主体监管模式转变为功能监管和行为监管模式。随着政府职能转变，简政放权，放松管制措施的落实到位，市场主体的自治、自律空间将加大，公司治理的主动性、灵活性和有效性必将得到提升。

三、公司治理将步入自治、自律与监管融合的新天地

总的来看，以 2002 年证监会发布《上市公司治理准则》为标志，经过股权分置改革、清理大股东占用资金和规范公司治理专项活动，经历 10 余年的监管督导，至今上市公司治理已取得了巨大进步。曾经困扰资本市场的大股东与上市公司“三不分”、“掏空”上市公司等情况，基本已经成为过去，上市公司已经成为我国企业建立现代企业制度最为规范的群体。从内部治理看，无论是公司章程、议事规则、内部控制、任免程序、信息披露、关联交易等制度规制，还是股东大会、董事会、监事会，董事会的审计、提名等专业委员会，以及独立董事、董事会秘书等组织制度建设，都已经基本齐备，会议质量不断提高。从调研情况看，上市公司治理在逐年改善，但也存在参差不齐，创业板、中小板的治理状况好于主板，非国有控股公司的状况好于国有控股公司。

从《上市公司治理准则》实施 20 多年来的实践看，前 10 年主要是制度的移植，近 10 多年主要是制度的完善，现阶段应当是顺应监管转型，着力改善公司治理的主动性、灵活性和有效性。从监管角度看，按照监管转型的总趋势，进一

步修订和完善《上市公司治理准则》，为公司自治、自律留出足够的空间，在提高《上市公司治理准则》的响应程度和执行力的同时，鼓励上市公司结合自身发展实际，创造适合本公司的最佳治理实践。从内部治理看，独立董事、监事会、机构投资者和外部审计机构可能是当前推动有效公司治理的关键抓手；以完善独立董事制度为核心的董事会建设是下一步公司治理的主要问题；研究推进外部监事、实行中小板独立董事和监事会备选制是建立有效制衡机制的攻坚所在。大力发展长期机构投资、价值增长导向的私募股权基金投资者是推动公司治理质量提升的重要基础，也是资本市场成熟的关键。外部审计机构是公司财务状况信息真实的重要保证，也是公司治理的重要外部机制。2010 年毕马威对 34 个国家的 1240 位董事会审计委员会成员进行问卷调查显示，61%的受访者是利用外部审计师的报告来理解公司的复杂会计问题。从外部治理看，主要关注政府有限干预和控股股东行为规范两个重要部分，外部治理对内部治理有很大影响甚至冲击，使公司不知所措又无法抗拒。公司内外部治理相辅相成，缺一不可。

我们欣喜地看到，党的十八届三中全会提出了推进国家治理体系和治理能力现代化的宏伟目标，建立现代企业制度和健全完善法人治理结构，无疑是国家治理现代化的微观基础。在全面深化改革的 60 条举措中，多处涉及健全完善公司内外部治理的重要内容，如健全归属清晰、权责明确、保护严格、流转顺畅的现代产权制度；完善国有资产管理体制，以管资本为主加强国有资产监管；允许混合所有制经济实行企业员工持股，形成资本所有者和劳动者利益共同体；健全协调运转、有效制衡的公司法人治理结构；建立职业经理人制度，更好地发挥企业家的作用；深化企业内部管理人员能上能下、员工能进能出、收入能增能减的制度改革；建立长效激励约束机制，强化国有企业经营投资责任追究；建立健全社会征信体系，褒扬诚信，惩戒失信；健全优胜劣汰的市场化退出机制，完善企业破产制度等，这些措施的落实必将进一步形成推动完善上市公司内外部治理的政策和环境。

自治、自律与监管的有机融合，可以产生主动、灵活和有效的公司治理。当前互联网经济正在深刻改变着世界，创新驱动的发展方式，更加需要主动、灵活和有效的公司治理。在互联网经济时代，企业的行业、界限、优劣标准和商业模式都在发生深刻变化：一是传统行业界限在变化，互联网与各个行业结合，创意产业与制造业结合、制造业注入新的附加值和高端服务，互联网金融冲击传统金融。二是企业界限在变化，何谓“大企业”、“小企业”的概念在变化，中国电信市值 541 亿港元，66 万员工；腾讯市值 6619 亿港元，2 万员工，近期通过收购“搜狗”，市值飙升至 1000 亿美元，与 Facebook 并驾齐驱。三是企业的标准在变化，何谓“好企业”的概念也在变化，最近比较流行的说法是：苹果颠覆了影视和手机行业，特斯拉是用“硅谷”方式，而不是“底特律”方式生产汽车，彻底改变乃至颠覆了传统汽车制造行业。四是网络经济改变传统商业模式，网络零售业已连续 8 年平均增速在 120%以上。因此，在互联网经济时代，要求公司治理应当更加具有主动性、灵活性和有效性，在追求“动力和责任的平衡”之间，应当具有激励“新人新事”、“奇人奇事”、“怪人怪事”的包容性。

社会责任是公司治理题中应有之义

一、社会责任是公司治理的重要方面

在现代社会，除政府外，企业是最有力量的组织。企业在生态文明建设中处于特殊地位，应发挥重要作用，承担重要的社会责任。一般而言，企业社会责任包括两方面：一是在企业内，要实现各个利益主体之间的利益平衡；二是在企业外，要主动承担对自然环境、对社会各利益相关者的义务。在当代社会，企业已成为“双面体”，作为经济范畴的企业，追求利润最大化；作为法律范畴的企业，承担“企业公民”责任。就是说，企业应当超越唯利是图的境界，主动履行环境友好，主动关照利益相关者的利益。发端于 20 世纪 90 年代中后期，至今在世界范围内仍方兴未艾的“企业社会责任”运动，使得企业社会责任得到了各界的广泛认同，成为企业争取可持续发展和更多市场机会的“通行证”，越来越多的跨国公司采取主动行动履行社会责任，使得企业社会责任成为全球化的重要标志之一。

在经济转型背景下，中国企业的社会责任更加任重道远。中国最近 30 年的经济增长，是从极低的水平上起步的。在人均 GDP 不足 300 美元的情况下，为改善基本生存条件，国家和企业的注意力更多地集中在短期经济利益上，不惜代价地创造经济增长，形成了“放水快流”的粗放型经济增长模式。这种增长方式的特点，是高消耗、低效率、重污染，是以大量的资源、劳动力和环境投入换取的增长。国家经济增长方式的落后，实质是企业发展方式的落后。自从世界大规模的工业化以来，人类生产的物质财富前所未有地增长，同时，自然生态和资源环境也受到了前所未有的破坏。历史和现实都警示我们：人类必须自觉地与自然友好相处，人类的发展必须与生态的发展平衡共进。加快转变发展方式，关键是转变企业发展方式。当前我国经济面临重要的转型期，落实企业社会责任是经济转型的重要风向标。实现可持续发展所要求的提高经济增长质量、转变经济增长方式、走新型工业化道路、发展循环经济、建设节约型社会，必须依靠企业的努力才能实现。生态文明源于对发展的反思，也是对发展的提升。建设生态文明需要从每个企业做起，必须超越唯利是图和急功近利，把生态文明融入企业文化中，落实到可持续发展的根基之中，坚守经济发展与生态发展平衡共进的社会责任底线。

自 2012 年以来在证券交易所等自律组织倡导下，越来越多的上市公司将社会责任纳入公司治理关注的重要内容，上市公司自愿披露社会责任报告的家数逐年递增，2013 年 674 家上市公司披露了社会责任报告，占在华注册企业发布的社会责任报告总量的七成。同时伴随绿色产业的发展，上市公司站在了引领绿色产业发展的前沿，在制造行业有 189 家上市公司在从事先进的环保、节能、低碳、循环等绿色经济。资本市场为转变发展方式、推动绿色转型、绿色创新提供了重要风险投资平台，成为有助于绿色转型的孵化器，上市公司有条件利用资本市场加快实现绿色转型，走在落实企业社会责任的前列。

二、社会责任是实现可持续发展的必由之路

一方面，履行企业社会责任，是上市公司着眼于可持续发展的必然选择，能够实现企业经济效益与社会效益的双赢。有的企业会认为，企业社会责任就是增加了企业的制造费用、管理费用等生产和运营成本，如果我们仅仅从静态的角度看，结果似乎的确是这样的，但是如果从动态的、连续的角度看，这些成本的付

出是有利于企业长期、健康、可持续发展的。有一种说法，为履行社会责任而增加的投入被认为是一种能够产生经济效益的投资，而且这种投资的效益正在慢慢被许多投资者接受，越来越多的投资者愿意给履行社会责任的公司以更高的投资溢价。

另一方面，履行企业社会责任，是提升我国企业国际形象、加快“走出去”步伐的重要举措。人类只有一个地球。保护生态环境、促进绿色发展是企业社会责任的重要内容，也是各国利利益的汇合点。在经济全球化日益深入的新形势下，国际社会高度关注企业社会责任，履行社会责任已成为国际社会对企业评价的重要内容。然而，我国企业在实施“走出去”战略的时候，往往缺乏环境保护意识，也没有特别遵循当地的劳工制度，结果给人留下了“浪费资源、唯利是图”的负面印象，降低了海外并购项目的成功率。第 5 轮中美战略与经济对话中，启动了双边投资保护协议的谈判，涉及双边“市场准入国民待遇”的议题。这轮谈判的导向，对我国经济和企业的冲击，不亚于我国加入世界贸易组织（WTO）的影响。从国际趋势来看，关注和履行社会责任，对我国企业来说，必将由倡导变为义务，也必将成为我国企业实现可持续发展的必由之路。因此，上市公司履行企业社会责任，在发展过程中高度重视保护生态环境，充分利用自己的特长，通过创新机制，特别要利用大数据、云计算和移动互联网等现代信息技术，提供各种有利于保护环境、节约资源的新运用，促进传统产业实现“绿色转型”，为保护生态环境做出贡献，率先树立“负责任”的企业形象，增强“软实力”，提升国际竞争力，在参与全球资源配置中争取主动权。

党的十八大提出了“努力建设美丽中国，实现中华民族永续发展”的号召。2013 年 7 月在联合国全球契约组织中国峰会上，中国上市公司董事会秘书作为现代资本市场孕育的职业经理人群体，勇敢地走上了世界舞台。他们在践行推动企业经济增长、保护股东利益，关注并努力履行构建和谐社会的责任的同时，从上市公司可持续发展的根本利益出发，积极响应全球契约组织“生态文明，美丽家园”的号召。100 多名董秘签名发出《中国上市公司董秘关注气候倡议书》，在联合国全球契约组织舞台上，展现了中国董秘尊重自然、顺应自然、保护自然的生态文明理念和良好形象。

董秘是职业经理人中独具特色的一个群体，是履行协调股东与公司关系、内部治理各机构关系、外部治理各方面关系的专门职务。从这个角色定位看，董秘是公司社会责任的代言人、协调人，是履行社会责任的重要推动者，可以期待，越来越多的董事会秘书行动起来，推动上市公司不断增强社会责任意识，积极履行社会责任，坚持依法经营、诚实守信，不断提高持续盈利能力，切实提高产品质量和服务水平，推进自主创新和技术进步，保障生产安全，维护员工合法权益，参与社会公益事业，努力成为国家经济的栋梁和全社会企业的榜样。

转型背景下的中国公司治理

30 多年来，我国企业主要依靠技术模仿、产业追踪实现了快速追赶。最近几年情况正在发生变化，我国越来越多的产业和企业已开始参与国际前沿竞争，进入了培育全球领先企业的重要阶段。相应地，企业的发展正在由投资扩张驱动，转向着力培育包括自主创新能力在内的软实力。向创新驱动的发展方向转型是我国企业面临的新挑战。在转型背景下，我国公司治理将表现以下几方面的发展趋势：

一、外部治理与内部治理的“均衡性”

公司治理是微观经济领域最重要的制度安排。公司治理的核心目标是解决委托代理问题。关于公司治理的概念形成，比较一致的看法是，公司治理发端于西方经济体，与西方政治经济体制和社会文化传统密不可分，比如公司治理结构，无论英美的单层架构，还是德日的所谓双层架构，都可以看到“代议制”和“民主议事”的烙印。一般而言，关于公司治理的探讨，既关注其内部治理机制的运行效率，也关注其外部治理机制的作用，比较有代表性的是股东理论和利益相关者理论。股东理论认为公司治理以实现公司股东利益最大化为目标。利益相关者理论认为公司治理以利益相关者权利、义务和责任的分配均衡化为目标。从资本市场和组织控制的角度，人们也把公司治理看作决定和规范企业资源配置的制度和机制。具体来说，公司治理机制决定着公司中谁有权做出投资决策、做出何种类型的投资决策，以及如何分配这种投资所产生的收益。由此看来，公司治理不仅仅是权利分配机制，更是企业生存的法则，即公司治理的成效决定着经济能否持续繁荣。

正是由于公司治理与经济繁荣的相关性，引起了人们对公司治理外部性的关注，即外部治理的效率问题。在转型时期，外部治理的效率尤为重要，在成熟经济体中，外部治理主要关注包括外部审计等“看门人机制”和股票市场的有效性，而在转型经济体中，需要重新定位政府与企业的关系。党的十八大报告明确提出，“经济体制改革的核心问题是处理好政府和市场的关系，必须更加尊重市场规律，更好发挥政府的作用”。政府转变职能方向，是减少对微观经济活动的干预。政府既是重要的外部治理因素，也是改善外部治理效率的主体。当前，中国经济持续增长的人口红利正在消失，企业综合经营成本处于上升通道，企业经营者的创新和转型意愿明显增强，但是，企业的创新和转型有赖于外部治理环境的改善。2013 年以来，中国上市公司协会针对改善企业外部治理环境，促进企业转型的问题进行了专题调研。企业普遍反映，希望进一步减少企业的审批、检查、认证项目，加强在环保、安全、质量、知识产权保护等方面的监管，从税费和社保入手，减轻企业负担，解决企业的融资与并购难题。从企业反映的情况看，在转型背景下，改善中国企业的外部治理环境，在诸多方面都有很大的空间，关键是重新定位政府与企业的关系，促进企业提高全要素生产率，进而促进外部治理与内部治理的均衡发展。

二、制衡机制与协商机制的“共和性”

在西方经济体中，公司治理结构是代表权力制衡的组织控制系统。中国企业在建立现代企业制度过程中所引进的公司治理结构，即“新三会”运作机制，既强调各司其职，各负其责，相互制衡，同时也强调“新三会”的协调运转，提高效率，减少代理成本。这就是说，制衡机制和协商机制要体现共和性，不能相互掣肘，议而不决。公司治理结构运转的要义是民主决策，“会开会，开好会”是“新三会”运行的基本功。

协商民主是公司治理的重要特征。协商民主是一种通过程序进行自主决策的实践，核心理念是程序正义优先于结果正义。孙中山先生认为：“集会者，实为民权发达的第一步”，就是说学会开会是适应民主决策的开端。基于强调制衡的原则，我国公司治理结构平行引入了股东大会、董事会、监事会的“三驾马车”，“新三会”既然是开会议事决策，如何解决议事效率就成为了决策的关键。共和主义的协商民主机制是公司治理结构有效运行的必由之路。为保障开会的议事效率，西方国家通常采取以《罗伯特议事规则》为代表的“三纲五常”原则，在《罗伯特议事规则》中专门对协商会议的特征和类型进行了描述，特别对董事会如何通知、召集、提案、讨论、表决等进行了专节论述，表达了审慎的多数决策是公司治理结构中制衡机制与协商机制的平衡点。这种共和主义协商民主的开会技巧，是在英美民主议事的无数实践中千锤百炼而成的，是数百年民主智慧的结晶，值得我们在公司治理实践中学习借鉴。在我国公司治理结构运行实践中形成的独具特色的协商机制，既有西方法治中程序性民主决策的渊源，又有历史文化传承的背景和经济社会转型的特征；既包含了现代民主决策议事规则，也融入了中国传统的议事方法。以独立董事为例，很多人关注到独立董事制度运行10多年来，独立董事的反对票者微乎其微，有效制止违规和低效率的案例更是罕见，从而质疑独立董事制度的有效性，认为是水土不服，多此一举。在调研中许多上市公司告诉我们的实情是，在董事会议前的沟通中，独立董事发挥了积极作用，往往是事前协商好了才上会，协商不好不上会，多数独立董事的意见在会前已被吸纳了才上会，所以，董事会议通常表现出来的是“团结而和谐”的会议。须知不同意见通过事前协商解决，表面上形成和谐共赢的局面，这是与“中庸之道”、“和而不同”的中国传统文化一脉相承的。独立董事所发挥的促进专业化民主协商的作用，充分说明在中国式公司治理中，制衡机制与协商机制可以协调运转、有效运行。这是在中国文化渊源和经济转型背景下，协商机制在西方议事规则的“三纲五常”之外独辟蹊径。我国公司治理结构另一大特色是，独立董事和监事会并存，也有不少学者质疑这种独特的二元制监督模式的必要性以及所带来的治理成本问题。但在具体实践案例，独立董事在决策过程中引入专业化意见的制衡作用，与监事会在决策执行效率与效果评估中发挥的制约作用，形成了较为成功的协同并存、分工有序的治理经验。在中国特色的公司治理结构中，制衡机制和协商机制的有机融合，是东方传统文化的智慧结晶。股权分置改革充分借鉴这样的机制，300 多万公众投资者通过投票表达意见是协商民主和程序保障平衡各方利益的成功示范，使得制衡机制和协商机制的“共和性”，取得了广泛实践意义的检验，从而也证明了中国式公司治理结构中，制衡机制和协商机制可以实现共和共融。当然，对于刚刚转型的中国公司治理结构而言，制衡机制和协商机制在法治环境实现协调、高效运作还有很长的路要走。

三、激励创新与资源配置的“包容性”

创新是企业家精神的精髓，是企业保持优势核心竞争力的源泉，也是现代经济持续增长的永恒动力。现代创新是一个集体的积累过程，而不是“千里走单骑”，因此，什么样的公司治理体制才能支持创新，受到了越来越多的关注。向创新驱动的发展方式转型是我国企业面临的新挑战。党的十八大报告提出，“要坚持走中国特色自主创新道路，以全球视野谋划和推动创新，提高原始创新、集成创新和引进消化吸收再创新的能力，更加注重协同创新”，“促进创新资源高效配置和综合集成，把全社会的智慧和力量凝聚到创新发展上来”。一个经济体中会发生何种创新行为，往往受资源配置决策的影响。从公司治理的角度看，促进激励创新的资源配置机制，既包括外部治理的内容，也包括内部治理的内容。就外部治理而言，首先，企业向创新驱动转型的态势逐渐形成，而公平的竞争环境是重要前提。在调研中有企业提出，创造公平的市场环境比政府补贴更重要。其次，机构投资者作为高度异质的群体对创新起激励作用，他们参与公司治理的意愿和能力主要由各自不同的商业模式、投资政策和公共政策所提供的经济激励决定。在这方面，政府应当进一步释放市场的激励和约束作用，尊重企业家的创新精神，尊重市场对产业发展方向的技术路线的优胜劣汰，激励产业和企业永无止境地改善效率和投入创新；政府应当制定和实施促进效率提高和鼓励创新的竞争政策，消除市场进入壁垒，提高市场激励创新的强度。就内部治理而言，黄一义教授主持翻译的美国学者奥沙利文的著作《公司治理百年》中提出，产生创新的资源配置过程具有开发性、组织性和战略性，因此，创新的公司治理在任何时候都需要具备三个条件：一是财务承诺，二是组织整合，三是内部人控制。在互联网经济时代，创新往往依赖于创始人的创意和远见，企业的命运也紧紧地与创始人联系在一起，就如比尔·盖茨之于微软，乔布斯之于苹果，马云之于阿里巴巴，马化腾之于腾讯。因此，在公司治理结构中应当允许多元化的股权、投票权安排，简化公司治理结构要求，为创新型上市公司提供更具弹性和灵活性的公司治理安排。综上可见，激励创新与资源配置的"包容性"是创新驱动型公司治理结构的重要特征。

公司治理是一种实践，其本质不在于"知"而在于"行"，其验证不在于逻辑，而在于实践成果。正如世界著名的公司治理专家卡德伯利先生所说："公司治理是旅程，而非终点。"我们将一直前行在探索和实践中国式公司治理的旅途上。

国际经验表明，每次经济转型都将迎来新一轮并购浪潮。2013年上市公司全年经披露的并购总交易额为2180亿美元，披露交易宗数为2425宗，交易金额占整体并购市场份额的48%，接近半壁江山。这是经济转型的必然也是结果，而以放松管制、加强监管为特点的监管转型，也将进一步激发上市公司的并购活力。转型中的公司并购，面临创新驱动发展的挑战，创新驱动的发展需要包容创新的制度激励、估值体系和市场环境。

并购重组是资本市场配置资源的重要方式

并购重组是资本市场配置资源的重要方式，也是资本市场服务于转变经济发展方式的重要工具。2010 年 8 月，国务院发布《关于促进企业兼并重组的意见》，提出要充分发挥资本市场推动企业重组的作用，促进经济发展方式转变和经济结构调整。2014 年 3 月，国务院发布《关于进一步优化企业兼并重组市场环境的意见》，进一步强调营造良好的市场环境，明确提出了若干提高资本市场并购重组效率的具体措施；4 月，国务院出台《关于进一步促进资本市场健康发展的若干意见》，要求充分发挥资本市场在企业并购重组过程中的主渠道作用。从政策导向、市场实践和国际趋势看，上市公司并购重组交易已经成为资本市场配置资源的重要手段，是上市公司增强竞争力、提高公司价值的有效手段，是促进经济发展方式转变和经济结构调整的重要途径。

一、上市公司在国民经济中的地位飞跃上升

经过 20 年的发展，上市公司在国民经济中的代表性、影响力和带动力显著增强。从统计资料显示，截至 2012 年底，我国共有境内上市公司 2494 家，总市值 23 万亿元，占 GDP 的比例达到 44.36%；营业收入 25 万亿元，占 GDP 的比例达到 47.19%，同比增长 8.62%，高于 7.8%的 GDP 增幅；实现利润 2.6 万亿元，占规模以上工业企业利润的 46.14%；上市公司缴纳的所得税一项，占到了全国

企业税收总量的30.89%。2013年市公司继续保持稳定增长，实现销售收入27万亿元，同比增长10%，实现净利润2.26万亿元，同比增长13%。数据表明，上市公司已经成为助推中国经济转型升级的中坚力量，是国民经济运行中最具影响力和成长优势的企业群体。2010年全年531家公司在A股市场融资10275.2亿元，其中首发347家，融资4883亿元。国资委统计数据显示，央企及其所属子企业的公司制股份制改制面从2005年的40%提高到2010年的70%，实现主营业务整体上市的央企有43家，央企控制境内外上市公司达336家，央企上市公司资产占全部央企资产总额的52.88%。

上述数据表明，上市公司在国民经济中具有举足轻重的地位，已成为社会主义市场经济的微观经济基础。资本市场促进发展方式转变，既体现在其在经济上的影响力、带动力，也体现在其在制度上的引导力、传播力。资本市场在经济上的影响力、带动力主要体现在五个方面：一是支持国民经济持续增长的发动机；二是推进经济结构调整的战略引擎；三是服务于国家自主创新战略的孵化器；四是创造社会财富的重要载体；五是培育市场经济理念的播种机。

在制度上的引导力、传播力方面，资本市场在推动建立和完善社会主义市场经济中也发挥着不可或缺的作用。市场经济的两大基石是契约精神和公司制度。一方面，在我国传统文化中契约精神相对薄弱，发展市场经济先天不足；另一方面，公司制度在成熟市场经济国家经历了数百年的发育、发展，而在我国发展时间相对较短，股权文化、资本原则相对薄弱。资本市场在确立契约精神和公司制度建设方面发挥了重要引领作用，例如，在上市公司股权分置改革中，近300万股东直接参与谈判、协商，并按照资本原则投票表决达成契约，使得股权文化和契约精神在中国社会得到了一次波澜壮阔的传播，同时上市公司制度得到了进一步规范和完善，对我国企业建立现代企业制度起到了良好的示范作用。此外，资本市场培育了商业信用，推进了会计、审计准则的进步，推动了民商法、行政刑事法律制度的完善，培养了市场参与主体的诚信意识，促进了风险理念、金融意识和理财观念的普及，使法人财产、社会投资、股权文化、公开透明、公平正义等市场经济观念深入人心，这些因素为加快转变经济发展方式奠定了理念和制度基础。

二、资本市场促进企业并购重组的效用显著提高

转变发展方式具有丰富的内涵，调整经济结构是其重要方面之一。改革开放30多年，我国的经济增长发展主要是通过增量推动的，当前我国已成为全球第二大经济体，下一阶段我国经济增长必然要转为以经济结构调整为主要发展方式。调整经济结构离不开企业重组、行业整合、产业升级等内容，资本市场提供了一个最有效率的实现途径。资本市场在推动企业重组、加快转变发展方式上的作用，主要体现在以下几个方面：一是利用资本市场的价格发现功能，推动企业价值增长；二是利用资本市场的交易功能，推动存量资本的证券化；三是利用资本市场优化资源配置的功能，推动行业整合和产业升级；四是利用资本市场管理风险、公司治理的功能，提高持续盈利能力和核心竞争力。实践表明，世界各国所有的大而优、大而强的公司都是通过并购重组发展起来的。

1. 六次并购浪潮对美国经济转变发展方式的影响

从19世纪末开始，美国共计发生了6次规模较大的系统性并购浪潮，经济因素和技术进步是并购浪潮形成的主要推手，每一次并购浪潮都孵化出一批引领时代的伟大企业，促进加快经济结构调整和转变经济发展方式。

第一次并购浪潮：19世纪末至20世纪初，电力、铁路、通信等行业规模化、社会化发展，需要资本集中，以横向并购为特征的第一次并购浪潮应运而生，并直接催生了电气时代的来临。但是这次并购浪潮也带来了行业垄断的问题，为保持市场公平竞争，美国政府出台了反垄断法。美国学者研究了这次并购浪潮的影响，结论是71个重要的本属于寡头或者垄断竞争的行业转变为完全垄断的行业，他们发现其对于美国经济结构产生的影响在50年后仍未消失。

第二次并购浪潮：1915~1929年，新兴工业部门（汽车、化工、电气等）的发展及其产业合理化的要求，催生了以纵向并购为特征的第二次并购浪潮。第二次并购浪潮的影响是，企业纵向并购以及随后的企业一体化发展是企业管理的革

命，是企业内部管理和组织架构的创新，降低了交易成本，带来了规模化生产效率的提升。

第三次并购浪潮：1953~1970 年，以管理科学的广泛运用，第二次世界大战时期发明的军事技术推广运用到民用（计算机等信息技术在企业的初步运用，激光、宇航、核能产业的发展）为背景，推动了以混合型并购为特征的第三次并购浪潮。混合型并购即横向并购与纵向并购的混合型，并购的目标是实现多元化发展，对冲风险，获得稳定收益。这是适应企业发展的特殊阶段，为应对经济周期和结构调整带来的风险，培育新的利润增长点和替代产业而产生的并购需求。第三次并购浪潮的影响，是以混合型并购为特征，推动了企业的多元化、集团化发展。

第四次并购浪潮：20 世纪 70 年代末至 80 年代，石油危机之后，华尔街金融市场活跃起来，为并购方式创新创造了条件，以杠杆并购为特征的第四次并购浪潮兴起。在这次并购浪潮中，金融衍生工具被广泛运用，促进了大企业之间、新兴小企业与大企业之间的整合。在新兴企业与传统企业之间的并购中，需要大量的资金支持，金融作为支持并购的重要工具，扮演了重要的角色，在金融杠杆支持下出现了小企业吃大企业的案例，成为第四次并购浪潮的一道亮丽风景线。

第五次并购浪潮：20 世纪 90 年代中期至 21 世纪初，信息技术的发展，经济全球化趋势，贸易与投资自由化，全球竞争加剧等因素促使以强强联合、全球配置资源、促进信息产业发展为战略目标的横向并购蔚然成风。第一种类型是在美国、欧洲、日本三大经济主体的跨国公司之间进行，为谋求在高技术领域、高资本密集行业的国际垄断竞争优势，其纷纷进行同行业强强联合的横向并购；第二种类型是在发展中国家经济转型和私有化进程中，吸引跨国公司以并购方式进行的外国直接投资；第三种类型是新兴产业和传统产业之间的跨界并购，而且数量也在显著增多。

第六次并购浪潮：2004 年至今，新能源技术、移动互联网、融资便利、反垄断环境趋于宽松、全球化不断深入，以及金融危机后优质企业价值被大幅低估，促成全方位综合并购为特征的第六次并购浪潮方兴未艾，并购形式趋于多元化。

六次并购浪潮反映出以下趋势性特点：一是大规模的并购交易，一般发生在经济复苏或者扩张时期，资本市场为并购交易融资提供了充沛的资金。二是行业管制与放松，为不同类型的并购重组创造了机会。三是金融机构成为了并购市场的重要力量，比如第一次并购浪潮就是由以摩根、洛克菲勒财团为代表的银行家直接发起推动形成；第四次并购浪潮是华尔街投资银行创设的垃圾债券、并购基金等金融工具的创新，使得杠杆收购方式逐渐成熟并发展为并购重组的重要方式。四是并购几乎成为绝大多数世界500强成长的重要途径。

2. 并购重组是资本市场配置资源的重要方式

20世纪90年代中后期，为实现国有企业战略性重组，引发了一轮行政主导企业重组，其特征是行政色彩较浓，被称为“拉郎配式”重组，真正意义上的以市场为导向的企业重组比较少，也受制于当时我国资本市场的规模、功能、效率方面的局限。2006年底股权分置改革完成后，我国资本市场并购重组功能逐步健全，我国经济的市场化程度和证券化程度得到大幅提升，有力推动了资源配置质量和效率的提高。随着全流通市场的形成，资本市场为并购重组提供了市场化的定价机制和交易工具，以股份对价的并购重组手段日益丰富，为兼并重组提供了大规模、高效率、低成本的操作平台，资本市场并购重组风起云涌（见图1）。

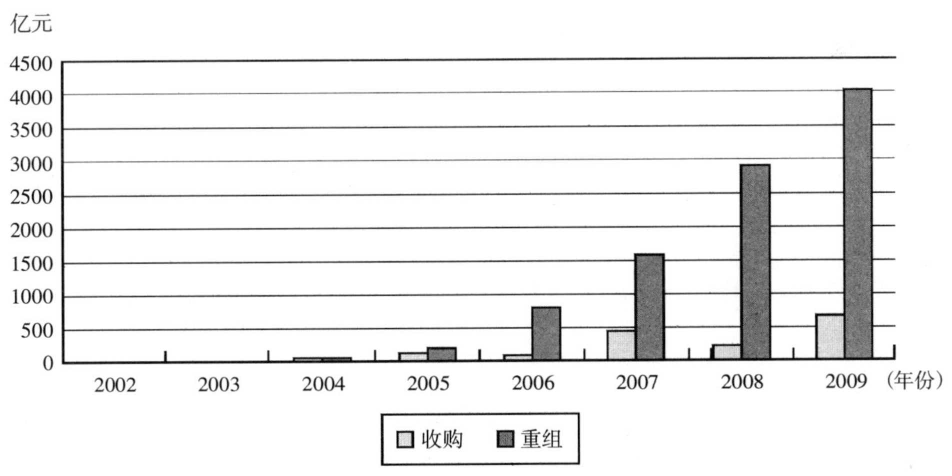

图1　2002年后收购、重大资产重组交易金额

对比 2002~2005 年和 2006~2009 年两个样本期间，我国上市公司并购交易额，在境内所有企业并购交易额的平均占比，从 2002~2005 年的 18.25%，上升到 2006~2009 年的 48%。同样可以看到在两个样本期间，我国上市公司境外并购占我国企业境外并购比重从 7.58%上升到 34.5%。20 世纪初以来以美国规模较大的六次并购浪潮为引领，直接推动了全球产业结构的调整和升级，依托资本市场进行的全球资源配置，有利于维护本国资源定价权和经济利益，2009 年全球上市公司并购交易额在全球并购交易额中占比平均在 80%左右。

2010 年我国资本市场共实施重大资产重组 47 项，交易金额 1338 亿元。2011~2012 年 70 家上市公司完成重大资产重组，2011 年并购交易金额为 2200 亿元，2012 年并购交易金额为 1100 亿元。2013 年以来我国并购市场十分活跃，反映了经济结构面临调整，增长方式亟待转变，移动互联网洗牌传统产业的宏观环境，全年上市公司披露的并购交易额为 12180 亿美元，交易宗数达到 2425 宗。资本市场通过并购重组配置资源的功能得到彰显。

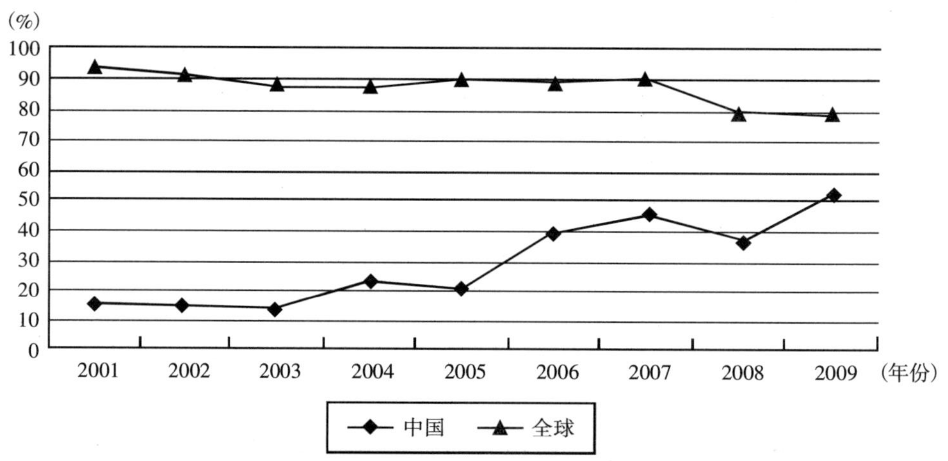

图 2　我国与全球上市公司境外并购分别占所有企业境外并购比重

3. 充分发挥资本市场促进企业重组的作用

2010 年 8 月，国务院发布《关于促进企业兼并重组的意见》，明确提出充分发挥资本市场推动企业重组的作用。2008 年 12 月，国务院办公厅《关于当前金融促进经济发展的若干意见》提出，支持有条件的企业利用资本市场开展兼并重组，促进上市公司行业整合和产业升级，减少审批环节，提升市场效率，不断提高上市公司竞争力。实践表明，资本市场推动企业重组可以发挥以下五个方面的作用：一是提升和促进产业整合，带动行业集中度和企业效益的进一步提升。2006~2009 年，共有 114 家公司完成产业整合类并购重组，完成后上市公司 3 年平均总资产、总收入和净利润比重组前分别增长了 306%、208%和 187%。二是推动了产业升级，经济发展方式转变进一步得到了体现。2006~2009 年，共有 27 家公司通过并购重组完成了产业升级，交易金额达到了 2456 亿元，完成后上市公司 3 年平均总资产、总收入和净利润比重组前分别增长了 332%、318%和 595%。三是推动国企改革，国有企业活力进一步增强。2006~2009 年，共有 121 家国有控股上市公司进行或者完成战略性并购重组，交易金额为 8058 亿元。2006 年进行的此类重组，完成后上市公司 3 年平均总资产、总收入和净利润比重组前分别增长了 338%、200%和 181%。四是推动了跨境并购，参与了全球配置资源，2006~2009 年共计 17 家企业成功实施跨境并购，由于我国资本市场定价功能的逐步健全，上市公司在参与全球资源配置中有效维护了国家的经济利益。五是维护社会稳定。2006~2009 年，共计有 56 家亏损上市公司完成了重组，淘汰落后产能，实现扭亏为盈，保障了 106 万名中小股东和数万名员工的权益，发挥了维护社会稳定的作用。

三、推进完善资本市场并购重组的制度建设

通常所说的并购重组不是一个法律上的概念，而是一个约定俗成的说法，其含义包含了上市公司的控制权转让、资产购买和出售、上市公司股份回购、合并、分立等对上市公司股权结构、资产和负债结构、利润及业务产生重大影响的活动。现阶段，上市公司并购重组已形成了一个相对完整的法规体系，包括《上市公司收购管理办法》、《上市公司重大资产重组管理办法》、《外国投资者对上市公司战略投资管理办法》、《财务顾问业务管理办法》等，还包括股份回购、公司合并、分立等规定，以及股东权益披露等信息披露的规定。

为了配合国务院《关于促进企业兼并重组的意见》（国发【2010】27号）的出台，从2009年起笔者在证监会上市公司监管部参与研究推进完善资本市场并购重组的制度建设工作，围绕如何有效发挥资本市场功能，支持促进并购重组，更好地服务于宏观经济政策目标；如何健全和完善监管工作，规范引导并购重组活动，扬长避短，趋利避害，统筹解决存在的问题，更好地适应市场客观需要的总体要求，通过深入调研、广泛征求市场意见，形成了推进完善资本市场并购重组10项工作安排：①加大资本市场支持并购重组的力度；②支持上市公司创新并购重组方式，提高资源配置效率；③推动部分改制上市公司整体上市，解决同业竞争、关联交易等历史遗留问题；④规范、引导借壳上市活动；⑤完善相关规章及配套政策，健全市场化定价机制；⑥推动建立内幕交易综合防治体系，有效防范和打击内幕交易；⑦完善停复牌制度和信息披露工作，强化股价异动对应监管措施；⑧加大中介机构在并购重组中的作用和责任，提高中介执业的效率和质量；⑨规范和改进并购重组行政审批工作；⑩优化上市公司并购重组外部环境。

10项工作安排围绕推进市场化并购重组改革主线，涉及上市公司监管工作各个层面的基础制度建设：既有规范内部制度，也有完善外部环境；既有规范自我行为，也有促进主体归位尽责；既涉及近期的工作目标，也涉及远期的工作目标；既涉及治标的措施，也涉及治本的措施，充分体现了远近结合、标本兼治的指导思想。

从2010~2013年10项工作安排逐步得到贯彻落实，我国资本市场并购重组效率大幅提升。在此基础上，为配合2014年国务院发布的《关于进一步优化企业兼并重组市场环境的意见》和《关于进一步促进资本市场健康发展的若干意见》，证监会进一步研究提出了15条深化并购重组制度的改革措施，力推企业兼并重组，破除体制机制障碍，降低兼并重组成本，大力提升行业集中度。具体措施包括：启动实施并购重组审核分道制，对符合条件的并购重组豁免审核或者快速审核；明确借壳上市标准与IPO等同，不支持创业板上市公司借壳上市的政策导向；进一步清理简化行政许可，取消上市公司股份回购的行政许可；针对因30%以上大股东每年2%的自由增持行为、50%以上股东增持行为、继承、上市公司实际控制人不发生变更的发行行为引发的要约收购义务 4 种情形要约收购义务豁免审批；提出部际并联审批的工作思路，促进并购重组效率的提高等。根据国务院《关于进一步优化企业兼并重组市场环境的意见》，促进上市公司兼并重组的政策措施主要有以下六方面：一是支持符合条件的企业通过发行股票、企业债券、非金融企业债务融资工作、可转换债券等方式并购融资，允许符合条件的企业发行优先股、定向发行可转换债券作为兼并重组的支付方式，研究推进定向权证作为支付方式；二是对于上市公司发行股份实施兼并事项，不设发行数量下限，兼并非关联企业不再强制要求做出业绩承诺；三是鼓励证券公司开展兼并重组融资业务，各类财务投资主体可以通过设立股权投资基金、创业投资基金、产业投资基金、并购基金等形式参与兼并重组；四是取消上市公司重大资产购买、出售、置换行为审批（构成借壳上市的除外）；五是对于地方国有股东所持上市公司股份的转让，下放地方政府审批；六是改革上市公司兼并重组的股份定价机制，增加定价弹性。证监会将通过修订《重组办法》、《收购办法》落实以上政策措施。修订内容包括以下九个方面：①取消非股份对价的重大资产重组的行政审批。对不构成借壳上市公司的上市公司重大资产购买、出售、置换行为取消行政审批。②明确重大资产重组审核分道制，证监会审核上市公司重大资产重组行政许可申请，可以根据上市公司的规范运作和诚信状况、财务顾问的执业质量，结合国家产业政策和重组交易类型，做出差异化的监管制度安排，有条件地减少审核内容和环节。③完善发行股份购买资产的市场化定价机制，一是增加发行定价窗口期的选择权，发行股份定价可以在公告日前 20 个交易日、60 个交易日或者 120 个交易日的公司股票交易均价中任选其一，并可以打九折；二是引入发行价调整机制，发行股份购买资产的首次董事会决议可以明确规定，在交易获得证监会核准前，上市公司股票价格相比发行价格有重大变化的，董事会可以根据已设定的调整方案对发行价进行一次调整；三是废止破产重整的股份协商定价机制，进一步遏制借壳上市的炒作，健全优胜劣汰的市场机制。④完善借壳上市的界定，一是明确对借壳上市执行与 IPO 审核等同的要求，避免“监管套利”。二是建议根据《公司法》立法本意对资产交易影响股东权益的重要性界定原则（一年内购买、出售重大资产超过公司最近一期经审计总资产的 30%的事项，须经股东大会审议决定），考虑界定借壳上市行为是指控制权转手后36个月内发生的资产交易超过100%。控制权变化36个月后的资产交易达到100%，由于有充分的时间让投资者知悉和判断“渐变”信息，所以可以不再界定为借壳上市。三是体现公平性原则，考虑适当放宽行业限制。⑤进一步丰富并购重组支付工具，为企业发行优先股、定向权证、定向发行可转债作为并购重组支付方式预留制度空间，为上市公司根据自身需求设计支付方式提供多样化选择。⑥取消向关联第三方发行股份购买资产的门槛限制和盈利预测补偿要求。⑦取消要约收购事前审批及两项要约收购豁免情形的审批，一是收购人在向证监会报送要约收购报告书之日起15日内，若证监会未表示异议的，收购人可以自行公告收购要约。二是针对因30%以上大股东每年2%的自由增持行为、50%以上股东增持行为、继承、上市公司实际控制人不发生变更的发行行为引发的要约收购义务等情形要约收购义务豁免审批。⑧丰富要约收购履约保障制度，强化财务顾问责任。增加银行出具保函、财务顾问担保并承担连带保证责任两种保证方式，收购人可以根据自身需要选择保证形式，解决了巨额资金长时间无法动用且损失利息的问题，有利于降低要约收购成本。⑨加强事中事后监管，督促有关主体归位尽责。一是对于取消审批的证监会仍可以根据审慎监管原则，责令上市公司按照办法的规定补充核查并发表专业意见；二是对中介机构强化事中事后监管，明确问责措施和罚则；三是对交易各方强化事后监管，完善对相关单位和个人违法违规行为的监管措施和处罚规定。

随着资本市场兼并重组市场化、法治化的进步，上市公司并购重组政策环境进一步改善，2013年以来，A股市场兼并重组的上市公司数量大幅上升，交易金额再创新高，跨界并购、大额并购成为这一时期的重要特点。党的十八届三中全会后，在市场起决定作用，发展混合所有制经济等政策导向下，许多高度分散的产业迎来了大规模、大范围的整合，尤其是食品、家居建材、医药等领域，许多企业都是画地为牢，区域分治，市场结构极其不合理，营运效率十分低下，价格战此起彼伏。通过兼并重组对这些行业进行整合，有利于提高行业集中度，增强企业的研发创新能力，降低企业的运营成本，形成规模效应。从长远看，大浪淘沙，更有助于提升行业的整体竞争力，大大增加优秀创业者的成功机会。值得关注的是，并购市场的完善与成熟离不开金融体系的创新。监管机构应该逐渐放开对金融创新的限制，加大金融创新的步伐，这样才能适应不断发展的中国并购市场，满足市场参与者对并购交易的各种资本需求。

2013 年我国上市公司并购重组综述

一、概述

近年来，中国并购市场在政策及经济环境的双重影响下发展迅速。2013 年是中国并购市场的又一重要里程碑，中国并购市场继续成为全球并购市场中较活跃的地区之一，全年披露的并购交易总金额为 4496 亿美元，创下了新的历史最高水平，披露交易宗数为 3329 宗。在总体并购市场快速发展的同时，中国上市公司并购也经历了快速发展，扮演了越来越重要的角色。中国上市公司 2013 年全年经披露的并购总交易额为 2180 亿美元，披露交易宗数为 2425 宗，交易金额占总体市场份额的 48%（见图 1 和图 2）。

按交易金额计，涉及中国上市公司的前十大并购交易中（不含关联交易），油气行业占据 2 席，电子行业占据 4 席，食品饮料占据 2 席，纺织和医疗各占 1 席。十大交易中有 6 宗是 100%全资股权收购，1 宗为控股权收购，3 宗为非控制性股权的收购，其中 2013 年 5 月，双汇国际收购史密斯菲尔德食品公司 100%的股份是 2013 年中国上市公司最大并购交易（见表 1）。

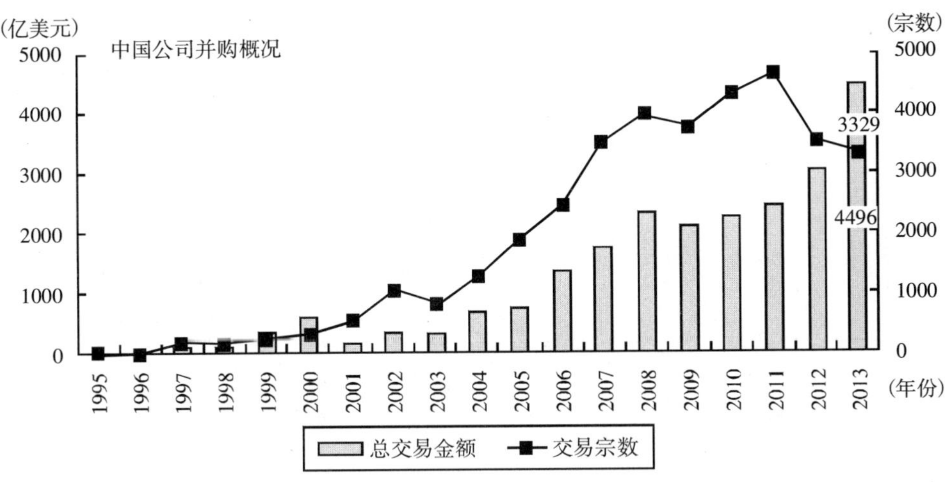

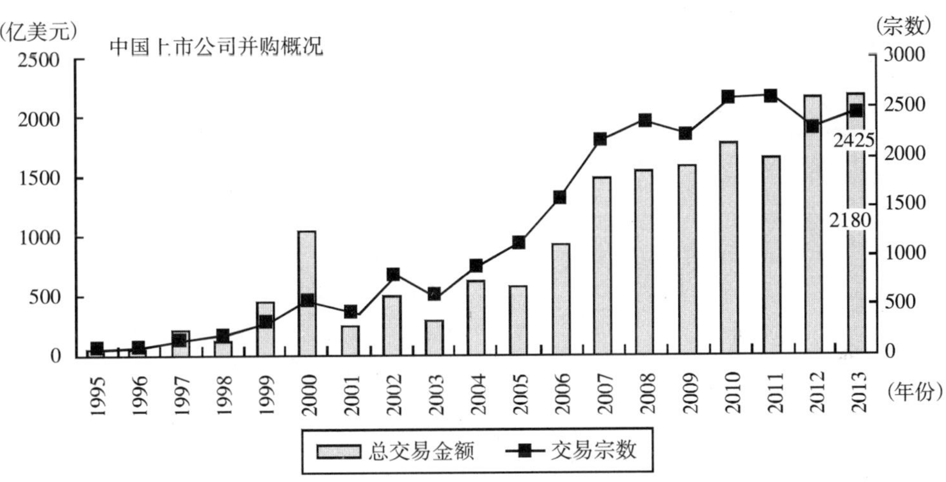

图 1　中国并购市场概况（1995~2013 年）

资料来源：Dealogic。

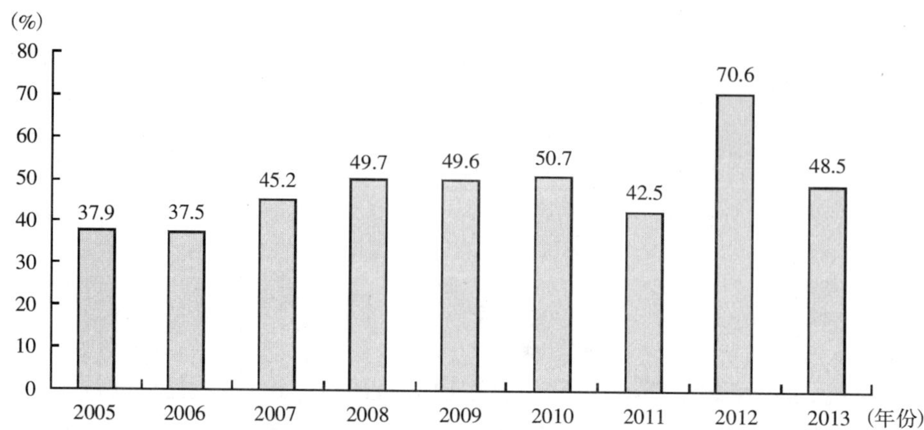

图2 中国上市公司并购交易金额占中国企业并购交易金额的比重变化（2005~2013年）

资料来源：Dealogic。

表1 2013年前十大中国上市公司并购交易

排名	宣布日期	目标方			收购方		交易金额（亿美元）	收购股比（%）
		公司	性质	行业	公司	性质		
1	2013年5月	史密斯菲尔德食品公司	外资	食品饮料	双汇国际	合资	71.0	100.00
2	2013年11月	阿帕奇公司埃及油气资产	外资	油气	中国石油化工集团公司	国企	31.0	33.33
3	2013年8月	海澜之家	民营	纺织	凯诺科技	民企	20.9	100.00
4	2013年7月	91无线	民营	电子	百度	民营	19.0	100.00
5	2013年7月	展讯通信有限公司	民营	电子	清华紫光股份有限公司	国企	17.8	100.00
6	2013年6月	布劳斯LNG项目	外资	油气	中国石油天然气集团公司	国企	16.3	10.20
7	2013年6月	雅士利	民营	食品饮料	内蒙古蒙牛乳业股份有限公司	国企	14.4	100.00
8	2013年9月	搜狗	民营	电子	腾讯	民营	4.5	36.50
9	2013年1月	壹人壹本	民营	电子	同方股份有限公司	国企	2.3	100.00
10	2013年5月	以色列Alma Lasers公司	外资	医疗	复星医药股份有限公司	民企	2.2	95.20

资料来源：Dealogic。

二、上市公司并购重组的特点

1. 并购主体上市地分布

按照上市公司上市地划分，中国上市公司的并购交易可分为A股主板上市公司、中小板上市公司、创业板上市公司、我国香港H股上市公司、其他海外上市公司的并购交易。不同的上市地点的资本市场环境、监管框架、股东来源、资本环境均有所不同，上市公司受到不同上市环境的影响，并购交易也表现为不同的特点。

2013年，A股主板市场和我国香港H股市场仍是中国企业上市的主流市场，中国资本市场的并购交易也相应集中在这两个市场。2013年A股主板所涉及的并购交易金额合计超过中国并购交易总交易规模的41.4%，交易宗数更是占据主导地位，达49.4%。我国香港H股市场所涉及的并购交易金额达到总交易规模的45.8%，交易宗数占24.5%。

值得注意的是，中小板和创业板市场所涉及的并购交易规模虽然较小，合计金额仅占5.2%，但按宗数占全部交易的19.1%，成为并购交易发生较为活跃的板块之一（见图3）。

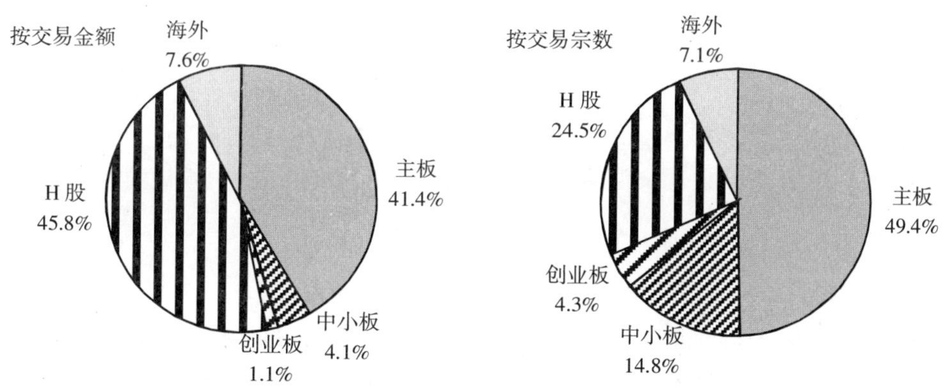

图3　中国上市公司并购按资本市场分类（2013年）

注：涉及在A股及我国香港、海外等多地上市公司的交易，记为A股上市公司交易；涉及在我国香港、海外等多地上市公司的交易，记为H股上市公司交易。

资料来源：Dealogic。

2. 并购目标行业分布

分行业看，金融、矿业、油气、地产及能源是中国并购市场保持增长的驱动力，2013 年中国上市公司并购中的 48%集中于这五大板块。继 2012 年交易总额在各行业中排名第一位后，资源类的并购交易在 2013 年继续保持活跃，其中大型交易包括中国石油化工集团公司以 31.0 亿美元收购阿帕奇公司埃及油田资产 33.33%的股份以及中国石油天然气集团公司以 16.3 亿美元收购布劳斯 LNG 项目 10.20%的股份。此外，金融行业的并购活动也非常活跃，2013 年达到 487 亿美元，同比增长 193%（见图 4）。

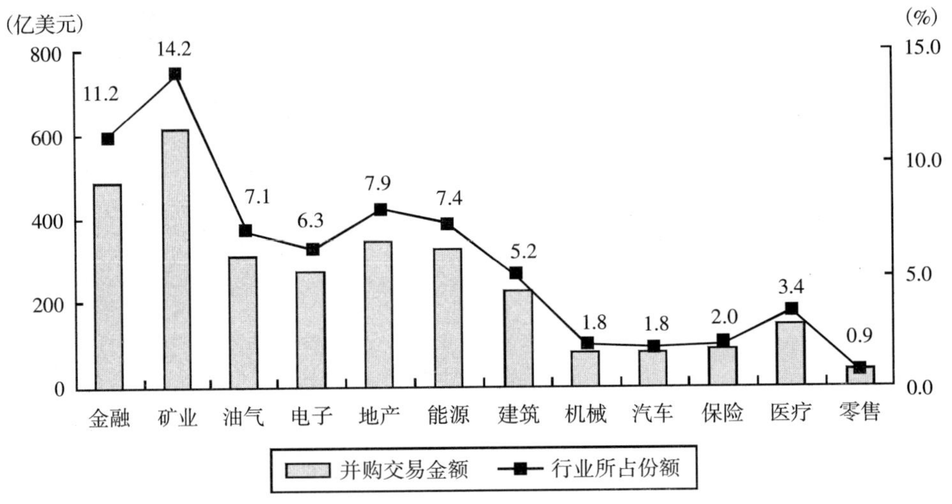

图 4　中国上市公司并购按行业分布（2013 年）

资料来源：Dealogic。

3. 并购交易规模分布

从平均单笔交易来看，保险行业虽然 2013 年总交易额为 86 亿美元，远小于金融、矿业、地产等行业，但是仅包含 21 宗交易，平均单笔交易高达 4.1 亿美元，为平均单笔交易额最大的行业。

由于中国油气行业集中度较高，因此涉及并购交易的金额往往较大，从平均单笔并购金额看，油气行业平均每笔涉及金额 3.9 亿美元，其中中国石油化工集团公司以 31.0 亿美元收购阿帕奇公司埃及油田资产 33.33%的股份以及中国石油天然气集团公司以 16.3 亿美元收购布劳斯 LNG 项目 10.20%的股份都是年度规模前十大的收购交易（见图5）。

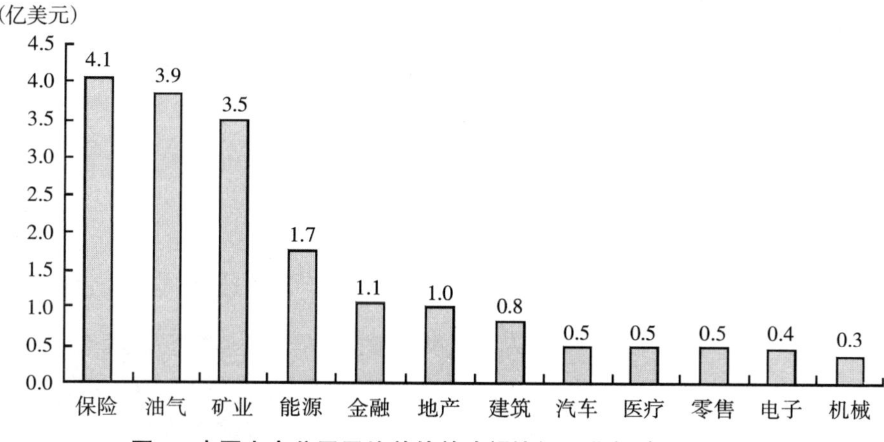

图5 中国上市公司平均单笔并购额按行业排名（2013年）

资料来源：Dealogic。

2013年中国上市公司共完成了2055宗交易金额低于1亿美元的并购交易，平均每宗交易金额为2175万美元，占全部交易宗数的84.7%；交易金额在1亿~5亿美元的并购交易共有297宗，占全部交易宗数的12.2%，交易金额大于5亿美元的73宗并购交易仅占全部交易宗数的3.0%，但是合计交易金额约占整个市场交易规模的一半（见图6）。

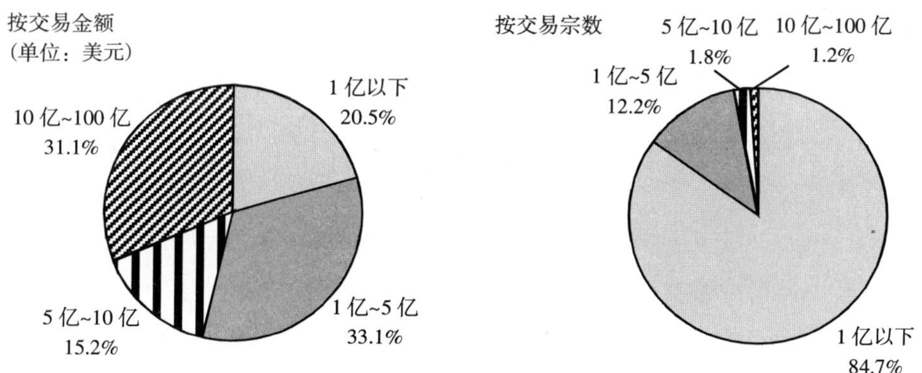

图6 中国上市公司单笔交易并购额所在区间分布（2013年）

资料来源：Dealogic。

4. 并购交易的类型

数据显示，2013 年境内并购交易总额占比较 2012 年显著上升，从 57.9%升至 80.0%，境内并购交易宗数为 2020 宗。外资入境并购交易总额占比以及中资海外并购交易总额占比均有不同程度的下降，其中外资入境并购交易总额占比从 2012 年的 13.5%降至 2013 年的 3.2%，而中资海外并购交易总额占比从 2012 年的 28.7%降至 2013 年的 16.8%（见图 7）。

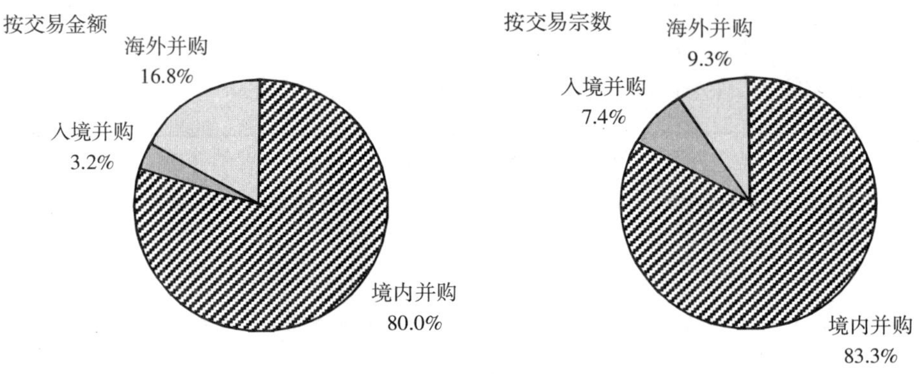

图 7　中国上市公司并购交易类型分布（2013 年）

资料来源：Dealogic。

目前境内并购仍然是中国上市公司并购交易的主要类型，2010~2012 年境内并购交易宗数基本稳定在 2500 宗左右。2013 年，虽然境内并购交易宗数下降至 2020 宗，但交易金额达 1743 亿美元，较 2012 年大幅上升 43%。与境内并购市场跨越式增长相比，中资海外并购与外资境内并购的交易规模及交易宗数均较 2012 年有不同程度的下降（见图 8）。

分行业看，能源、地产、金融、电子是中国中资境内并购市场最活跃的四个行业，2013 年中国上市公司中资境内并购中的 63.9%集中于这四大板块。国内金融行业进一步深化行业整合，主要集中于商业银行、投资公司等子板块。随着央行连续加息、政府实行政策调控，国内地产公司面临融资成本上升、回款不畅带来的资金压力，国内大型房企在此背景下的逆势扩张加速了行业整合。电子行业正在进入加速整合阶段，互联网巨头公司正纷纷出击，加速产业整合（见图 9）。

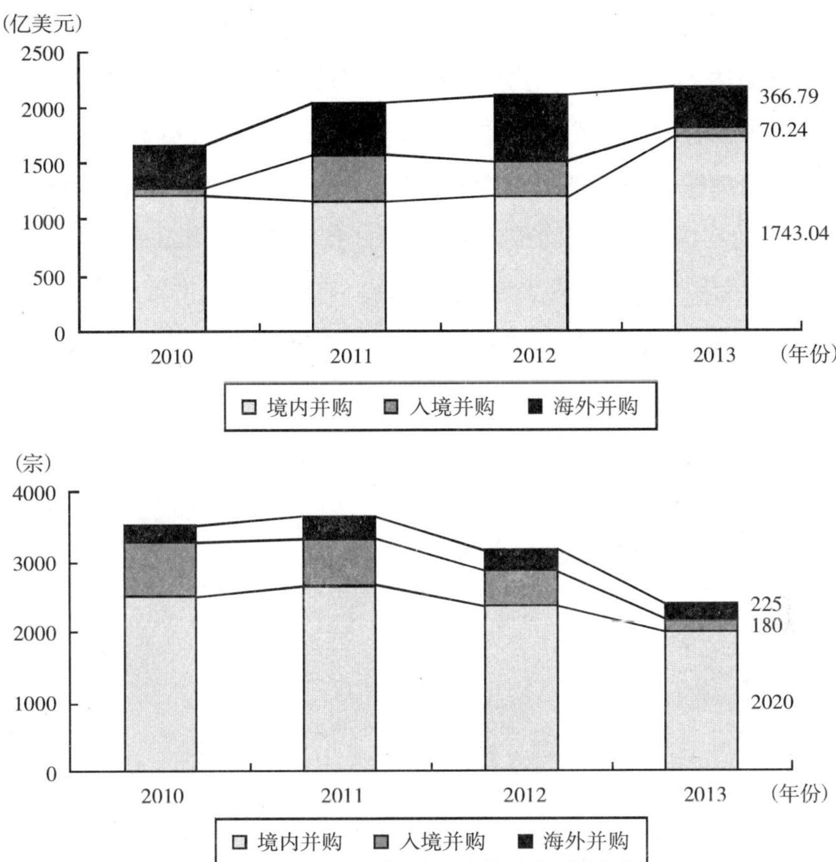

图 8　中国上市公司并购交易类型分布（2010~2013 年）

资料来源：Dealogic。

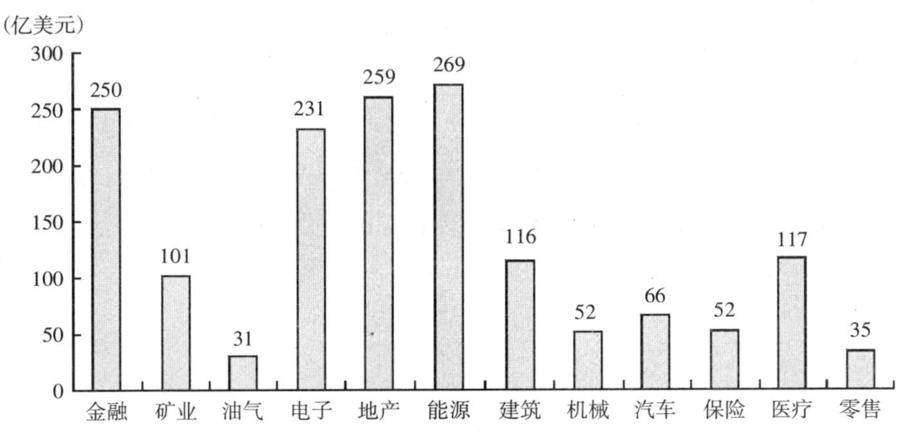

图 9　中国上市公司境内并购按行业分布（2013 年）

资料来源：Dealogic。

油气行业连续多年是海外并购最为活跃的板块。2013 年油气行业中资海外并购交易总额达 240 亿美元，占整个中国上市公司海外并购市场规模的 57.0%，在国内能源供应增长停滞不前、政府和投资者要求油气公司增加储量的背景下，中国大型油企加快了海外油气资源收购的步伐。金融行业中资海外并购规模达 45 亿美元，随着国内金融市场的逐渐成熟，金融企业走出去的战略定位愈加明显，通过并购交易与国外优秀金融企业联合，有利于加速中资金融企业国际化的步伐，朝着世界一流金融企业的目标奋斗（见图 10）。

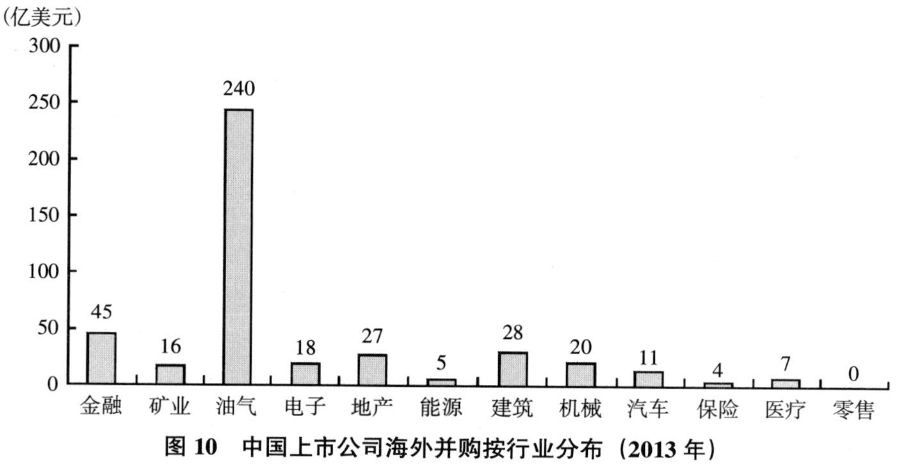

图 10　中国上市公司海外并购按行业分布（2013 年）

资料来源：Dealogic。

2013 年中国并购市场外资入境并购交易完成金额按行业分布来看，金融、地产、医疗行业分别以 55 亿美元、19 亿美元以及 18 亿美元占据前三名，占比分别为 53.7%、18.7%以及 17.8%。此外，外资对于国内建筑、电子、油气等行业也较为青睐。随着中国市场的进一步开放及中国本土企业的成长，未来将有更多优秀的境内上市公司成为外资并购的理想标的（见图 11）。

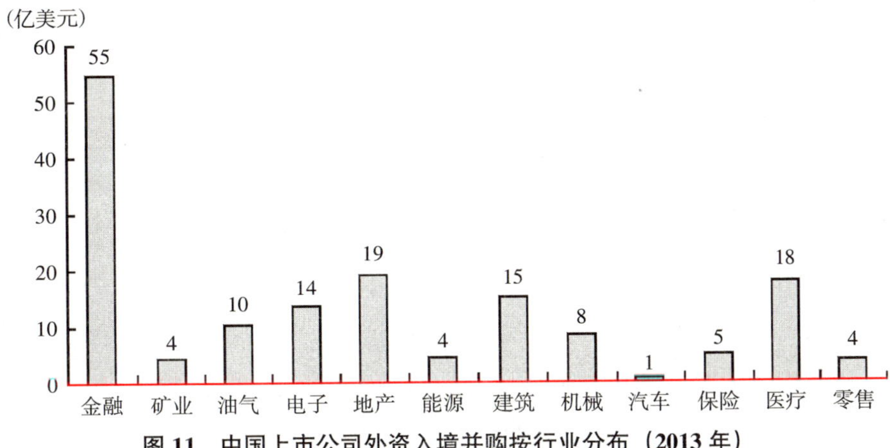

图 11 中国上市公司外资入境并购按行业分布(2013 年)

资料来源:Dealogic。

三、并购重组市场发展趋势

1. 并购市场规模不断发展,在全球市场中的地位越来越重要

2013 年,在国内 IPO 窗口关闭的背景下以及并购鼓励政策频出的刺激下,促使 2013 年达到近 7 年中国并购市场宣布交易规模的最大值,中国并购市场繁荣程度可见一斑。路透社数据显示,2013 年中国的并购市场在全球市场中占据的份额也更为可观,2013 年中国成为亚洲企业并购合计规模最大的国家,超过占据榜首两年之久的日本,并且并购领域已不仅限于自然资源,而且拓展到了食品与金融等行业。全球并购热潮从发达国家向亚洲、拉美等高增长地区转移,在可预计的将来,随着中国经济的发展以及欧债危机等国际经济形势的变化,中国并购市场在全球范围内的重要性将越来越得到体现。

2. 并购基金运作持续升温,第三方产业并购成为市场主流

2013 年,我国资本市场中各类并购基金取得了较快发展,包括产业基金、券商系并购基金、二级市场并购基金、上市公司控股参与的并购基金、国际化控股型并购基金、外资并购基金以及其他类型并购基金。其中,券商和产业资本为

典型代表。各类产业基金服务于产业上下游、境内外、民企、国企之间的整合，为并购项目提供资金支持；券商通过参与地方政府主导的并购基金、直投部门作为管理公司设立基金参与并购整合的方式、依托其证券资质背景及专业的财务顾问服务为并购基金的募资和 PE 退出提供了良好的渠道，也促使了并购交易的完成。

在信贷市场资金偏紧的环境下，上市公司积极利用融资优势，迅猛带动第三方产业并购，逐渐成为上市公司并购重组的市场主流。如医药行业中优势企业借助新版 GMP 认证到期接近大限，通过收编规模较小的企业，改善产品结构，提升市场占有率；以电子信息、机械设备为代表的行业通过横向并购以丰富产品线，提高盈利水平；以数字新媒体（TMT）产业为代表的行业通过纵向收购向上下游拓展、延伸产业链、进入细分行业。部分传统行业上市公司积极通过发行股份收购 TMT 企业，实现整体业务转型。互联网行业三大巨头百度、阿里巴巴、腾讯利用现金流优势，频繁收购中小企业，开始加紧战略布局。2013 年过会的并购重组项目中，第三方产业并购排名第一，占比 38.4%。

3. 国家鼓励重点行业兼并重组，推动并购市场繁荣

2013 年，并购重组分道制审核正式推出，差异化的审核安排促进了并购重组效率的提高，进一步优化了并购的市场环境。2014 年 3 月，国务院出台《关于进一步优化企业兼并重组市场环境的意见》，这是继 2010 年国务院《关于促进企业兼并重组的意见》号召通过并购重组提高行业集中度、2013 年十二部委《关于加快推进重点行业企业兼并重组的指导意见》助推九大行业并购整合之后，国务院对兼并重组的又一重大鼓励政策，从行政审批、交易机制、金融支持、支付手段等全链条进行梳理革新，市场化力度较以往更加明显。将发挥市场在资源配置中的决定性作用，加快建立公平开放透明的市场规则，有利于进一步完善企业兼并重组的市场体系。

2014 年 4 月 8 日，发改委公布《境外投资项目核准和备案管理办法》，其中对于地方企业实施的中方投资额 3 亿美元以下境外投资项目由地方发改委部门备案即可，备案时间大大缩短；目前商务部正在对《外国投资者对上市公司战略投资管理办法》进行修订，其征求意见稿中对境外换股并购导致的外国投资者持有

上市公司股份比例、外国投资者资产规模限制已经取消，体现了支持对境内、外企业跨境并购的政策思想。

4. 国企改革引发并购整合潮

十八届三中全会提出积极发展混合所有制，为全面深化国有企业改革定下基调。2013 年，上海和广东的国企改革率先动作，随后国企改革在北京、山东、天津以及新疆等全面铺开，新一轮国企改革将带动大范围的并购重组活动。分地区看，上海、广东、安徽、贵州、重庆等地先后公布了地方国企改革方案，包括混合所有制比重增加、打造国有资本运营公司、集团整体上市、向战略性新兴产业转移等内容。在各地区国企改革中，数量较多的国有产业集团有望实现整体上市或者核心资产上市，许多上市公司将进行资产重组，注入优质资产。分领域看，电力、医疗、电信等几个传统的民生领域将积极引进民营资本，国企将通过部分股权出售，引入外部投资者，为国企经营模式和发展注入新活力。在混合所有制背景下，某些国有垄断行业如军工、金融和铁路也将加大引入民营资本试点。

从国企自身特点来看，自身资质较好的国企将利用与民营资本的股权混合，改善公司治理结构以及逐渐市场化，盈利能力和效率会进一步提升；部分国企将利用行业整合机会，加快从传统行业向新兴行业战略转型；一些国资将逐步退出部分不具备竞争优势行业，而优势民营企业可以通过产权交易方式吸纳相关资产。

5. 支付手段将出现更多创新，交易设计更加灵活自主

目前，国内资本市场并购中可以使用现金、股权、资产、债权、可转债以及混合支付手段。随着市场中值得借鉴的经典案例增多，国内并购交易的支付手段越来越成熟，通过混合支付的方式以契合不同的交易规模、上市公司状况、交易对方需求等多方面因素。预计在相关配套政策的鼓励下，并购融资工具和并购支付手段将进一步丰富，同时随着并购基金的发展，企业利用并购基金过桥贷款、国际借款等多种支付方式及其组合参与并购，有利于国内资本市场逐步完善交易制度、实现交易各方的良好对接。

随着政策的进一步打开和市场规则的完善，我国并购重组在股份发行价格确

定、股份限售规定、配套资金的募集、标的资产的业绩承诺方面将逐渐向市场化靠拢，由重组参与各方在公平、有效、透明的市场中自主决策、有效调动企业积极性、提高资源配置效率。修订中的《上市公司重大资产重组办法》将对定价机制进行改革，交易主体将对交易价格有更强的自主定价空间。取消业绩承诺的强制要求后，企业可以根据自身经营情况，做出最合适的安排。预计未来随着我国资本市场的进一步透明化、竞争化，在政策的积极指导作用下，依托多种金融工具、资本平台，我国的并购交易规模将再创新高，产业结构将得到进一步优化，并购重组市场将愈发高效活跃。

上市公司在跨境并购中扮演重要角色

2011 年全年跨境并购交易额 558 亿美元，2012 年至 10 月为止 495 亿美元，数字见证了中国企业海外并购的规模与体量。与这一规模如影随形的则是中国企业“走出去”的绩效和质量。作为中国企业中最具跨境并购条件的代表——上市公司，在这方面的实践及遇到的问题相应地也更具代表性。如何看待我国上市公司跨境并购的机遇，如何判断成功的跨境并购，如何弥补跨境并购中的“短板”，这一系列的问题值得深入探讨。

一、我国企业跨境并购的机遇与挑战

越来越多的上市公司涉足跨境并购，如何看待中国企业面临的跨境并购的历史性机遇？随着经济的全球化、市场化、资本化、信息化发展，全球配置资源成为了企业提高国际竞争力的重要途径之一，跨境并购也成为了企业家们密切关注和研修的重要课题。全球跨境并购交易 2002~2011 年持续保持递增趋势，交易额由 2002 年的 3685 亿美元，增至 2011 年的 8932 亿美元，交易宗数也由 2002 年的 5966 宗，上升至 2011 年的 11207 宗。虽然这一数量在 2008 年全球金融危机爆发后有所回落，但从 2010 年开始逐步复苏，继续保持强劲的增长趋势。从全球跨境并购的交易金额分布看，大宗交易成为主流，2002~2011 年 10 亿美元以上的交易占跨境并购总交易额的 58%，5 亿~10 亿美元的交易占 12%，1 亿~5 亿美元的交易占 21%，1 亿美元以下的交易仅占 9%。从行业分布看，全球配置资源的行业特征日趋明显，2002~2011 年全球跨境并购交易额居前 10 位的行业是金融、电信、公共事业、油气、医疗、食品饮料、房地产、矿产、IT 和钢铁。2011 年油气行业跨境并购最为活跃，交易金额高达 1497 亿美元，其次是矿产和 IT 等行业。2011 年全球跨境并购的目标区域主要集中在欧洲、北美和亚太地区，这与相关区域经济的全球化、市场化、资本化、信息化发展水平密切相关。

随着我国资本市场体系的不断成熟和完善，2005 年以来上市公司并购越来越活跃，境内并购交易额由 2005 年的 172 亿美元，增加至 2011 年的 742 亿美元；上市公司境内并购交易额在境内并购交易总额的平均占比，由 2002~2005 年的 28%，上升到 2006~2011 年的 46%。最近 6 年（2006~2011 年）上市公司并购累计交易金额是前 5 年（2001~2005 年）累计金额的 50 倍。相对于成熟市场国家，我国企业跨境并购仅仅是刚起步，最近两年（2011 年全年和 2012 年 10 月前）中国企业跨境并购的交易额分别是 558 亿美元和 495 亿美元，交易宗数分别是 383 宗和 300 宗。2006~2011 年跨境并购交易额美国为 10020 亿美元，英国为 6780 亿美元，法国为 5217 亿美元，中国为 2369 亿美元；跨境并购宗数美国为 2399 宗，英国为 1247 宗，法国为 367 宗，中国为 367 宗。我国对外直接投资存量占 GDP 的比例在 5%左右，低于接近 30%的世界平均水平。在资本市场促进企业并购的作用下，上市公司跨境并购数量逐步递增，交易额在我国企业跨境并购交易总额的平均占比由 2001~2006 年的 12%，上升到 2007~2011 年的 35%，但是，这一水平仍远低于成熟市场经济国家 74%的平均水平。

上述情况表明，作为全球第二大经济体，随着我国经济的全球化、市场化、资本化、信息化发展，未来我国企业跨境并购规模、对外直接投资占 GDP 的比例还有较大提升空间，尤其是上市公司跨境并购将发挥主力作用。

在此机遇下，中国企业“走出去”需要做好哪些准备？一个成功的跨境并购方案，在技术层面需要关注三方面：一是并购的核心目标，二是并购的关键因素，三是并购的风险控制。首先并购的核心目标是创造价值，需要从四方面考量：第一，并购是“活”的因素整合，企业是由有形资产、无形资产和人构成的有机体，包含品牌、技术、工艺、客户关系、流程、文化等各种“活”的要素；第二，并购是“有机”的过程，应当维护好、实现好、运用好这些“活”的要素，保持其活力；第三，并购应当基于强大的商业逻辑，不应是对于规模的片面追求，不是单向、静态、短期的经济行为，更不应该是基于其他考虑；第四，并购应当是双方的有机结合，取长补短，在一个或者多个要素中实现优化、强化，最终落实在经营业绩的可持续提升上。其次是并购的关键因素决定成败，包括目标方质量、并购方实力、双方契合程度、交易结构和后续安排、交易执行等。最后是并购的风险控制，主要有投资环境风险包括国别风险、市场波动风险、行业周期风险，项目执行风险包括目标公司基本面风险、估值和定价风险、交易结构设计风险、监管审批风险、舆论环境风险、后续整合风险等。

总之，跨境并购必须要契合企业自身战略发展的客观需要，只有在战略能够增合力减损耗的情况下跨境并购才能成功。根据 2001~2013 年中国企业跨境并购做出的分析表明，不熟悉法律环境成为失败的因素占 24%，对并购规则不了解的占 18%，尽职调查没做好的占 15%，协调和沟通不好的占 8%，文化因素占 7%，法律顾问的选择占 7%，竞争因素占 7%，税收会计问题占 6%。

二、我国企业跨境并购融资存在“短板”

当前，我国企业跨境并购存在的主要问题如下：一是融资渠道供给不足。企业并购融资方式主要有两大类：内源融资和外源融资。内源融资主要是运用自有资金进行并购，该融资方式融资成本低、风险小，但受并购方企业规模、盈利水平的制约。一般情况下，内源融资不作为跨境并购融资的主要方式，跨境并购通常采用外源融资方式，包括债务性融资、权益性融资和混合性融资。目前，我国企业跨境并购的主要资金来源是自有资金、国内银行贷款和国际银团贷款，而国外企业在并购中常用的融资方式如发行债券融资、换股并购、优先股融资、杠杆融资等方式在我国企业跨境并购中很少用到。二是支付方式单一。企业并购支付方式主要有三种：现金支付、股票支付、混合支付。目前我国企业跨境并购支付方式主要以现金支付为主，也有一些企业在跨境并购中创新支付方式，如联想并购 IBM 时就采用了“现金+股票+债务”的混合支付方式，吉利并购沃尔沃采用了“现金+票据”的混合支付方式，但是总体而言我国企业跨境并购中股票支付、混合支付方式相对较少。

总体来看，影响我国企业跨境并购的因素主要有以下几方面：

1. 法律法规环境

目前，我国法律法规对跨境并购融资的约束主要有四个方面：一是《证券法》中有关上市公司股份收购每增加 5%比例股份披露一次信息制度和 30%的全面要约收购制度规定，增加了二级市场上进行并购的成本。二是《公司法》规定公司对外投资不得超过其净资本的 50%。三是《股票发行交易管理暂行条例》中规定“任何金融机构不得为股票交易提供贷款”，该规定限制了银行为股权并购提供贷款。四是《企业债券管理条例》规定“企业债券的利率不得高于银行相同期限居民储蓄定期存款利率的 40%”，该规定在银行存款利率不断下降的情况下，会降低企业债券的吸引力，进而导致并购企业很难通过发行债券方式进行并购融资。

2. 社会信用体系完善程度

健全、完善的社会信用体系是金融资本市场建立的基础，也是资本市场健康、有序发展的基础。企业在行业内的信用高低对于获取外部融资至关重要。除了需要一定的资产基础作为保证外，能否通过有效的信用担保，提高企业的信用等级，降低银行的授信风险，也是企业获取银行贷款融资或者发行债券融资的重要因素。

3. 资本市场的发展程度

并购企业所在国资本市场的发展程度对并购规模、并购融资方式及其支付方式的影响非常大。资本市场中金融工具、金融产品、融资渠道的多寡，发行证券审批手续的松紧，是企业能否从资本市场获取足够的并购资金支持的重要因素。

在成熟市场经济国家上市公司跨境并购扮演着重要角色，我国上市公司在跨境并购中同样具有优势。随着我国资本市场体系的成熟和完善，我国上市公司实施“走出去”战略具有六方面的优势：其一，上市公司依据法定义务持续公开财务信息，形成了良好的公信力，有利于提高双方合作的信任度；其二，我国上市公司治理结构相对健全和规范，具备了相对较强的专业化、国际化、科学化决策机制，具有相对较好的风险防范和控制能力；其三，我国上市公司率先执行与国际会计准则接轨的会计制度，形成了双方合作的会计基础，有助于提高双方的契合度；其四，上市公司具有市场融资的优势，可以为交易安排、交易支付和后续整合提供强力支持；其五，上市公司市场化的估值和定价体系，在参与全球资源配置中占有相对的定价权优势，可以有效维护国家和企业的利益；其六，上市公司的公众化性质，可以一定程度上消除或者降低目标方所在国的监管审批风险、舆论环境风险。总之，上市公司具备实施“走出去”战略的制度优势和发展优势。

三、积极发展并购基金，拓展并购融资渠道

并购基金是国际投资银行的重要业务之一，也是金融支持企业并购的重要方式之一。并购基金在欧美成熟市场上是私募股权投资基金（PE）的主流模式。并购基金成为并购的主导方，最典型的案例是 1988 年 KKR 以 251 亿美元收购 RJR 纳贝斯克，该交易是当时最大规模的杠杆收购。资料显示，2011 年美国并购基金参与的并购交易占该国商业并购总规模的 19%左右，而在我国该比例尚不足 1%。不仅如此，并购基金与其他类型 PE 具有不同的发展特征，其投资对象是成熟企业，且意在获得对目标企业的控制权，并实施风险管理和业务整合。目前，我国市场中的 PE 九成以上是财务投资者，尚不具备并购基金支持大中型并购业务的能力。2010 年 8 月，国务院发布《关于促进企业兼并重组的意见》（国发【2010】27 号）明确提出：“积极探索设立专门的并购基金等兼并重组融资新模式，完善股权投资退出机制，吸引社会资金参与企业兼并重组。通过并购贷款、境内外银团贷款、贷款贴息等方式支持企业跨国并购。”2014 年 3 月 24 日，国务院发布《关于进一步优化企业兼并重组市场环境的意见》，进一步明确鼓励证券公司开展兼并重组融资业务，各类财务投资主体可以通过设立股权投资基金、

创业投资基金、产业投资基金、并购基金等形式参与兼并重组。近年来我国本土并购基金有所发展，据清科研究中心数据显示，自 2009 年至 2014 年一季度募集完成针对中国市场的本土并购基金共有 37 只，募资规模达 44.23 亿美元。从募资数量来看，2009 年至 2012 年，由于 2008 年的金融危机造成市场流动性下降，投资者信心不足，募集基金数量停滞不前；2013 年随着本土并购市场的活跃度上升，支持并购基金发展的政策措施进一步具体化，本土并购基金募集基金剧增为 9 年来的峰值 16 只，而 2014 年一季度，本土并购基金的募集规模已经达到 5 只，预计未来增长力度将更加强劲。可以期待，并购基金将是我国投资银行业务创新和发展的又一“亮点”，并购基金未来的成长空间将十分广阔。目前我国经济增长方式正在发生历史性转变，“增量”拉动增长模式进入收尾阶段，盘活存量将为企业间并购重组带来大量机会。一方面扩内需、稳增长的宏观政策，明确未来投资方向包括化工、通信设备、电网、铁路、城镇化等，既有投资拉动效应，也存在创新产业与传统产业跨界融合带来的并购重组潜力。另一方面监督部门对于市场化并购重组的鼓励，优化企业兼并重组市场环境，将进一步推动并购浪潮风云再起。在此背景下，本土并购基金的市场机会将明显增加。从配置资源而言，并购基金可以发挥重要的支持和推动作用，但是，并购基金不可能完全取代实体经济之间基于产业调整、专业整合、产业升级所进行的并购活动。

转型背景下资产评估业的机遇与挑战

金融学最核心的问题是资产定价。在资产交易中，资产评估作为定价的重要参考因素，在并购市场具有举足轻重的作用。但是，当经济转型为创新驱动发展时期，资产评估业必然迎来新的挑战和机遇。

一、资产评估在上市公司快速发展中发挥了基础建设作用

资产评估作为现代服务业的重要组成部分，已成为我国经济转型中不可或缺的专业服务力量。截至2012年底，我国拥有境内上市公司2494家，总市值23万亿元，占GDP的比例达到44.36%；营业收入25万亿元，占GDP的比例达到47.19%，同比增长8.62%，高于7.8%的GDP增幅；实现利润2.6万亿元，占规模以上工业企业利润的46.14%；上市公司缴纳的所得税一项，占到了全国企业税收总量的30.89%。数据表明，上市公司已经成为助推中国经济转型升级的中坚力量，是国民经济运行中最具影响力和成长优势的企业群体。在上市公司的快速成长中，资产评估发挥了基础建设作用。

在经济转型背景下，资本市场在促进资源优化配置中发挥了关键作用，资产评估助力了资本市场配置资源的效率。以近两年IPO和并购重组为例，2011~2012年资产评估业服务IPO公司121家，向社会公开募集资金982亿元；2012年度，我国主板上市公司共有627家完成并购重组交易，其中，经过资产评估的

528 家。经评估的资产总量为 11078 亿元，净资产账面值 3148 亿元，评估值 6117 亿元。在 961 份并购重组评估报告中，780 份报告结果被作为资产重组交易的定价依据和参考。经历了 20 多年的成长，中国资产评估业走出了一条适合我国社会主义市场经济的评估服务专业道路，创立了一套适应中国经济社会发展的评估理论体系，建立了一支具备较强专业胜任能力的骨干队伍。随着社会主义市场经济体制的不断完善，资产评估将由为国有资产交易服务向全面服务于国家新兴产业战略转型，由价值发现向价值管理全链条延展，由单纯以提供鉴证服务为主转变为鉴证、咨询服务并重，由单纯为国有经济服务转变为为多种所有制经济服务，由单一为国内市场资源配置服务转变为为全球市场资源配置服务。

二、资产评估在经济转型中的机遇与挑战

资本市场是资产价格发现的重要平台，资产评估是资产价值发现的重要渠道，二者有机结合共同为中国经济的转型升级服务。当前的中国经济转型发生在两个层面，一是在经济全球化背景下，信息技术革命对传统经济的冲击，其标志是大数据、云计算时代的来临所带来的新技术革命，网络经济正在深刻改变着传统的商业模式。二是我国企业跨越了主要依靠技术模仿、产业跟踪的追赶期，向创新驱动发展转型，其核心内容是盘活经济存量和打造中国经济的升级版，我国经济将从世界制造中心向服务业、文化创意、网络经济等领域延伸升级。两个层面的经济转型，都将对我国经济各个领域产生深刻影响，资产评估业也不例外。在经济转型中资产评估面临新的机遇和挑战，需要充分认识经济转型的趋势和规律性。

信息技术革命与互联网经济的融合，改变了传统的行业、企业概念及其定价标准和商业模式。在 2013 年德国汉诺威工业博览会上，“第四次工业革命”成为热议话题。在德国，工业革命的划分标准是：第一次工业革命的标志是机械化，从 18 世纪末开始，蒸汽机逐步取代人力；第二次工业革命的标志是流水线

生产，始于1913年美国人福特采用流水线制造汽车，规格化生产成本大大下降；第三次工业革命的标志是自动化，始于1974年德国企业研发的由集成电路制成的可编程逻辑控制器；第四次工业革命的标志是工厂智能化，让网络技术进入制造业，方向是生产工艺与信息技术融合，产品个性化，生产人性化。每一次工业革命的结果都带来了资产定价概念与方法的重新定义。最近比较流行的说法是：苹果颠覆了影视、IT和手机行业，特斯拉颠覆了汽车行业。特斯拉是一家新锐的电动汽车制造和营销企业，这家连续多年亏损的公司，10年“烧掉”10亿美元，却在资本市场创造了一个200亿美元市值的奇迹。2010年特斯拉在亏损1.5亿美元情况下以每股17美元上市，两年后股价上升了60%，2013年第一季度特斯拉开始盈利，股价随之飙升，至2013年9月其股票已比年初上涨了约6倍，达到每股166美元。2013年销售2万辆，是2012年的4倍。特斯拉的案例重新定义了传统的企业评价标准，成为经济转型的重要标志。首先特斯拉是用“硅谷”方式，而不是“底特律”方式彻底改变乃至颠覆传统汽车制造行业，改变传统的销售模式和驾驶体验。其次是特斯拉的价值是被“华尔街的眼睛”发现的，而不是被“会计报表”揭示的，是华尔街那些精于新兴产业研究的行业分析师，在一定程度上帮助了投资者理解创新公司的价值，而投资者在市场中练就的价值发现能力，使他们更看重公司的未来，而不是眼前的盈利。在转型经济背景下，传统的资产评估发现价值的方法和路径，如何在信息技术革命和互联网经济下与市场机制发现价格的功能有机结合，应当成为业界深入思考的课题。

当前我国经济转型进入关键时期，资产评估行业蕴含着巨大的发展机遇，同时也面临着前所未有的挑战。2013年6月以来，中国上市公司协会联合深圳交易所，就产业和企业转型的形势和环境需求进行了专题调研，先后召开了10多场100多位企业家参加的座谈会，现场走访了20多家企业，发出并回收了1256份调查问卷。总的形势判断是，产业发展状况分化，部分传统制造业产能超常规过剩，企业效益下滑，企业面临“产能过剩、资产贬值、资金紧张”的风险；新增长点正广泛形成，但潜力和空间未充分释放。面对经济下行压力的新形势，企业普遍反映，希望政府改进推进结构调整的做法，着眼产业调整和升级，不必以行政措施“救企业”，以标准促进产业升级，进一步破除地方保护和市场分割，着力构建“生得顺利、退得顺畅”的产业生态，奠定可持续发展的基础。根据调研中企业反映的突出问题，中国上市公司协会从企业角度提出了若干政策建议，包括建议民营资本的市场准入采用“负面清单”制度；限制垄断企业向产业链竞争环节不当延伸；选择重点行业突破专业性审批“瓶颈”；完善破产和重整机制，建立企业市场化再生和退出通道；完善社会保障底线，构筑企业生生死死的基础设施；通过并购重组盘活存量提升经济活力等，这些建议试图为转型时期的中国企业在资产重组、价值再造、产业升级、结构调整方面营建新的发展环境，资产评估业顺应经济转型过程中的新趋势、新特点，必将大有可为、大有作为。

转型背景下的中国企业创新

加快经济发展方式转变，是解决中国长期发展问题的关键，已成为普遍共识。当前企业经营不景气的状况在蔓延，产能过剩的问题充分暴露，推动经济转型的市场“倒逼”力量形成，与此同时，政府对经济增速下滑的“阵痛”保持了前所未有的“容忍”态度。有了“倒逼”的力量，承受了减速的“阵痛”，能否有经济转型的结果，关键看如何推进企业的行动。2014 年 3 月 24 日，国务院发布《关于进一步优化企业兼并重组市场环境的意见》，这无疑是一个积极的政策信号，政府力图通过改善市场环境、促进企业兼并重组来化解经济转型的“阵痛”。经济转型的目标是产业升级，2013 年上市公司中涌现出来的跨界并购浪潮代表了中国向创新驱动发展转型的趋势。因此，在经济转型背景下，并购市场必然表现出创新驱动发展的特点和规律。

一、创新能力是企业竞争力的核心

在创新驱动下，从成立到拥有 10 亿美元资产，惠普用了 47 年，微软用了 15 年，雅虎用了 2 年，而 NetZero 只用了 9 个月。普华永道一项最新调研发现，创新正在取代全球化，成为企业增长的第一驱动力。在这项发挥企业增长驱动力的调研中，普华永道对全球 25 个国家，30 个不同行业的 1757 家公司高级经理人员进行调研。调研结果显示，93%的高级经理人员认为通过创新实现的有机增长将在企业收入增长中占有最大比例。创新能力的形成，是企业基于实现长期战略而进行的持续的研发投入和技术积累。中国走新型工业化的道路，必须完成两大历史使命：一是培育强大的自主创新能力；二是培育具有全球竞争力的龙头企业。国际经验表明，工业化时期是培育具有全球意义领先企业最有利的时期。培育具有全球竞争力的龙头企业，必须从培育核心竞争力做起。没有核心竞争力，或者说核心技术依赖于人，技术路线、技术标准受制于人，企业就会丧失发展的主动权，很难建立自主品牌。成功的现代公司正是以自己的核心技术、治理信誉、品牌影响力，以及对产业链和价值链的控制力等“创新能力”的系统集成和整合全球资源登上所在行业的领导地位的。苹果手机和 Tesla 电动汽车在后危机时期能够风靡全球市场，就是依靠这样的“创新能力”做到的。

以技术引进进行的产业追踪是技术追赶期的重要特征。它的积极意义在于加速学习过程，并为技术创新创造条件。日本、韩国从引进、跟踪到技术自立大致用了 30 年时间。当前，我国已到了由产业跟踪到技术自立的关键时期。创新能力建设是我国企业共同面临的重大挑战。党的十八大报告明确提出了“实施创新驱动发展战略”。2012 年党中央、国务院召开了全国科技创新大会，发布了《关于深化科技体制改革加快国家创新体系建设的意见》，国务院专门成立了国家科技创新体制改革和创新体系领导小组，加强对科技体制改革和国家创新体系建设的顶层设计。近年来，我国创新能力建设稳步提高，科技研发经费支出每年以 20%以上速度递增，2012 年全社会科技研发经费首次突破 1 万亿元，研发人员总量 320 万人，居世界首位。根据国家统计局课题组发布的评价结果，2005 年以来我国创新能力，在创新环境、创新投入、创新产出、创新成效四个领域均取得了积极进展。以 2005 年为 100，2011 年中国创新指数为 139.6%，年均增长 5.7%。在 4 个分指标中，创新产出指数年均增长 7%，创新投入指数、创新环境指数和创新成效指数年均增速分别为 5.9%、5.5%和 4.4%。数据表明，中国企业坚持走自主创新道路和实施创新驱动战略，已初步具备了良好的宏观环境。

二、资本市场对创新能力具有孵化作用

技术自立要经历一个非常艰难的创新过程。人类社会最近200年的创新活动和技术进步，超越了以往数千年的成果，现代资本市场的形成和推动作用无可替代。信息时代，无论是PC，还是互联网，无论是苹果，还是脸谱，无论是“机在云”，还是“云在端”，无一例外是依托资本市场和风险投资孵化出来的。一般而言，创新的过程具有不确定性、集体性和积累性。因而，创新能力建设需要具备战略控制、组织整合和财务承诺的条件。资本市场为创新能力建设提供了这样的条件，尤其是在财务承诺方面。从企业实际运用资本市场的方式来考察，资本市场可以为企业提供五方面的作用，即风险管理、公司治理、并购重组、股权激励和流通性支持。“风险管理”是把公司的私人股份转换为可交易的股票，为创业阶段的创新形成了财务承诺；“公司治理”是公司所有权与控制权合一形成了激励创新的战略控制；“并购重组”和“股权激励”是通过赋予公司股票交易货币的功能，形成了激励创新的组织整合手段；“流通性支持”为企业提供了充足的现金流，成为了企业创新的财务承诺源头。20世纪90年代，美国新经济企业模式的蓬勃兴起，主要得力于美国资本市场通过风险管理和股权激励功能支持了资本和劳动力的重新配置，并通过并购重组和流通性支持功能促成了高科技新兴产业公司的快速增长，成为了资本市场对创新能力孵化作用的典型例证。

我国上市公司依托资本市场的孵化作用，在创新能力建设方面取得了积极的进步，同时与国际水平相比尚有一定差距。2013年我国A股市场并购重组大幅上升，数量达到241家，交易金额也创新高，达到了5601亿元，其中以进入互联网、文化产业等新兴产业，打造新的创新能力的跨界并购为亮点。从全市场看，2010~2012年我国上市公司的研发费用总额分别为1023.7亿元、1303.2亿元、2271.4亿元，占营业收入的比重分别是0.56%、0.58%、0.93%，呈现逐年递增趋势。整体来看，我国上市公司研发经费占营业收入的比重低于3%的国际平

均水平线，也略低于规模以上工业企业的平均水平（2010~2011 年的数据为 0.686%、0.846%）。分市场层次看，2010~2012 年，创业板市场上市公司研发经费占营业收入的比重分别为 4.45%、4.93%、5.63%，高于国际平均水平线；中小板市场上市公司研发经费占营业收入的比重分别为 1.85%、2.22%、2.53%，趋近国际平均水平线；相对而言，主板市场上市公司研发经费占营业收入的比重分别为 0.45%、0.44%、0.78%，远低于国际平均水平线。截至 2013 年末 A 股总市值 23.76 万亿元，较 2012 年增长 3.98%，69.22%的上市公司（1707）市值和 72%的行业市值实现增长，主要分布在创新驱动发展的信息技术等新兴产业。总的来看，由于经济转型背景下的微观环境传导机制不理想，以及“新兴加转轨市场”的制度供给不足和追求短期盈利增长驱动，我国上市公司的研发投入和创新能力建设尚有较大的发展空间。

三、着力改善我国企业的创新环境

近年来，我国企业向创新驱动转型的态势逐渐形成，而公平的竞争环境是重要前提。在 2013 年中国上市公司协会组织的专题调研中，受访的 1526 家上市公司，有 27%的企业认为创新环境还不好，有 41.6%的企业遭遇过知识产权侵权，有 40%的企业认为用法律手段保护知识产权很难取得效果；有 23.5%的企业认为近年来地方保护加重了。这里针对改善我国企业的创新环境，从企业角度提出了五方面建议：

1. 加大知识产权保护

现在国内创新企业已替代国外公司成为呼吁保护知识产权的主体。应从支持引进模仿为主的知识产权制度转向支持原创和再创新为主的知识产权制度。企业呼吁政府和法院应当把知识侵权与盗窃财物同等看待，加大打击假冒、非法仿制、窃取知识产权等行为的惩处力度，保障创新者权益。跨区域知识侵权有时有政府背景，尤其难处理，建议跨地区知识产权纠纷应由第三方法院裁决。

2. 改革政府支持企业研发的方式

有的企业在实践中发现，由企业申报、政府部门选项目、分配资助资金，并对成果进行评估、鉴定、表彰的做法存在弊端。以经济效益为目标的创新必须以市场为导向，而不是以政府为导向；创新具有风险和不确定性，只能以企业为主体，分散决策，而不能以政府为主体，集中决策。一些得到政府“点对点”资助的企业逐渐感觉在被政府牵着走，对如上做法也有意见。一些企业建议，政府资金应减少对企业点对点的支持，加大普惠性政策支持的力度，使政府的支持有利于建立良性的企业创新机制。

3. 改革对产业化的支持方式

企业反映创新成果产业化的一个难关，是如何打开市场出口。在重大技术装备领域就曾不断遭遇“首台首套”的困境。建议政府对此给予必要的资金支持，培育市场，再让市场拉动企业创新。政府以直接拨款方式支持产业化不是最优的机制，可与金融资本结合，成立基金，发挥杠杆作用，以金融资本的运作机制支持产业化。

4. 改革产业政策

有企业建议政府应尽量减少以制定规划、设立准入门槛、确定产业发展方向和技术路线、选择依托企业进行支持的产业政策。新技术的突破带来了众多的机会，政府认定了个别企业，就限制了新的进入者，而新的进入者会带来活力、加速试错过程、降低试错成本。政府应创造公平的市场环境，尊重企业的首创精神，尊重市场对产业发展方向和技术路线的筛选。政府主要通过信息发布、支持科技型中小企业、资助竞争前共性技术的研发、适时制定技术标准等方式对产业发展进行引导。

5. 改善创新要素供给条件

调研中有超过60%的企业反映融资、人才、市场准入、技术市场等缺乏是制约创新的主要因素。企业向创新驱动转型的一个重要基础，就是获得融资的支持，现在企业转型的不同阶段都遇到了融资“瓶颈”。建议通过政府引导和金融改革，进一步发挥市场化的资本配置功能，使企业在创新中从初创、研发、中试到产业化和成熟期的技术改造，各个发展阶段都能得到相应的金融工具和资本市场的支持。还应大力发展创新服务业，包括技术交易市场、股权交易市场、猎头公司等，使不同成熟度的创新成果都可以在市场上变现，使买方可以在市场上方便地获得所需的创新资源。

转型背景下的中国企业并购

当前，我国企业发展方式面临两个方向经济转型的挑战：一是全球化转型、全球化市场、全球化制造、全球化供应链以及全球化设计。联想和华为的全球化策略取得了成功。2005 年以前，联想只是中国 PC 行业第一，在全球排名在数家巨头之后，一场“蛇吞象”的并购——联想并购 IBM 的 PC 部门，让联想在几年后成为全球 PC 业的老大；华为同样在全球化战略下赢得了机会，目前其收入的 2/3 来自境外市场。二是向创新驱动发展转型，创新正在取代全球化成为企业发展的第一驱动力。2013 年 9 月普华永道发布的《突破性创新与增长》报告揭示，全球创新力排名最前的 20%的企业与排名最后的 20%的企业比较，前者的增长速度比后者高出 16%，相当于每家最具创新力企业在最近 3 年中实现营业收入比后者高出 2.5 亿美元。以市场为导向的并购无疑是实现经济转型的重要途径之一。当前，探讨中国企业并购的趋势和规律，应该放在经济转型的背景下来考察。

一、我国企业并购趋势分析

多年来，我国经济快速增长、外部环境相对宽松，多数企业依靠外延式、粗放型增长，使得很多产业重复、分散、落后，呈现出结构性低效率。在经济下行期，市场对企业的约束增强，优胜劣汰作用强化，企业各业务板块的矛盾充分暴露，市场“倒逼”的力量为企业提供了“调结构、转方式”的重要时机。通过并购有效整合企业资源，把企业资源集中于最有竞争力的业务，不仅是渡过困难时期的必要选择，而且是提高竞争力的战略举措。当今世界军工企业百强排行中，美国军工企业5巨头分别排在第1、2、4、5、6位，这些军工企业巨头的崛起，均是通过大规模并购重组而来的，绝大部分发生在1990~2000年。英国石油(BP)公司用10年时间剥离多元化业务，先后转让了矿产、煤炭、动物饲料、软件制造、耐火材料、清洁剂、森林养殖等业务，又用7年时间进行了总价值高达1010亿美元的油气业务并购，一举成为世界最大的能源公司之一。深圳中集公司2002年以来，依托收购兼并发展，在中国以及北美、欧洲、亚洲、澳洲等地拥有了150余家全资及控股子公司，营业收入由1993年不足7亿元，增长到2011年的641亿元，成为一家在全球市场中占有一席之地的跨国公司。正如1982年诺贝尔奖得主、美国经济学家斯蒂格勒所说："企业通过兼并其竞争对手的途径发展成巨型企业，是现代经济史上一个突出的现象"；"没有一个美国大公司不是通过某种程度、某种方式的兼并而成长起来的，几乎没有一家大公司主要是靠内部扩张成长起来的"。

在经济转型背景下，我国企业并购呈现"两快两慢"特点。"两快"：①中国并购市场快速发展：2006~2011年中国并购交易案例数的年均复合增长率达到46.6%，交易金额的年均复合增长率达到33.9%，高于同期中国GDP的增长。②跨境并购快速增长：2011年中国企业共完成跨境并购110起，同比增长93%，披露的并购金额达到280.99亿美元，同比增长112.9%；2011年中国并购市场完成外资并购案例66起，同比增长50%，披露交易金额的41起案例交易金额为68.6亿美元，同比增长209.2%。2012年上市公司全年经披露的并购总交易额为1123亿美元，交易宗数为3180宗，交易金额占总体市场份额的45%。2013年上市公司全年经披露的并购总交易额为2180亿美元，披露交易宗数为2425宗，交易金额占总体市场份额的48%。"两慢"：①促进并购的金融产品创新慢，无论是贷款、股票、债券、信托产品，还是金融机构的参与程度，均处于萌芽阶段；②支持并购的制度创新慢，无论是市场机制的健全和监管制度的弹性，还是区域、行业壁垒，均难以适应并购市场快速发展的需要。

在经济转型背景下，我国企业并购表现出四方面趋势：一是针对产能过剩问题突出的行业，通过横向并购实现产业组织结构优化，提高产业集中度，促进规模化、集约化经营，提高市场竞争力。2013 年 1 月，工业和信息化部等 12 部委制定的《关于加快推进重点行业企业兼并重组的指导意见》出台，所列 9 个重点行业（汽车、钢铁、水泥、船舶、电解铝、医药等），产能过剩问题都比较突出。例如，医药行业企业数量从 2003 年的 3352 家逐年增加到了目前的 6000 家左右，前 10 强市场占有率为 15.16%，70%的企业年销售收入低于 3000 万元。二是针对产业链不完整、企业处在价值链低端的问题，通过纵向并购提高企业的竞争力。这类并购的动机主要是，获得客户资源、营销渠道、销售网络，获得品牌、关键资源等，或者是在条块分割下通过并购获得特定市场的准入资格。在互联网、软件、生物制药等新兴产业"技术并购"、"人才并购"成为主要动机。随着互联网广泛应用，不少零售企业、文化企业并购互联网企业改造业务模式，增强在互联网时代满足客户的服务能力；在污水处理、节能等领域，客户需要"一站式"综合服务，只能提供单一产品、单一服务的企业不得不向综合性节能环保服务商转型，通过并购获得新的业务单元、延长产品线是合理选择。三是跨界并购成为产业升级的主要方式。如表 1 所示线下零售商通过收购进入电商领域。四是跨境并购趋于活跃，A 股上市公司 1995 年以来有超过 70 家通过并购，外资成了第一大或第二大股东；A 股上市公司 2000 年以来已实施了 370 余起跨境并购。跨境并购活跃的原因，一方面是行业性的产能过剩亟须通过国际化来释放；另一方面是中国企业在跨境并购中，通过并购获取海外的先进技术、研发平台、资源和市场渠道等。通常是"走出去"了，但很多还没有"走进去"，很重要的原因之一，是金融机构的服务不到位，尤其是国内投资银行很少能够跟着企业走出去提供服务支持。

表 1　线下零售商通过收购进入电商领域

并购方	被并购方	并购类型	并购动机	完成时间	并购金额
欧迪办公	亚商在线	横向收购	涉足电商	2006/10/1	N/A
国美	库巴网	横向并购	涉足电商	2010/11/23	RMB 48M
越王珠宝	九钻网	横向并购	涉足电商	2011/9/1	N/A
中娱互动	热度团	横向并购	涉足电商	2012/4/6	RMB 5M
沃尔玛	1 号店	横向并购	进新区域	2012/8/14	USD 65M+X
苏宁易购	红孩子	横向并购	品类拓展	2012/9/25	USD 66M

2014 年 3 月 24 日国务院发布《关于进一步优化企业兼并重组市场环境的意见》，从行政审批、交易机制、金融支持、支付手段、产业引导等方面进行梳理和革新，全面推进并购重组市场化改革。此次政策释放的巨大制度红利，将推动市场化并购迎来新一轮高潮，股权投资机构在此背景下的投资、退出策略将催生新的变革。2014 年《政府工作报告》中提到，坚持通过市场竞争实现优胜劣汰，鼓励企业兼并重组，对产能过剩的行业去存量、控增量；并且要设立新兴产业创业新平台，引领未来产业发展。预计 2014 年广义互联网、新材料、文化产业、生物技术和医疗保健等新兴行业将延续 2013 年继续成为并购市场的热点。

二、我国企业并购创新的方向

创新是并购永恒的主题。并购的复杂性要求必须有金融创新支持。没有系统性的金融创新不足以支持并购的发展。并购金融创新有两个层面，一是金融产品创新，二是市场和监管制度创新。在实践中二者有两条实现路径：一是设计好市场和制度，企业亦步亦趋，对号入座，多年来我们走的是这条路子，即我们不断改进收购办法和重组办法，希望不断适应企业并购实践的需要，但是，面对复杂的并购需求，企业难免有“削足适履”之惑。二是以市场为导向的金融产品创新带动制度创新，成熟市场多数走的是这条路子。以并购基金为例，资料显示，2011 年美国并购基金参与的并购交易占该国商业并购总规模的 19%左右，而在我国该比例尚不足 1%。其原因是美国的法律环境给予了金融产品创新很大的空间，即没有禁止的，都是可以做的。由于市场和监管制度有足够的弹性，企业在并购活动中有很大的灵活性和自主性，具备了以创新解决复杂挑战的必要条件。

2010 年 8 月国务院发布《关于促进企业兼并重组的意见》（国发【2010】27 号），证监会配套出台了推进市场化并购重组的 10 项工作安排，经过几年努力，各项措施基本到位，上市公司并购重组的制度弹性进一步加强，灵活性和自主性不断提高，创新的空间不断拓展，在促进上市公司并购重组方面发挥了积极作用。2013 年并购重组领域市场化改革力度进一步加大，从推行并购重组审核分道制、提高借壳上市监管标准到支持上市公司向非关联方发行股份购买资产，陆续出台了 15 项政策措施。在政策支持下，并购重组领域除规模攀升外，创新方案层出不穷，市场化博弈色彩逐渐凸显。在进一步的制度创新设计中，应当关注以下方面：一是增强并购制度的包容性、开放性和市场化的理念。一方面要体现尊重企业的经营自主权，不宜先验地，或基于有限的经验认识来设定并购绩效标准，并以此决定“支持”什么类型的并购重组；另一方面决定并购重组成功的因素非常复杂，同样类型的并购重组在不同企业的身上，最终效果可能迥异，关键是健全资本市场自我约束的机制作用，发挥资本市场的效率优势。二是制度设计要从防风险向促发展转变。过去的监管以防范重组中各种风险为重点，形势变化了，制度设计要更加注重平衡风险防范与提高效率的关系，在并购重组的规则制度、交易定价、支付工具、融资工具、信息披露等方面做相应的调整。三是着力培育投资银行等中介服务能力，支持并购基金的发展。

三、改善并购融资难的建议

我国企业融资的近 70%来自银行贷款，直接融资占比较低，不利于支持企业发展转型。贷款为主的融资结构使企业财务成本攀高，2012 年国有四大银行净利润为 7746 亿元，占全部上市公司净利润总和的 50%以上，而实体经济企业贷款利息支出与净利润的比例上升至 50%。近期，中国上市公司协会对 1526 家企业进行了问卷调查，62%的国有企业、52%的民营企业、54%的外资企业反映应加快金融改革，拓展渠道，扩大包括股权融资在内的直接融资比重。

1. 改革股权融资审批制度

建议推进 IPO 融资的市场化改革，可从创业板开始审批制转注册案制。企业反映，上市公司已有规范的持续信息披露制度，定向增发等有条件由审批先行改为注册案。目前上市公司再融资要取得发改委等前置批复才能进入证监会的审核程序。建议将融资审批与项目审批脱钩，需要审批的各走各的流程，不应互为前置条件。

2. 改革债券融资审批制度

债券融资审批主体过多，短融、中期票据、集合债券由央行下属的银行间交易商协会审核；公司债、企业债、城投债由发改委会签，证监会或央行审批，可转债由证监会审批。部门分割限制了融资产品的创新和市场化进程。有些审核时间过长（如中小企业集合债的审核一般需要 1 年），建议债券融资改为备案为主，少数需要审批的（如城投债），应缩短审批流程。

3. 约束地方政府对企业并购的不当干预

企业反映，各地国企参与跨区域重组时，政府要求本地企业保持控制权，导致跨区域并购很难成功；有的地方担心“国有资产流失”，政府对民企并购国企干预过多，甚至强制亏损的国企兼并盈利的民企；一些地方政府出面“归大堆”、“拉郎配”，“制造”大企业集团，并购后的重组十分困难。建议政府在创造规范、有序的市场环境方面发挥作用，减少不恰当的干预；中央政府对跨地区的并购提出指导意见，打破地区间的市场分割。

4. 减少境外并购审批，支持企业“走出去”

企业普遍反映境外并购审批环节太多。一般需经地方相关部门、发改委、商务部、外管局和证监会等审批。涉及金融、能源、传媒等行业以及国有企业，还需相关主管部门核准。各环节多为串行审批，耗时长。近些年，几乎没有一个项目的审批按政府公布的时间完成，由此可能丧失并购良机或成本被大幅抬高。建议清理审批项目，将串行审批改为并行审批。对一般性并购可采用备案制。

5. 设立产业并购基金

目前，很多产能过剩行业的主体企业经营困难，发起并购的能力较弱，但并购时机难得。建议设立若干产业并购基金，适度增加杠杆作用，市场化地参与行业的并购重组。并购基金可由政府出资，广泛吸收社会资本。

辨机

实务篇

本篇收录笔者2012~2014年在经济类核心期刊发表的7份专题论文，对相关专业问题的发生、发展规律性进行了潜心探讨，自性知见，著相印证。论文中针对部分问题所提的建议反映了共识，已在后续出台的相关政策中得到体现。

我国上市公司质量状况分析[①]

上市公司由于发展的内外部机制发生了深刻变化，从而具备了先进的制度优势和优越的发展环境。随着我国资本市场的持续发展，上市公司的规模、结构、质量、效益不断改善，成为推动企业改革和经济增长的中坚力量，在提高经济运行质量、加快转变发展方式方面发挥着中流砥柱的作用。分析我国上市公司质量状况，应当立足于价值导向、问题导向的经济体制改革背景，分析上市公司在规模结构、质量效益、制度创新方面所取得的进步，进而关注现阶段上市公司的质量问题及改进建议。

一、我国上市公司的总体发展状况评述

经过 22 年的持续发展，上市公司成为了国民经济的中坚力量。截至 2011 年 12 月底，我国境内上市公司达到 2342 家，总资产 102.89 万亿元，营业收入 23.32 万亿元，占 GDP 的 49%，利润总额 2.61 万亿元，占规模以上工业企业利润总额的 48%；上市公司缴纳的所得税占全国企业所得税的 34%，上市公司现金分红总额为 6068 亿元，比 2010 年的 4996 亿元增加了 21%；总市值 21.48 万亿元，排名由 2005 年的全球第 13 位跃居第 3 位。我国上市公司发展的总体状况，可以从经济成果和制度成果两方面进行考察。

① 本文收录于《中国金融》2012 年第 12 期，发表时略有删减。

1. 上市公司发展的经济成果

在经济成果分析中，笔者选取1990~2010年20年的数据进行对比分析。总体上看，上市公司数量增长与我国经济总量增长幅度大致吻合，保持10%左右的平均增幅，国民经济“晴雨表”的作用显现（见图1和图2，图2至图5见文后彩页）。

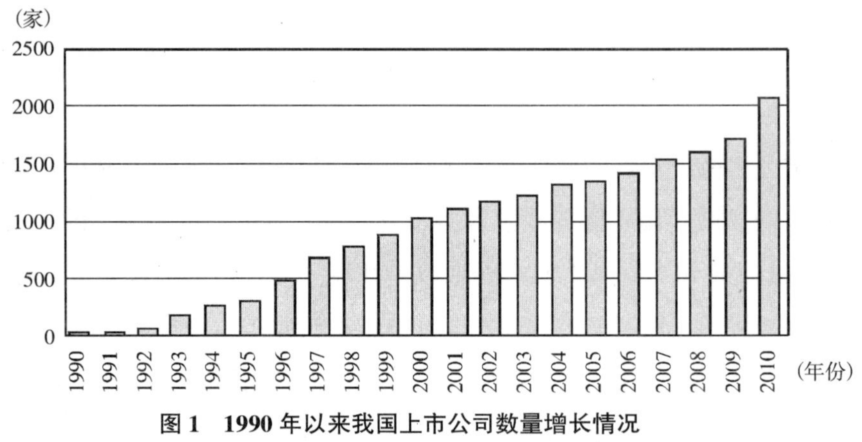

图1　1990年以来我国上市公司数量增长情况

资料来源：WIND。

从上市公司控股性质看，基本反映了社会主义市场经济的微观经济格局，即以公有制为主体，多种经济形式共同发展。随着中小板、创业板的快速成长，在截至2011年4月30日的2141家上市公司控股性质中，就家数而言国有控股与民营控股已大致持平，如图3所示。

从上市公司行业分布看，基本反映了我国产业结构布局和发展趋势。根据国家统计局发布的数据，2010年我国三大产业的国内生产总值占比分别为10.18%、46.86%和42.97%，三大产业上市公司营业收入比重分别为0.26%、53.34%和46.40%，二者大致吻合。如图4所示，我国上市公司行业分布数量变化情况，基本反映了20年来国民经济运行的总体趋势，产业结构调整历经了由工业、商业和综合类为主，转向以钢铁、冶金、港口、化工、电子、汽车、电力、能源等基础产业、支柱产业为主导的新格局。

从上市公司区域分布看，基本反映了我国区域经济的发展状况和市场化程度。如图5所示，在我国资本市场初期，上市公司主要来自改革开放的前沿华东及华南地区，随着资本市场和中西部地区经济的不断发展，中西部上市公司数量占比逐步提升。总体上说，上市公司年递增数量、分布状况与区域经济发达程度、市场化程度呈现显著的正相关关系。

上市公司规模化、蓝筹化、支柱型发展趋势初步形成，资产、收入、利润和市值的市场集中度不断提高，市值在百亿元、千亿元以上的大型和超大型上市公司数量不断增加，已初步具备国际影响力和参与全球配置资源的能力（见图 6 至图10）。

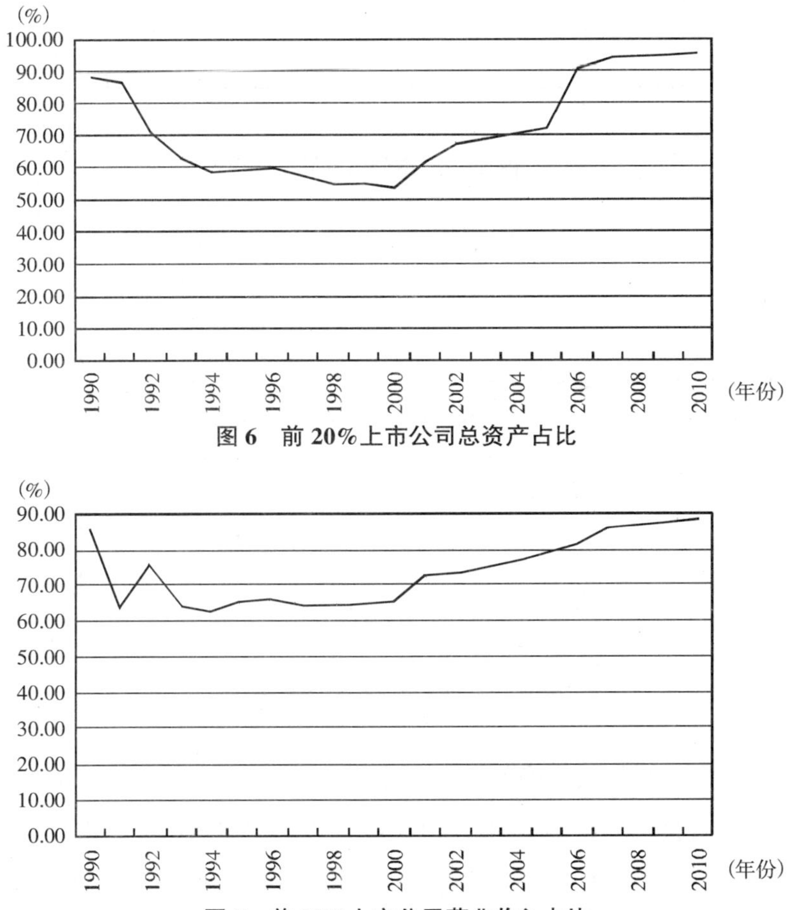

图 6　前 20%上市公司总资产占比

图 7　前 20%上市公司营业收入占比

从上市公司总资产、净资产增长情况看，2005~2010 年其总资产规模的年复合增长率为 65%，平均总资产年复合增长率为 51.14%；2005~2010 年净资产规模年复合增长率为 42.00%，平均净资产年复合增长率为 30.35%，保持相对稳定的持续增长态势（见图 11 和图 12）。

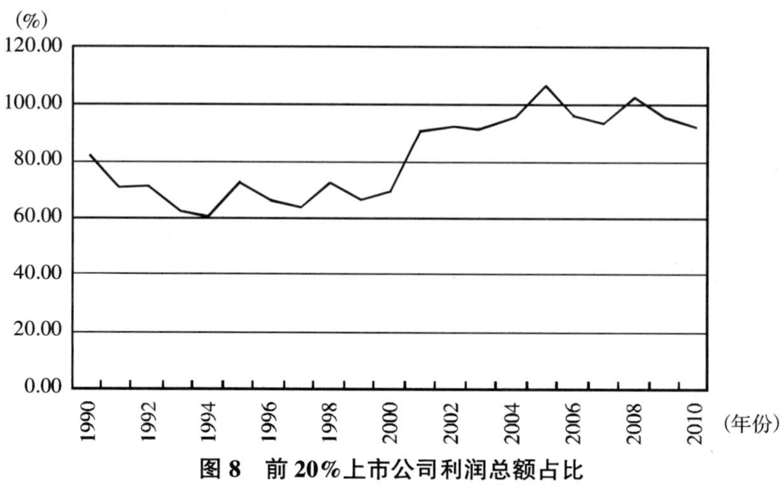

图 8　前 20%上市公司利润总额占比

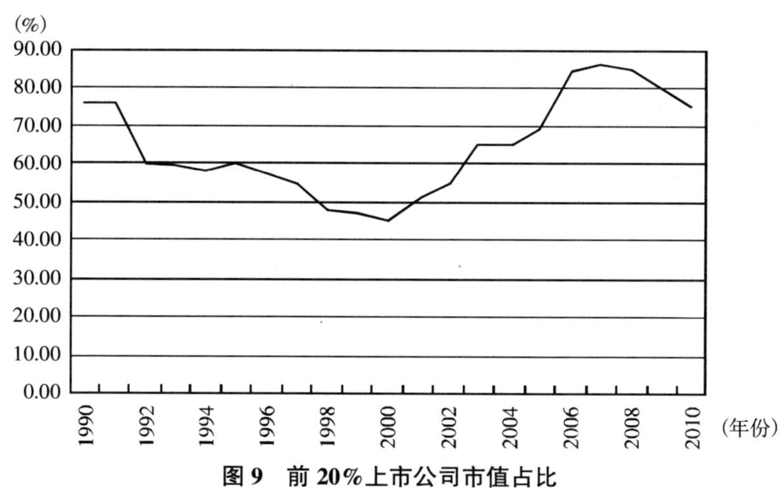

图 9　前 20%上市公司市值占比

从上市公司营业收入、净利润、每股收益、每股净资产、净资产收益率增长趋势看，上市公司持续盈利能力相对稳定，2005~2010 年上市公司营业收入之和年复合增长率为 34.52%，平均营业收入年复合增长率为 23.50%。2000~2010 年平均净利润保持了 35%的增速，高于同期规模以上工业企业平均净利润增速 26%的水平。两项指标增速均高于同期 GDP 平均 10%左右的增长速度（见图 13~图 15）。

2. 上市公司发展的制度成果

上市公司发展的制度成果，是在价值导向、问题导向的改革进程中实现的，

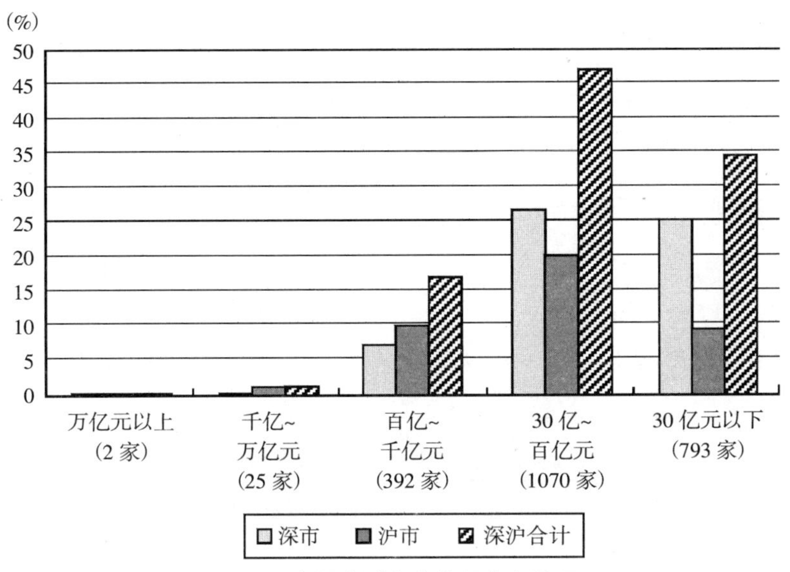

图10　我国大型上市公司分布情况

资料来源：沪深交易所。

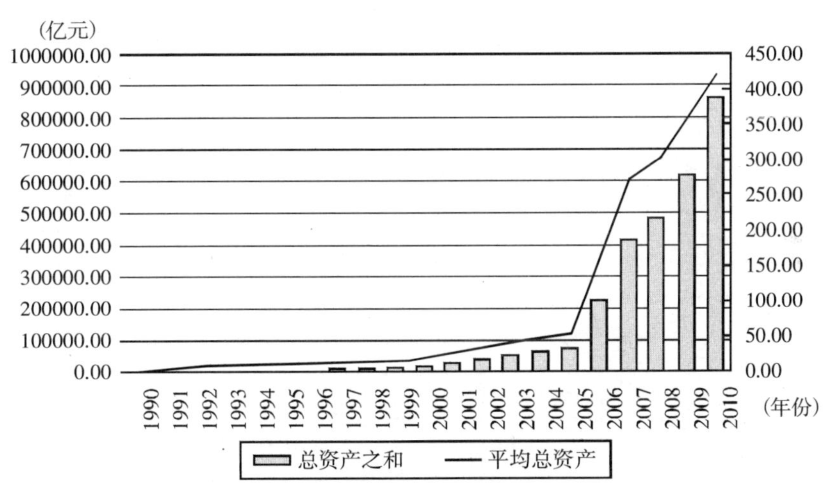

图11　1990年以来上市公司资产总量及平均总资产变化情况

资料来源：WIND。

其所导入的诸如信息披露、公司治理、法人制度、契约公平、平等自治等市场经济基本理念，对我国经济体制转轨和建立现代企业制度具有深远的战略影响。主要体现在以下五方面：

(1) 建立健全信息披露制度。信息披露是资本市场公开、公平、公正原则的

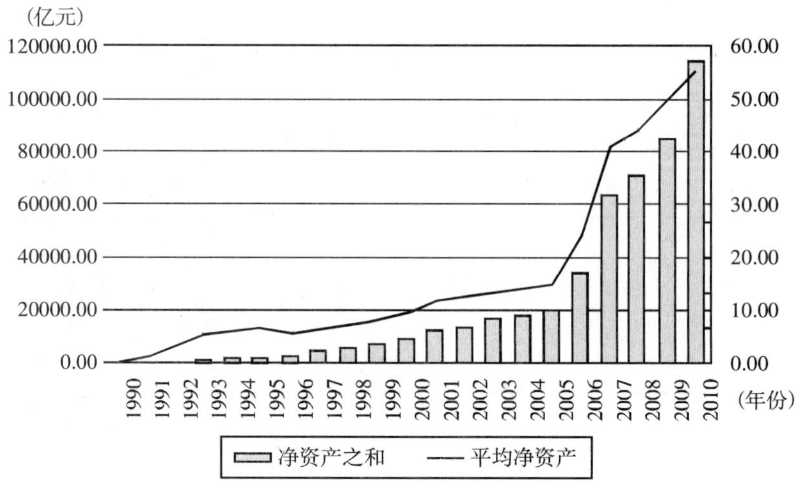

图 12　1990 年以来上市公司净资产及平均净资产变化情况（单位：亿元）

资料来源：WIND。

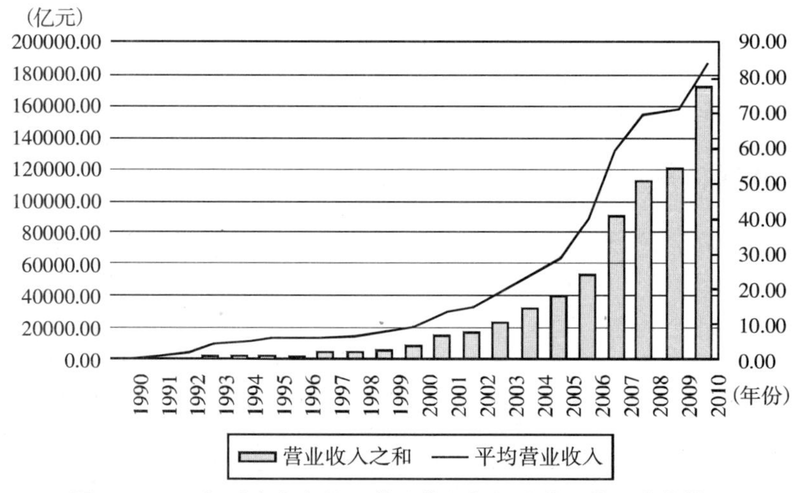

图 13　1990 年以来上市公司营业收入与平均营业收入变化情况

资料来源：WIND。

基石，自 1990 年上海证券交易所、深圳证券交易所成立伊始，即要求上市公司依据上市规则披露信息。1993 年，国务院发布《股票发行与交易管理暂行条例》（国务院令 112 号），明确规定了上市公司的披露信息义务。1999 年 7 月 1 日，我国出台了《中华人民共和国证券法》，进一步明确规定上市公司信息披露为法定义务及其法律责任。自 1992 年 10 月证监会成立以来，一直致力于推进和完善上市

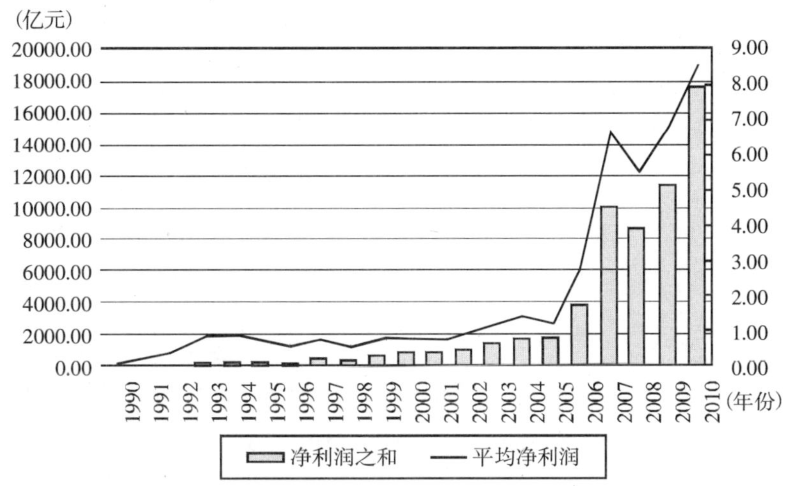

图 14 1990 年以来上市公司净利润与平均净利润变化情况

资料来源：WIND。

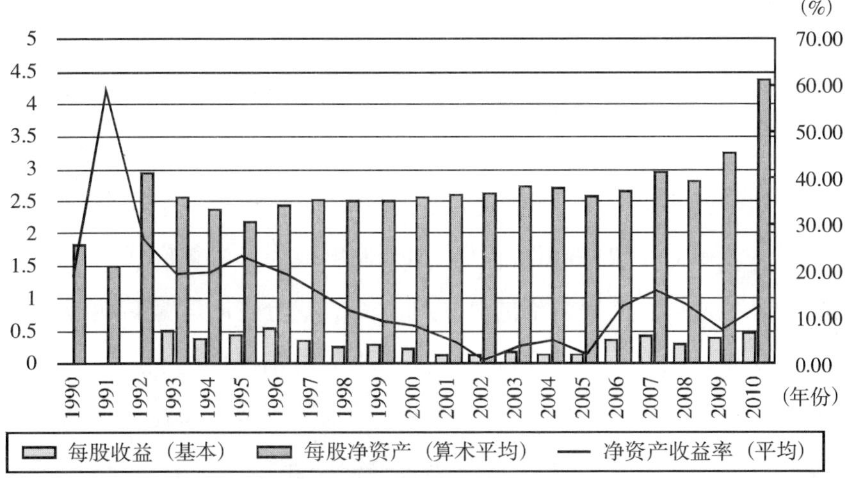

图 15 1990 年以来上市公司平均的每股收益、每股净资产、净资产收益率情况

资料来源：WIND。

公司信息披露体系建设，提高上市公司信息披露的真实性、完整性、及时性和准确性。2007 年，证监会发布了《上市公司信息披露管理办法》，对上市公司及其他信息披露义务人的信息披露行为进行了具体规范，进一步完善了上市公司信息披露的法律法规体系。上市公司成为了最具透明度、公开性的中国企业群体。

（2）推进完善上市公司治理结构。我国公司治理的实践起步较晚，在政府部门和市场主体的共同推动下，上市公司治理取得了较好的实践效果。2002 年借鉴《OECD 公司治理原则》，证监会和国家经贸委联合发布了《上市公司治理准则》，陆续发布并不断完善了《上市公司章程指引》、《上市公司股东大会规范意见》等重要规范，完成了股权分置改革，引入了独立董事制度，建立了网络投票机制，开展了公司治理专项活动等，有效地促进了上市公司治理水平的提升。2011 年证监会与经济合作与发展组织（OECD）联合发布了《中国上市公司治理发展报告》，报告认为“中国自 1990 年股票交易市场建立以来，公司治理框架发生了改变”，“其广度和深度，给经合组织公司治理委员会留下了深刻的印象”。

（3）维护保障法人财产制度。法人财产制度是法人人格属性和公司制度的核心支柱。由于在维护保障法人人格属性和法人财产制度方面的立法不足，导致控股股东滥用“有限责任”行使“无限权利”，侵占上市公司资金行为一度泛滥成灾，在 2001 年底上市公司资金被占用金额达到了 1175 亿元，2005 年监管部门会同司法机关开展了专项治理活动，并直接推动了立法的进步。2006 年 1 月，重新颁布实施的《公司法》明确规定，公司股东不得滥用股东权利损害公司或者其他股东的利益，造成损害应当依法承担赔偿责任。2006 年 6 月，全国人大常委会通过的《刑法修正案六》，明确将不正当关联交易和掏空上市公司的行为规定为犯罪。进一步确立了维护和保障法人财产制度成为了法律底线。

（4）构建契约公平、平等自治的公司制度。股权分置问题是转轨经济形成的双轨制过渡性安排，是基于不公平契约、违背平等自治原则的制度安排，一度困扰着我国资本市场和上市公司的可持续发展。股权分置改革遵循市场经济和公司制度的基本理念，按照平等协商、自愿对价、程序保障、公平契约的机制设计，具体实践和诱致性导入了契约公平、平等自治的公司核心价值理念，构建起公司治理的股东共同利益基础，使得股权分置下股东之间的非合作博弈，转变为共同利益基础之上的合作博弈，为上市公司的治理规范和可持续发展奠定了制度基础。

（5）示范导入先进的财务会计制度。上市公司是《股份制试点企业会计制度》、《股份有限公司会计制度》最先及最优推行者，其实践成果推动了《企业会计准则》的出台，并于 2007 年率先在上市公司执行。2011 年，财政部发布的《上市公司年度报告分析白皮书》揭示，《企业会计准则》连续4年在上市公司得到平稳有效实施，其经济效果持续显现，A+H股上市公司的净利润和净资产差异基本消除，验证了上市公司执行的企业会计准则已趋同于国际会计准则。2008年5月财政部发布的《企业内部控制基本规范》自2009年7月1日起在上市公司范围内施行。上市公司在推行先进财务管理和会计制度方面发挥了积极的示范作用，推动了中国企业管理的国际化进程。

二、我国上市公司的质量问题及改进建议

经过22年的持续发展，我国上市公司质量在价值导向、问题导向的改革进程中得到不断提高，完成了从“形式上”的公司改制，到“制度上”的公司转型，初步具备了可持续发展的内外部机制。现阶段，在我国上市公司持续发展中，应当关注以下几个方面的问题：

1. 上市公司的国际竞争力亟待提高

工业化时期是培育全球领先企业的最有利时期，与我国经济发展阶段和经济总量相比，当前我国上市公司在科技创新能力、核心竞争能力、个性化经营方式等方面与国际先进水平还有不小的差距，国际竞争力的生成相对缓慢。在工业化中期，韩国和中国台湾地区在接受国际产业转移和参与全球竞争中造就了一批世界水平的企业家和具有世界影响力的企业。在我国，持续、巨大的国内需求，为造就世界级企业奠定了基础；巨大需求中高技术含量的部分，为上市公司自主创新提供了宽广的舞台；资本市场的孵化作用和定价能力，为上市公司参与全球配置资源创造了积极条件，上市公司利用自身机制优势，加快提高国际竞争力责无旁贷。

2. 社会转型中转变发展方式的压力加大

当前我国上市公司持续发展面临社会转型带来的复杂经济环境，需求下行与供给不足并存，流动性充裕与资金成本高企并存，增长放缓与资源要素价格上升

并存，增速回调与企业效益下降并存，产业转移加快和部分地区低效扩张并存。2011 年年报显示，2298 家实体经济上市公司实现营业收入 18.91 万亿元，同比增长 23.71%，营业成本合计 15.38 万亿元，同比增长 25.58%，营业成本的增幅明显高于营业收入的增幅；营业利润增速仅为 7.03%，同比下滑 39.57 个百分点，净利润增速 4.85%，同比下滑 43.15 个百分点。上市公司面临转变发展方式的压力在加大。

3. 资本市场支持实体经济发展的能力亟待加强

2011 年年报显示，41 家金融类上市公司总资产 80.05 万亿元，占全部上市公司资产总额的 78%，营业收入 4.4 万亿元，占全部上市公司营业收入的 19%；利润总额 1.2 万亿元，净利润 0.9508 万亿元，分别占全部上市公司的 46%和 50%。2011 年，金融类上市公司营业收入同比增加 28.46%，利润总额同比增加 23.26%，高于实体经济上市公司 23.71%、7.83%的水平；金融类上市公司净利润率 21.62%，超出上市公司整体水平 8.6 个百分点，每股收益 0.608 元，超出上市公司整体水平 15 个百分点。2011 年度金融类上市公司股权融资、债权融资分别占全部上市公司的比重为 13.4%和 49.5%。数据表明，金融类上市公司保持了较强增长趋势和发展优势，“金融服务金融”现象较为明显，金融支持实体经济发展的能力有待提高。

4. 公司治理多元化趋势与旧体制惯性作用并存

随着资本市场多层次体系逐步建立，民营经济控股的上市公司队伍不断壮大，与国有经济控股的上市公司实现了并驾齐驱。2011 年，民营经济控股上市公司营业收入、利润总额同比增长 26.55%、18.72%，优于地方国有控股上市公司 7.69%、-1.26%的水平。在我国上市公司中，基于不同的政企体制沿革，已实际形成了中央企业控股、地方国资控股、民营经济控股三种控制类型的治理结构，在资本市场的统一规范下，不断导入现代企业制度和公司价值理念，同时呈现规范化、特色化、多元化发展趋势。但是，在不同控制类型的公司治理中，仍然存在旧体制惯性，在复杂经济环境中，旧体制重新发挥作用的风险加大，回归旧体制的惯性在加强，在个别中央企业控股的上市公司中，党委会替代董事会成为经营决策中心，在一些民营经济控股的上市公司中，实际控制人幕后操作替代董事会经营决策等现象已现端倪。

5. 选择性信息披露增加了信息不对称风险

一些上市公司采取选择性信息披露政策，文过饰非，逃避责任，甚至牟取利益，使得信息披露的真实性和有效性受到质疑，影响到市场的公信力和投资者的价值判断。特别是在上市公司出现经营隐患、违规风险、突发事件、市场剧变时，闪烁其词，没有及时揭示，引发投资者的信任危机。

6. 诚信体系不健全制约市场机制发挥作用

现行市场监管制度下，诚实信用的市场导向不清晰，在泛公平理念下，监管部门通常采取查找"污点记录"的负向清单，没有形成对诚实信用者"正向清单"的激励机制。监管部门常用的"强制执行"是政策导向，往往只能解决"底线"问题。在成熟的市场体系中，通过自律组织推广"最佳做法"、"最佳信用"，形成激励和约束的市场导向，才能有效地发挥市场机制的作用。

关注上市公司持续发展中的问题，进一步改善上市公司的发展环境，需要改进完善以下三方面的关系：

一是政府与企业的关系。现阶段，我国上市公司面临两大历史任务：第一是培育自主创新能力，第二是造就具有全球竞争力的企业。完成两大历史任务，需要政府和企业各司其职，归位尽责。一方面政府部门要减少对微观经济的干预，改进支持企业发展的方式，促进企业公平竞争，改善企业生态，形成鼓励创新的政策体系。具体而言，政府通过完善税收激励、外资管理政策，鼓励长期资金进入资本市场、境外资源以股权形式进入上市公司，通过改进和规范政府部门行为，减少并购重组审核环节、改革发行审核制度，支持上市公司并购融资做大做强，支持上市跨境并购实施"走出去"战略。另一方面上市公司应当更加专注于积极转变发展方式，改善公司治理，提升自主创新能力，增强核心竞争力，利用资本市场实现科学发展，培育具有国际水平的管理层和职业经理人，建立可持续发展的长效机制。

二是监管与自律的关系。上市公司 20 多年的发展，行政监管推动强制性制度变迁发挥了积极的作用，在价值导向和问题导向改革进程中，采取行政监管强力干预方式"清欠"，采取统一组织方式推进股权分置改革，在特定的历史阶段取得了积极效果，初步构建起上市公司的基本制度规范和基础行为“底线”。随着上市公司群体的发展壮大，自律所传导的诱致性制度变迁将发挥更加积极的作用，特别是在倡导公司治理最佳做法，制定分类公司治理指引，鼓励主动信息披露等方面，发挥自律组织的作用可以更好地适应市场自治规律，培育诚实守信的市场文化。

三是激励与约束的关系。市场经济的重要特征之一，是在价格信号引导下，形成对市场主体的激励和约束机制。在成熟的资本市场体系中，市场机制的激励和约束效应十分明显。我国资本市场总体上还处于“管制经济”的过渡期，除提供融资和并购工具外，对上市公司的制度激励不足。因此，今后一段时期，我国资本市场的发展应当更加注重制度激励机制建设。例如，进一步放宽上市公司股权激励的管制条件；在上市公司诚信体系建设中体现激励诚实守信者的制度安排，在上市公司并购融资中优先给予诚实守信者审核通道，大力培育诚实守信的市场文化；改革发行审核制度，形成不同风险偏好的融资结构和工具，支持上市公司不断生成自主创新能力。

（注：发表时略有删减）

中国上市公司分红现状和趋势[①]

上市公司分红是投资者实现投资回报的重要方式之一，对于培育资本市场长期投资理念和市场的健康、可持续发展具有重要的意义。近年来，随着监管部门一系列鼓励上市公司分红政策的发布和实施，我国上市公司分红水平稳步提高，2011 年，我国上市公司的分红公司占比、利润分配率、股息率、分红持续性、集中度等多项指标趋近国外成熟市场平均水平，上市公司的长期投资价值逐步显现。

一、上市公司分红的基本状况

根据 2011 年上市公司年报和中报披露的分红预案统计，2011 年我国境内上市公司共 1576 家实施现金分红，分红公司占比 76%，比 2010 年提高了 3 个百分点；预案分红总额 5983.20 亿元，比 2010 年增加了 34%；分红净利润比为 31.31%，比 2010 年提高了 1.21 个百分点；每股分红 0.16 元，比 2010 年提高了 10%。2011 年度上市公司分红实际支付股息率达到 1.82%，比 2010 年度提高了 0.68 个百分点。

1. 上市公司分红水平逐步改善

2007~2011 年数据显示（见表 1），除 2008 年在监管部门明确要求上市公司

① 本文收录于《证券市场导报》2012 年 11 月总 244 期。

表 1　2007~2011 年上市公司分红情况

年度	分红总额（亿元）	净利润（亿元）	分红净利润比（%）	分红公司占比（%）	每股分红（元）	股息率（%）
2007	2747.52	9646.00	29.63	50.97	0.127	0.36
2008	2881.66	8340.00	41.67	52.62	0.142	2.08
2009	3496.48	10818.00	36.14	55.01	0.149	1.04
2010	4475.27	16472.00	30.10	61.02	0.149	1.14
2011	5983.20	19110.45	31.31	76.32	0.165	1.82

注：股息率为中国证监会统计发布的实际支付数据；其他数据为天相投资顾问有限公司根据上市公司年报披露的统计数据。

再融资需前 3 年的现金分红比例不低于 30%，以及国际金融危机导致上市公司整体净利润偏低的双重影响下，上市公司的分红净利润比和股息率偏高外，近年来我国上市公司的现金分红水平呈稳步提高态势。分红金额由 2007 年的 2748 亿元增加至 2011 年的 5983 亿元，年平均增长率为 22%；利润分配率保持在 30%~40%的水平，基本稳定；分红公司占比、每股分红、股息率持续增长（见图 1）。

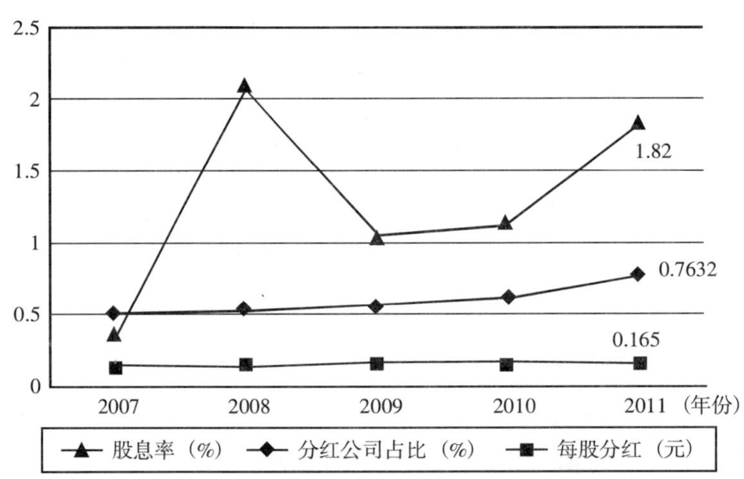

图 1　2007~2011 年上市公司分红水平变化情况

资料来源：天相投资顾问有限公司。

2. 上市公司分红总额稳定增长

2011 年，央企、地方国企、民营类上市公司预案分红总额分别为 4234 亿元、990 亿元、759 亿元（见表 2），占比分别为 71%、16%和 13%。三类公司的每股分红金额分别为 0.18 元、0.13 元和 0.14 元，分红净利润比分别为 34%、

26%和 28%，央企类上市公司均优于其他两类公司。

表 2　2007~2011 年各类上市公司分红情况

年度	央企			地方国企			民营企业		
	分红总额（亿元）	分红净利润比（%）	每股分红（元）	分红总额（亿元）	分红净利润比（%）	每股分红（元）	分红总额（亿元）	分红净利润比（%）	每股分红（元）
2007	1880	29.89	0.121	678.47	26.91	0.143	188.49	20.33	0.090
2008	1422	42.50	0.127	532.26	33.37	0.106	926.84	27.89	0.114
2009	2348	33.93	0.136	884.3	33.35	0.146	263.26	21.04	0.091
2010	2964	28.06	0.133	1045.43	25.40	0.147	465.66	23.12	0.120
2011	4234	33.80	0.182	990.32	25.68	0.131	758.56	27.81	0.143

资料来源：天相投资顾问有限公司。

从各类公司近几年分红水平的变化趋势看，央企和地方国企类上市公司分红水平保持相对稳定，民营类上市公司分红水平呈现持续增长趋势。2007 年，民营类上市公司的分红公司占比、利润分配率、每股分红均远远低于央企和地方国企类上市公司。至 2011 年，其数值已明显超过地方国企，尤其是分红公司占比，2010 年起超过了央企和地方国企（见图 2），2011 年达到了 74%。

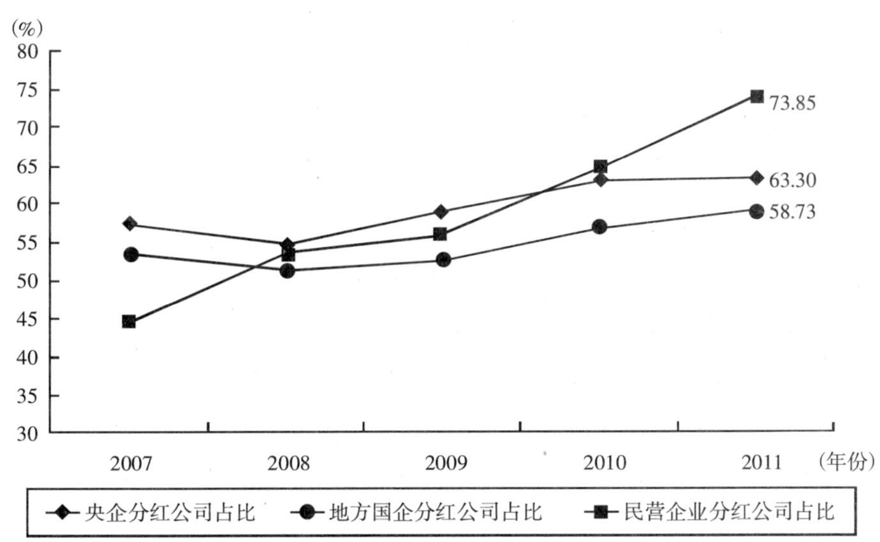

图 2　2007~2011 年各类上市公司分红公司占比变化情况

3. 主板、中小板上市公司分红水平稳中有升，创业板上市公司增长趋势明显

2011 年主板、中小板、创业板上市公司分红公司占比分别为 55%、84%和 92%，每股分红为 0.16 元、0.17 元和 0.20 元，分红净利润比为 31%、33%和 39%，创业板上市公司的分红水平高于主板和中小板（见表 3）。

表 3　2007~2011 年主板、中小板、创业板上市公司分红情况

年度	主板			中小板			创业板		
	分红净利润比（%）	每股分红（元）	分红公司占比（%）	分红净利润比（%）	每股分红（元）	分红公司占比（%）	分红净利润比（%）	每股分红（元）	分红公司占比（%）
2007	28.29	0.123	47.26	24.13	0.126	75.74			
2008	34.96	0.118	47.63	31.66	0.131	77.29			
2009	32.34	0.133	48.78	31.04	0.148	77.06	34.88	0.226	94.44
2010	26.49	0.132	51.45	31.50	0.180	79.66	38.79	0.247	88.24
2011	31.10	0.164	54.82	33.43	0.174	84.21	38.85	0.201	91.81

资料来源：天相投资顾问有限公司。

从近年的变化趋势看，2007~2011 年，主板上市公司分红净利润比和每股分红保持基本稳定，分红公司占比逐年稳步增加；中小板上市公司的分红净利润比、每股分红和分红公司占比呈现小幅平稳增长。2009~2011 年，创业板上市公司除分红净利润比连续两年小幅增加外，每股分红和分红公司占比均出现了小幅波动。

4. 上市公司透明、持续、稳定分红机制初步形成

截至 2011 年，我国境内上市公司连续 5 年以上进行现金分红的公司为 727 家，占全部上市公司的 35%，比 2010 年增加了 183 家，占比提高了 3 个百分点；连续 10 年以上进行现金分红的公司为 215 家，比 2010 年增加了 32 家。截至 2011 年，沪深两市共 206 家上市公司累计现金分红金额超过融资额（含首发），其中，深赤湾、宁沪高速、锦江投资的累计分红金额分别是公司累计融资额的 24 倍、20 倍和 14 倍。2012 年 5 月，证监会发布《关于进一步落实上市公司现金分红有关事项的通知》，督促上市公司提高回报意识和分红透明度，进一步促进上市公司建立持续、稳定的分红机制。2012 年上半年的上市公司年化实际支付股息率的整体水平由 2011 年度的 1.82%提升至 3.72%，增加了 1.5 倍，高出同期

一年期银行利率 0.72 个百分点。

二、上市公司分红水平的国际比较

随着我国上市公司分红水平稳定增长，分红公司占比、分红净利润占比、股息率等指标已接近或超过成熟市场水平。

1. 分红公司占比高于其他新兴市场和欧美成熟市场

2011 年，我国境内上市公司的分红公司占比为 76%，不仅明显高于韩国、中国香港、新加坡、中国台湾等新兴市场，也远远高于美国、英国、德国等欧美成熟市场（见表 4）。

表 4　各市场分红公司占比

（单位：%）

市场 \ 年份	1996~2000	2001~2005	2006~2010
美国	43	45	48
英国	70	56	46
德国	44	29	29
日本	80	76	78
韩国	51	52	51
中国香港	47	26	32
新加坡	60	42	49
中国台湾	49	45	56
中国（2011）	—	—	76

注：中国数据为 2011 年数据，境外资料来源于深圳证券交易所综合研究所。

2. 分红净利润比显著高于新兴市场，略高于成熟市场平均水平

2011 年，我国境内上市公司分红净利润比为 31%，明显高于韩国、中国香港、新加坡等新兴市场和美国、德国等成熟市场，与英国、日本等成熟市场持平（见表 5）。

表 5　各市场分红净利润比

（单位：%）

年份 市场	2005~2010	2000~2010	2010
美国	13	12	12
英国	32	33	31
德国	21	21	21
日本	28	28	33
韩国	18	18	15
中国香港	21	22	20
新加坡	22	21	21
中国台湾	35	28	33
中国（2011）	——	——	31

注：中国数据为 2011 年数据，境外资料来源于深圳证券交易所综合研究所。

3. 股息率水平与成熟市场基本持平

2011 年，我国境内上市公司实际支付股息率平均水平为 1.82%，与市场规模相近的美国、英国等成熟市场相比大致持平。如以 2012 年上半年 3.72%的年化股息率进行比较，我国境内上市公司的股息率在全球主要市场中位居前列。根据中国证监会统计，沪深 300 指数样本股实施 2011 年分红方案的股息率为 2.34%，高于同期标准普尔 500 指数 2.12%的水平（见表 6）。

表 6　各市场股息率

（单位：%）

年份 市场	2005~2010	2000~2010	2010
美国	2.36	2.07	1.97
英国	2.29	2.51	2.19
德国	1.34	1.11	1.11
日本	1.69	1.58	1.74
韩国	1.42	1.81	1.27
中国香港	2.08	2.09	1.56
新加坡	3.25	3.01	2.82
中国台湾	3.04	2.64	2.23
中国（2011）	——	——	1.82

注：中国数据为 2011 年数据，境外资料来源于深圳证券交易所综合研究所。

4. 分红持续性优于新兴市场水平，接近成熟市场水平

2011 年，我国境内上市公司连续 5 年以上进行现金分红的公司占全部上市公司的比例为 35%，2010 年为 32%，均明显高于韩国、中国香港、新加坡、中国台湾等新兴市场，接近美国和德国，低于英国和日本（见表 7）。

表 7 各市场连续 5 年以上分红公司占比

（单位：%）

市场 \ 年份	2008	2009	2010
美国	36.79	37.11	36.53
英国	47.91	47.27	47.66
德国	26.30	25.66	25.92
日本	62.49	65.83	64.20
韩国	26.30	25.15	26.04
中国香港	18.67	17.91	18.44
新加坡	25.46	25.91	27.51
中国台湾	27.15	27.40	27.07
中国	——	——	32.00

资料来源：深圳证券交易所综合研究所。

5. 分红集中度高于成熟市场和新兴市场

深圳证券交易所综合研究所研究报告显示，2010 年，我国境内上市公司分红额最多的 5%的公司分红数量占全部上市公司分红总额的比例为 84.2%，仅略低于英国的 85.9%，高于其他全球主要市场（见表 8）。

表 8 各市场分红集中度

（单位：%）

市场 \ 年份	2000	2005	2010
美国（NASDAQ0）	62.2	59.4	56.6
英国	73.8	82.3	85.9
德国	86.4	79.9	78.4
日本	76.9	75.8	72.7
韩国	78.1	80.9	77.1
中国香港	72.5	84.1	81.1
新加坡	67.0	74.2	66.8

续表

市场＼年份	2000	2005	2010
中国台湾	65.6	77.2	74.2
中国	——	——	84.2

资料来源：深圳证券交易所综合研究所。

三、上市公司分红成为投资者实现投资价值的源泉

随着我国上市公司透明、持续、稳定分红机制的初步形成，透明、持续、稳定的分红政策成为了上市公司投资价值的重要组成部分，上市公司分红成为了投资者实现投资价值的重要源泉。

1. 持续分红成为蓝筹股投资价值的重要标志

截至 2011 年，有 727 家上市公司连续 5 年以上进行现金分红，涵盖了房地产、信息技术、交通运输、能源、制造、批发和零售贸易等多个行业。

万科 A 连续 20 次现金分红，是 QFII、基金等机构长期重仓持有的蓝筹股，也是公众投资者实现价值投资的理想选择。一位从 1988 年一直持有万科股份的个人股东，初始投资 400 万港元认购了 360 万股，在万科历次现金分红和转增送股中，不仅以远高于银行存款利息的水平收回初始投资的本息，而且截至 2011 年 12 月 31 日该投资者持有的股份已增至 1.34 亿股，占万科股份的 1.22%，名列第三大股东，市值近 10 亿元人民币（见表 9）。

表 9　1990~2011 年连续分红次数前 20 名的公司情况

单位：%

代码	简称	1990~2011 年连续分红次数	所属行业
000002	万科 A	20	房地产业
000021	长城开发	19	信息技术业
000022	深赤湾 A	19	交通运输、仓储业
000539	粤电力 A	19	电力、煤气及水的生产和供应业

续表

代码	简称	1990~2011 年连续分红次数	所属行业
000541	佛山照明	19	制造业
600642	申能股份	19	电力、煤气及水的生产和供应业
600655	豫园商城	19	批发和零售贸易
600682	南京新百	19	批发和零售贸易
000530	大冷股份	18	制造业
200053	深基地 B	17	采掘业
600782	新钢股份	16	制造业
000024	招商地产	15	房地产业
000088	盐田港	15	交通运输、仓储业
000429	粤高速 A	15	交通运输、仓储业
000527	美的电器	15	制造业
200706	瓦轴 B	15	制造业
600079	人福医药	15	制造业
600085	同仁堂	15	制造业
600132	重庆啤酒	15	制造业
600729	重庆百货	15	批发和零售贸易

资料来源：核新同花顺网络信息股份有限公司。

2. 相对稳定的股息率水平成为财富保值的投资选择

截至 2011 年 12 月 31 日，16 家上市公司连续 3 年股息率均高于同期一年期定期存款利率。

上述高股息率公司均处于行业领先地位，多数为沪深 300 等重要成份指数股票，昭显了蓝筹股公司的稳健投资价值。以工商银行为例，该股票近 3 年每股现金分红分别为 0.1700 元、0.1840 元、0.2030 元，平均股息率达 4.08%，高于同期 1 年期定期存款利息率（见表 10~11）。

表 10　近 3 年股息率高于同期 1 年期定期存款利率的公司

证券代码	证券名称	2011 年股息率（%）	2010 年股息率（%）	2009 年股息率（%）	3 年平均（%）	行业
002242.SZ	九阳股份	10.65	3.32	2.44	5.47	电器机械及器材制造业
600377.SH	宁沪高速	6.33	5.42	4.34	5.36	交通运输辅助业
601939.SH	建设银行	5.21	4.62	3.26	4.37	银行业
601988.SH	中国银行	5.31	4.52	3.23	4.35	银行业

续表

证券代码	证券名称	2011 年股息率（%）	2010 年股息率（%）	2009 年股息率（%）	3 年平均（%）	行业
600177.SH	雅戈尔	4.26	4.58	3.79	4.21	服装及其他纤维制品制造业
601006.SH	大秦铁路	5.23	4.48	2.91	4.21	铁路运输业
600210.SH	紫江企业	4.99	3.46	3.82	4.09	其他制造业
601398.SH	工商银行	4.79	4.34	3.13	4.08	银行业
600012.SH	皖通高速	5.01	3.55	3.37	3.98	交通运输辅助业
600004.SH	白云机场	5.65	3.40	2.56	3.87	交通运输辅助业
000488.SZ	晨鸣纸业	3.21	4.25	3.50	3.65	造纸及纸制品业
600900.SH	长江电力	4.00	3.38	2.77	3.38	电力、蒸汽、热水的生产和供应业
200771.SZ	杭汽轮 B	4.51	2.92	2.62	3.35	普通机械制造业
200152.SZ	山航 B	4.30	2.30	3.37	3.32	航空运输业
000989.SZ	九芝堂	3.97	2.70	2.80	3.15	医药制造业
600741.SH	华域汽车	3.24	2.64	2.37	2.75	交通运输设备制造业

资料来源：核新同花顺网络信息股份有限公司。

表 11　工商银行近 3 年分红情况

年份	每股现金金额（元）	股息率（%）	同期定期存款利率（%）	分红总额（亿元）
2011	0.2030	4.79	2.75	532.93
2010	0.1840	4.34	2.25	482.49
2009	0.1700	3.13	2.25	426.64

资料来源：核新同花顺网络信息股份有限公司及相关公开数据。

工商银行的持续高息率吸引了保险资金等众多稳健的机构投资者。据测算，中国人寿投资并持有工商银行股票，2008~2011 年 4 年现金分红股利（税前），平均每年近 1.5 亿元，而同样的资金如按照 1 年期银行存款利息率计算，每年收获利息（税前）不足 1.2 亿元，股票现金分红比银行定期存款利率增收了 25%。

3. 分红成为上市公司履行社会责任的重要内容

截至 2011 年底，沪深两市共有 206 家上市公司累计现金分红金额超过融资额，其中前 20 位公司的名单如下（见表 12）。

以张裕公司为例，该公司连续分红 12 次，融资 1 次，分红金额超出融资额 385 亿元，分红是融资的 7 倍。良好的分红预期也有效提升了投资者的信心，张裕的股票日均价从 2000 年 6 月上市时的不足 27 元，上涨为 2011 年底的 107 元。

表 12　1990~2011 年沪深股市分红融资比前 20 名公司

简称	1990~2011 年分红总额（万元）	1990~2011 年融资总额（万元）	连续分红次数	分红与融资比（%）
新华医疗	17408980.00	43026.00	4	404.62
深赤湾 A	344615.59	14260.00	19	24.17
宁沪高速	1279587.86	63000.00	12	20.31
锦江投资	140811.24	10400.00	8	13.54
中国石化	14089152.60	1181600.00	11	11.92
兖州煤业	1434990.00	126960.00	14	11.30
烟台万华	454900.15	45120.00	12	10.08
江铃汽车	351065.78	35280.00	10	9.95
伊泰 B 股	517717.49	56049.80	12	9.24
中海发展	730932.61	82600.00	10	8.85
海立股份	41522.75	4800.00	3	8.65
宝信软件	37536.65	4800.00	5	7.82
S 上石化	934575.00	120000.00	8	7.79
首钢股份	646911.24	90125.00	12	7.18
张裕 A	449388.16	64000.00	12	7.02
雅戈尔	703549.30	100211.98	14	7.02
上柴股份	65632.56	9360.00	8	7.01
耀皮玻璃	115305.94	17000.00	13	6.78
三精制药	86070.10	13000.00	4	6.62
创业环保	111702.28	17245.00	11	6.48

资料来源：核新同花顺网络信息股份有限公司。

张裕的投资价值不仅吸引了境内的机构投资者，也吸引了众多的境外长期投资机构，如表 13 所示的 2011 年张裕前 10 名股东明细，有 7 位持股比例较高的投资者来自境外，且大多持有张裕股票 5 年以上（见表 13）。

表 13　张裕（股票代码 000869）前 10 名股东明细（截至 2011 年 12 月 31 日）

股东名称	持股数量（股）	持股比例（%）	股本性质
烟台张裕集团有限公司	265749120	50.4	流通 A 股
GAOLING FUND，L.P.	18397894	3.49	流通 B 股
HTHK/CMG FSGUFP–CMG FIRST STATE CHINA GROWTH FD	16482843	3.13	流通 B 股
BBH BOS S/A FIDELITY FD – CHINA FOCUS FD	10373597	1.97	流通 B 股
GOVERNMENT OF SINGAPORE INV. CORP.– A/C “C”	7592374	1.44	流通 B 股
BBH LUX–FIDELITY FUNDS–EMERGING MARKETS FUND	4528086	0.86	流通 B 股

续表

股东名称	持股数量（股）	持股比例（%）	股本性质
UBS （LUXEMBOURG）S.A.	4284236	0.81	流通 B 股
长城安心回报混合型证券投资基金	4093000	0.78	流通 A 股
NORGES BANK	4060589	0.77	流通 B 股
汇添富成长焦点股票型证券投资基金	3953348	0.75	流通 A 股
合计	339515087	64.40	

资料来源：核新同花顺网络信息股份有限公司。

2009~2011 年，沪深两市共有 26 家上市公司连续 3 年股利支付率超过 50%，其中分红总额较大的主板上市公司有 14 家（见表 14）。

表 14　2009~2011 年沪深股市股利支付率连续超过 50%的公司情况

代码	简称	2011 年股利支付率（%）	2010 年股利支付率（%）	2009 年股利支付率（%）	三年平均（%）	行业
601958	金钼股份	86.96	96.15	147.06	110.06	有色金属
600497	驰宏锌锗	54.72	83.06	107.68	81.82	有色金属
600481	双良节能	78.45	105.08	57.03	80.19	机械设备
600371	万向德农	63.83	83.33	83.33	76.83	农林牧渔
600377	宁沪高速	74.64	72.99	77.69	75.11	交通运输
600096	云天化	77.1	64.89	75.13	72.37	化工
000978	桂林旅游	52.63	57.69	106.67	72.33	餐饮旅游
000021	长城开发	52.47	51.49	102.04	68.67	信息设备
600754	锦江股份	67.76	60.23	66.33	64.77	餐饮旅游
600588	用友软件	60.61	53.66	80.00	64.76	信息服务
600650	锦江投资	68.03	58.25	61.48	62.59	交通运输
600535	天士力	59.32	65.22	61.54	62.03	医药生物
000530	大冷股份	65.22	51.72	68.18	61.71	机械设备
600004	白云机场	57.38	58.82	55.32	57.17	交通运输

资料来源：核新同花顺网络信息股份有限公司。

上述 14 家公司在经营实现持续稳定增长的同时，注重投资者回报，让投资者分享经济增长的成果，树立良好的投资者关系形象。上市公司的持续盈利能力是稳定分红的基础和保障，宁沪高速近 3 年每年的净利率超过 30%，用友软件、桂林旅游、金钼股份、锦江股份、锦江投资、白云机场等每年净利率在 10%以上，其中用友软件的递增优势较为明显，近 3 年净利率分别为 13%、12%、

26%。用友软件等公司的高股利支付率为境内外长期投资者带来了良好的回报，用友软件近 3 年每股派息分别为 0.6 元、0.22 元、0.4 元，且 2009 年和 2011 年同时有每股 0.3 和 0.2 的转增比例，每年派现超过 3 亿元。

四、趋势和建议

上市公司是股票市场的基石，持续稳定的分红回报是股票市场投资价值的重要源泉。为促进上市公司积极回报投资者，监管部门采取了一系列政策措施。在 1996 年证监会发布的《上市公司章程指引》中，对规范上市公司利润分配提出了明确的要求。2001 年以后证监会发布的相关规定中，明确把分红派息情况作为核准上市公司再融资的重要考虑因素。2008 年证监会发布《关于上市公司现金分红若干规定的决定》，进一步细化分红政策要求，明确把“最近 3 年以现金方式累计分配的利润不少于最近 3 年实现的年均可分配利润的 30%”作为上市公司再融资的条件。2012 年 5 月，证监会发布《关于进一步落实上市公司现金分红有关事项的通知》，要求上市公司进一步强化回报股东的意识，制订明确的回报规划，完善利润分配事项的决策程序和机制。监管部门一系列分红政策措施的发布和落实，促使上市公司初步形成透明、持续、稳定的分红机制。

为了进一步促进上市公司实施积极的分红政策，更好地回报投资者，笔者提出了以下三方面建议：

（1）积极倡导上市公司建立透明、持续、稳定的分红回报机制。上市公司是现代经济社会最先进、最主要的企业组织形式，随着公司的成长和发展，给投资者以合理的投资回报，与投资者共享经济增长的成果，是上市公司应尽的责任和义务。同时，制定分红政策属于公司自治范畴，因此建议积极发挥自律组织作用，倡导上市公司建立透明、持续稳定的分红回报政策，并把相关分红回报的履行情况作为诚信评价、公司治理最佳实践、社会责任履行情况的重要考察标准。

（2）通过相关措施形成鼓励分红的政策激励机制。上市公司分红政策的透明度、持续性和稳定性，对于投资者形成稳定的投资预期，增强资本市场的活力和吸引力具有重要的意义。建议监管部门进一步在再融资、股权激励和并购重组等方面建立分道审核机制，把上市公司分红政策的透明度、持续性和稳定性作为重要考量因素，把投资者回报作为投资者保护工作的重要内容之一，鼓励上市公司建立透明、持续、稳定的投资者回报机制。

（3）进一步加强分红税收政策支持，让投资者充分共享经济增长成果。目前，上市公司现金分红后投资者需缴纳10%的红利税，致使持有股份流动性比较强的中小投资者对上市公司的现金分红并不太认同，公司现金分红往往会对股价产生负向影响。为进一步完善资本市场投资者回报机制，建议进一步加强分红税收政策支持，如设立一定的红利税起征点，给中小投资者一定的税收优惠，使中小投资者充分共享国家经济增长的成果。

注册制改革与上市公司质量①

近期推行的股票发行体制改革，鲜明地体现出市场化、法治化、国际化特点。以发布《关于进一步推进新股发行体制改革的意见》（以下简称《意见》）为标志，陆续出台了优先股试点、存量发行、分红指引、创业板借壳禁止、新三板扩容、中小投资者权益保障等措施，标本兼治，远近结合，充分体现了发挥市场在资源配置中起决定性作用、以信息披露为中心、以保护中小投资者合法权益为宗旨的改革方向。这些举措是推进股票发行从核准制稳步向注册制过渡的重要步骤，对提高上市公司质量将发挥深远的影响。

上市公司是资本市场的基石，上市公司质量是依靠市场机制而不是行政力量来保障的，市场在资源配置中起决定作用，是上市公司质量最基础的保障。本次新股发行体制改革，在推动市场在资源配置中起决定作用的进程中迈出了重要步伐，从而对提高上市公司质量产生了积极的影响，主要表现在以下几方面：

一、监管理念市场化一定程度上削弱了拟上市公司财务造假动机

监管理念市场化体现在两方面：一是突出以信息披露为中心的监管理念，提高信息披露要求，强调披露重点和有效披露，进一步提前招股说明书预披露时

① 本文收录于《中国金融》2014 年第 4 期。

间，要求预披露后，发行人相关信息及财务数据不得随意更改，明确发行人是信息披露第一责任人。二是明确了市场各方主体在各个环节的权利、义务和责任，促进市场各方归位尽责，《意见》实施后，中介机构对发行人信息披露的真实性、准确性、完整性进行把关，监管部门对发行人和中介机构的申请文件进行合规性审核，不判断企业盈利能力，在充分信息披露的基础上，由投资者自行判断企业的价值和风险，自主做出投资决策。

监管理念市场化不是监管放松，而是事前审核、事中监管和事后执法的协调和平衡。过去偏重事前的实质审查，使得拟上市企业将改制的注意力和工作重心放在了千方百计通过发行审核这个环节上，从而容易出现财务数据造假等“一次性押注”的违规行为，而在上市之后暴露出规范运作和可持续发展方面的问题。市场化的监管理念是合理分配监管资源，监管资源相对集中在事中监管和事后执法上，拟上市公司盈利能力及可投资价值不再是审核排查的重点，发行申请文件和信息披露的内容质量将成为发行上市申请工作的第一要点。中介机构负责把关将发行人真实、完整地呈现给资本市场投资者，投资者根据充分有效的公开披露信息自主判断抉择，一定程度上抑制了发行人和中介机构粉饰业绩、财务造假的动机，形成了发行人真实披露信息的信用激励机制，形成了股票发行注册制改革的趋势和条件，激发了市场主体的创新活力。

二、社会监督和高效执法促进拟上市公司行为规范

从监督执法看，《意见》体现了加强事中事后监管、加大查处力度的原则。一是发挥社会监督在维护公众股东公共利益方面的积极作用，保荐机构在与发行人签订发行上市相关的辅导协议后即披露辅导情况，同时大幅提前招股说明书预先披露时间，有关发行人的信息将接受社会公众更长时间的监督。二是提高监管执法在震慑违法违规方面的保障作用，通过监管抽查中介机构尽职履责情况，强化发行监管与稽查执法的联动机制，及时发现问题，查处问题，威慑违法违规行

为。三是在重申发行人是信息披露第一责任人的基础上，进一步明确了证券服务机构及人员在发行过程中的独立主体责任，划清责任边界，进一步强化了各中介机构的职责，有助于提高中介机构的执业质量，加强其对发行主体质量的遴选责任。

从处罚机制来看，《意见》进一步明确发行人和中介机构从申报时点起，就需要对所披露的信息承担相应的法律责任。审核中，一旦发现违法违规线索，根据程度的不同，将分别采取中止审核、移交稽查、移交司法机关，直至追究相关当事人责任的措施。《意见》对发行人、保荐代表人及中介机构均明确了相应的惩罚措施，如信息披露严重违法，给投资者造成损失的，相关责任主体须依法赔偿投资者损失；如影响对发行上市条件判断的，要求发行人回购已发行的新股，控股股东购回已转让的限售股。信息披露违法违规的成本增加，尤其是对中介机构监管要求的提高，将有效促使发行人和中介机构各方立足长远，归位尽责，各司其职，遏制其违法违规攫取短期利益冲动，促进拟上市公司依法规范行为。

三、进一步完善市场化定价机制，促进市场在配置资源中起决定性作用

价格信号是引导资源配置的核心因素，定价机制市场化是市场在配置资源中起决定作用的基础。一般认为，全球范围内股票发行机制主要包括询价配售机制、招标拍卖机制（又可分为美国式招标和荷兰式招标）、固定价格机制以及混合机制 4 种形式。目前，询价配售机制已经成为各国资本市场股票发行的主流模式。以 2009 年证监会发布《关于进一步改革和完善新股发行体制的指导意见》为起点，以询价配售发行机制为主线的市场化改革不断深化（见表 1）。

从上述比较可以看出，本次询价配售机制改革后，发行价格形成机制和配售方式进一步市场化，在定价和配售环节给予承销商充分的自主权，明确承销商可以根据事先公布的原则自主配售网下发行的股票，促使承销商在定价时平衡买卖

表 1　询价配售发行机制市场化改革进程

改革步骤	询价对象	询价要求	定价方式	申购方式	配售方式	信息披露	其他
2008 年 之前	法规规定的常规类询价对象	只报价不报量，价格上限最高为价格下限的 120%	发行价格不高于 30 倍市盈率	只要参与询价，即可参与申购	同比例配售	—	—
2009 年《关于进一步改革和完善新股发行体制的指导意见》	法规规定的常规类询价对象	（1）价量同报 （2）合理设定最小申报数量	发行人与主承销商协商确定，报证监会备案通过	报价在发行价格以上的有效报价，必须参与申购 网下询价、申购者不能参与网上发行	同上	—	—
2010 年《关于深化新股发行体制改革的指导意见》	扩大询价对象范围，增加主承销商推荐的询价对象	（1）价量同报 （2）合理设定每笔网下配售的配售量	同上	同上	中小型公司新股发行中实行随机摇号配售	披露参与询价的机构的具体报价情况；对发行人股票的估值结论、同行业可比上市公司市盈率或其他等效指标	—
2012 年《关于进一步深化新股发行体制改革的指导意见》	扩大询价对象范围，增加个人投资者参与网下询价配售	同上 加强对询价对象、“人情报价”的监管 加强对询价、定价过程的监管	发行人与主承销商协商确定 加强对发行定价的监管：发行价格市盈率高于同行业上市公司平均市盈率 25%的特殊程序	同上	同上	同上	明确新股发行体制的有效运行需要法治保障 发行窗口放开 取消网下 3 个月限售期
2013 年《关于进一步推进新股发行体制改革的意见》	取消询价对象的说法 改由主承销商界定可参与询价的投资者条件	（1）价量同报 （2）若多档报价，对最高报价和最低报价的价差做出限定，防止投资者规避高价剔除原则，促使其真实报价	（1）协商定价 （2）取消向证监会定价备案程序	根据发行规模对应的数量限制，由发行人和主承销商确定可参与申购的有效报价的投资者数量	自主配售	强化定价过程的信息披露要求 如拟定的发行价格（或发行价格区间上限）的市盈率高于同行业上市公司二级市场平均市盈率的，发布投资风险特别公告 强化股票配售过程的信息披露要求	

双方利益，合理定价。监管机构不干预定价，而是采用市场化手段对相关责任主体进行约束，如提前披露相关信息，加强社会监督；要求相关责任主体进行承诺，一定期限内发行前股东减持价格与发行价格挂钩、股价稳定措施等手段。在不断趋向有效的资本市场环境下，将发行人在资本市场的表现与股东、董事、高级管理人员等企业重要控制、管理人员的自身利益密切挂钩，促使发行人更加注重经营成长性、可持续发展和回报投资者，从而提升了公司治理的有效性。股票发行定价机制的进一步市场化，将使发行结果更加真实地反映市场的内在客观规律，都将促使发行人从投资者角度出发关注、挖掘并充分发挥自身投资价值，倒逼发行人归位尽责。

当然，合理的价格发现，仅仅依靠制度设计的市场化是不够的，关键还要有有效的市场主体之间的合作博弈。在美国、英国、中国香港，承销商在行使自主配售权时，通常要综合考虑机构投资者的持有期、质量、声誉以及对发行人估值的看法，为公司选择优质的机构投资者；在韩国，承销商要根据对订单时间、价格、关系、近期首次公开发行参与情况、簿记现状等各类因素的综合性评估进行配售。可见，市场基础制度的健全和市场中长中短期各类资金的合理配置，所形成的有效市场，是市场化定价机制发挥作用的基础条件。

四、健全多层次市场体系，全面推进基础制度建设，促进提高直接融资比重和效率

直接融资是上市公司可持续发展最重要的资本金增加机制。直接融资的比重和效率，通常是衡量一国经济活力的重要指标之一，G20 国家直接融资比重大多集中在 65%~75%，美国超过了 80%。我国直接融资比重自 2002 年以来至今基本呈持续增长态势，2012 年底达 15.9%，但是比较 G20 仍有较大差距。因此，以股票发行注册制改革为主线，健全多层次市场体系，全面推进资本市场基础制度建设，是促进提高直接融资比重和效率的重要步骤，是提高上市公司质量的有效

途径。近期在推行股票发行体制改革的同时，政府部门相继推出了优先股试点、存量发行、分红指引、创业板借壳禁止、新三板扩容、中小投资者权益保障、企业年金个人所得税递延纳税等措施，全面深化了资本市场基础制度建设。优先股试点丰富了上市公司融资和分红的内容，增强了股份制经济的弹性和活力；新三板定位为经国务院批准，依据证券法设立的全国性证券交易场所，为创新型、创业型、成长型小微企业发展提供了资本投入和退出平台；加强现金分红的制度保障，有利于提升投资者的信心和吸引力；创业板禁止借壳有利于明晰创业板支持创新型、创业型企业上市的功能定位，完善创业板风险管理机制；存量发行有利于促进买卖双方充分博弈，进一步理顺发行、定价、配售等环节的运行机制，有利于平衡上市公司股权结构，提升公司治理质量；企业年金个人所得税递延纳税，有利于引导长期资金入市，形成资本市场长、中、短期资金的合理配置，促进资本市场的健康发展。这些政策措施，与股票发行体制改革相辅相成、相得益彰，必将促进提高我国经济体系中直接融资的比重和效率，推动上市公司质量的提高。

党的十八届三中全会《关于全面深化改革若干重大问题的决定》明确了“紧紧围绕使市场在资源配置中起决定作用深化经济体制改革”的目标，提出资本市场的改革任务之一，是推进股票发行注册制改革。这项改革任务是我国资本市场20多年改革发展的必然延伸，同时也是新时期我国资本市场转折性变化的新起点，其最大挑战来自于监管部门的监管转型。正如《华尔街的变迁》一书作者乔尔·塞里格曼教授所说，20世纪30年代美国证监会真正有创造性的工作是，依靠注册制和与自律组织合作所形成的预防性监管体系，有效避免了行政监管和处罚的滥用，保持和维护了华尔街的运行和活力。此话值得转型中市场各方的深思。

监管转型与募集资金监管

2014 年两会期间，肖钢主席在接受记者访谈中表示，募集资金与募投项目强制挂钩不尽合理。这一判断涉及监管转型背景下，如何做好募集资金监管的导向和定位，为此，笔者走访了部分曾被市场关注的“超募”公司进行调研，从企业的角度形成了以下结论和建议汇总。

一、成长性良好的“超募”公司超常发展，符合市场预期

募集资金与募投项目挂钩的做法由来已久，因创业板开板时集中出现“超募”现象而引起市场关注。本文重点针对创业板公司展开调研。截至 2013 年底，创业板共有 355 家上市公司，除银邦股份等 8 家公司资金募集不足，其他 347 家公司均有数额不等的超募资金，超募资金合计 1285 亿元，平均每家公司 3.7 亿元。这些公司对 970 亿元超募资金已做出了使用计划，占超募资金总额的 75.78%。截至 2013 年三季度末，实际已使用超募资金共计 785 亿元，占超募资金总额的 61.15%，其中，167 家公司超募资金项目产生了直接的经济效益，达 26.49 亿元，平均投资收益率为 4.93%，并有 49 家公司超募资金收益率超过 6%，平均达到 12.57%，给投资者带来了较好的回报。总的来看，创业板公司的超募资金全部用于与主营业务相关的内生发展和外延扩张，有效支持了实体经济的发展。为深入了解募集资金与募投项目的关系，笔者实地走访了当年“超募”、当

前市值居创业板前10位的5家公司：碧水源、乐视网、华谊兄弟、光线传媒、蓝色光标。5家公司的发行上市及募集资金情况如表1所示。

表1　5家公司的发行上市及募集资金情况

公司名称	立项时间	上市日期	申报市盈率（%）	首发市盈率（%）	首发价格（元）	计划募资（亿元）	实募（亿元）	超募（亿元）
碧水源	2007年	2010年4月21日	20~25	94.52	69.00	5.66	24.37	18.71
乐视网	2009年	2010年8月12日	20~25	66.36	29.20	2.62	6.82	4.20
华谊兄弟	2007年	2009年10月30日	20~25	58.33	28.58	6.20	11.48	5.28
光线传媒	2009年	2011年8月3日	20~25	61.05	52.50	3.78	13.81	10.03
蓝色光标	2009年	2010年2月26日	20~25	67.72	33.86	1.60	6.21	4.61

上述5家公司上市以来发展情况和市场表现梳理如表2所示。

综上两表所示，5家行业成长性良好的“超募”公司，募投资金均已基本用完（或大部用完），上市以来实现超常规发展，总收入、净利润成倍增长。在首发市盈率高于申报市盈率3~4倍的情况下，上市后净利润复合增长率分别为67%、66%、68%、43%、53%，复权价格比发行价格分别增长2倍、12倍、5倍、2倍、6倍，说明公司的成长性符合市场预期。碧水源表示公司上市以来取得超常规发展，一是以募投项目资金完成生产能力建设；二是以“超募”资金完成市场拓展，先后使用超募资金8.8亿元在云南、湖南、江苏无锡、内蒙古、湖北武汉、北京、山西等地合资设立水处理子公司，使得公司主营业务由北京地区迅速扩展至全国。蓝色光标表示公司上市后围绕并购整合的发展战略，积极利用超募资金进行外延式扩张，先后使用超募资金4亿元收购博思瀚场、思思客、英国金融公关、精准阳光等多家公司，同时公司还完成两单重大资立重组。通过一系列的并购和整合，公司业务结构得到优化，品牌结构更加丰富，上市3年来公司收入增长5倍，利润增长4倍。

这个结果一方面说明市场对公司估值预期相对合理，另一方面说明所谓“超募”资金也是企业发展所需要的。调研公司反映，所谓“超募”问题，是发行市

表 2　调研公司发展情况

公司名称	碧水源			乐视网			华谊兄弟			光线传媒			蓝色光标		
时间	上市前(2009年)	2012年	2013年预计	上市前(2009年)	2012年	2013年预计	上市前(2008年)	2012年	2013年预计	上市前(2010年)	2012年	2013年预计	上市前(2009年)	2012年	2013年预计
总收入(万元)	31356	177155	314251	14573	116731	234451	40935	138640	201305	47960	103386	90417	36761	217538	358394
净利润(万元)	9757	69817	81988	4448	19419	25399	6806	24443	66665	11282	31022	32797	5068	26088	44176
资产负债率(%)	33	23	37	21	56	58	55	49	45	43	8	5	29	43	
科研投入(%)	3.8	3.5	2.6	9.2	20.4	16.0	—	0.2	0.01	3.4	1.9	2.3	0.85	0.66	
已使用募资(%)	94			100			100			84			100		
上市后年复合增长率(%)	营业收入	净利润		营业收入	净利润		营业收入	净利润		营业收入	净利润		营业收入	净利润	
	84	67		100	66		35	68		24	43		77	53	
市场表现(截至2月28日)	复权价格(元)	比发行价增长(%)		复权价格(元)	比发行价增长(%)		复权价格(元)	比发行价增长(%)		复权价格(元)	比发行价增长(%)		复权价格(元)	比发行价增长(%)	
	214.26	211		392.85	1245		180.71	532		189.91	262		242.45	616	
近3年分红情况	2010年	2011年	2012年	2010年	2011年	2012年	2010年	2011年	2012年	2010年	2011年	2012年	2010年	2011年	2012年
	10派3转增12	10派1转增7	10派0.6转增6	10派1.5转增10	10派0.73转增9	10派0.5转增9	10派2转增8	10派1.5	10派1.5	未分配	10转增12	10转增11	10派1.2转增1	10派0.1	10派1.2转增1

盈率、发行价格高于申报市盈率、申报价格的结果，而后者有三个来源：一是行政窗口指导的市盈率（不高于30倍市盈率）；二是经政府审批的募投项目（或者按照申报市盈率和发行股份“倒算”出来的募投项目）；三是保荐人按照法定公开发行股份不低于25%的上市标准和“可批性”边际效应设计的发行股份数量。这些来源说明，申报市盈率、申报价格是行政配置资源在发挥作用，发行市盈率、发行价格是市场配置资源在发挥作用，二者的差异是两种配置资源方式冲突的结果。调研公司建议，从公司上市后超常发展符合市场预期的实践看，注册制改革应当进一步消除行政配置资源体制遗留下来的相关惯性约束，审慎发挥市场在资源配置中的决定作用，即着力培育市场化的激励和约束机制，由市场决定发行市盈率、发行价格，市场承担风险。

二、募投项目不宜作为募集资金的约束条件

调研公司反映，募集资金与募投项目强制挂钩的做法，使得募投项目成为募集资金的约束条件，这种制度设计存在明显的计划色彩，是非市场化和不科学的。一是在市场经济中，价格信号是引导资源配置的约束条件，而不是募投项目，在国际资本市场上通常不把募集资金与募投项目挂钩，而是以公司的发展方向作为价格发现的参考条件。二是募集资金与募投项目强制挂钩，难以适应市场变化和实际需要，反而导致“编制”募投项目的副作用。在实际操作中，5家调研公司的部分募投项目是为了应对发行审核要求，主动找市、区属发改委拿批文（创业板公司规模小，通常投资项目不需要批文），另有部分募投项目是根据“公发股不低于25%”和“不高于30倍市盈率”的“可批性”边际效应，“倒算”出募集资金数量而设计的，市场上甚至衍生出专门为发行人设计募投项目可行性研究报告的中介机构，如赛迪财经、瑞鼎财经等。三是募投项目时效性较强，IPO募投项目客观上存在“时滞性”。5家调研公司反映募投项目的可行性研究报告和审批在申报前1~2年就完成了，由于申报后变更募投项目程序复杂，通常不再

改变。因此，从可研、申报、审批、发行到募投资金正式投入项目（IPO 暂停时除外），一般周期为 2~3 年，而此时的市场基础和条件可能已发生了很大变化。例如，华谊兄弟募投项目的电视剧制作投入成本是按 50 万元/集规划的，募集资金实际投入时实际成本已经涨到了 100 万元/集。光线传媒募投项目数字演播中心扩建项目（京东城发改（备）【2009】15 号），因市场条件发生变化至今未完成。调研公司建议，在发行审核环节应淡化募集资金与募投项目挂钩的要求，增加募集资金使用方向和预期收益及行业、市场与技术风险的信息披露，加大价格发现机制与行业前景、价值成长性和核心竞争力的合理联系，同时强化对发行人的诚信监管和失信惩戒，并与再融资监管建立信用约束联系机制。

三、根据市场内外部基础条件，探索募集资金规模适度的规律性

调研中，笔者关注到同样有“超募”，但与 5 家走访公司出现不同结果的是海普瑞和国民技术两家公司。海普瑞于 2010 年 5 月在中小板上市，新股发行价 148 元，发行市盈率 73.27 倍，计划募资 8.65 亿元，实际募资净额 57.17 亿元，超募 48.52 亿元。截至 2013 年 6 月底，尚未使用募资 45.7 亿元，披露称公司募投项目及超募资金投资项目均未达到预计效益，原因是“控制对现有产品生产和质量不利影响的难度远超前期的规划和设想”。国民技术于 2010 年 4 月在创业板上市，新股发行价 87.5 元，发行市盈率 98.33 倍，计划募资 3.35 亿元，实际募资净额 23 亿元，超募 19.65 亿元。截至 2013 年 6 月底，公司累计使用募集资金 8.3 亿元，尚未使用募资 16.12 亿元，披露称受到金融行业移动支付标准的影响，公司募投项目及超募资金投资项目均陷入困境。对比冰火两重天，探索募集资金规模适度的规律性，并寻求市场化的调节方式，是注册制改革的关键环节之一。

调研公司反映，募集资金的本质是发行人出让部分股权的对价，其金额大小源自并取决于市场投资者对于上市公司的价值判断，而募投项目只是对其未来资

金使用规划或者发展战略的细化阐述，严格意义上与募集资金关系不大。应当区分项目融资与股权融资是两个不同的概念，避免投资者过度关注募投项目，而混淆对股权融资的投资理念。新股定价市场化后，理论上发行价格是投资者对发行人管理团队能力、行业前景、价值成长性、核心竞争力以及技术、市场风险等因素综合研判的结果，具体投资项目只是因素之一。海普瑞和国民技术概念性的募投项目，一定程度误导了投资者对其他因素的关注和研判，影响到合理价格的形成。合理的定价要求询价机构有较高的估值水平和定价能力，募集资金规模大小是买方和卖方价格博弈的结果，主承销商要发挥调节和引导作用，目前的状况表明主承销商、询价机构在行为操守、专业能力、估值水平上还有较大差距。当然发行价格的高低还要考虑当时的市场趋势和供求关系等外部因素的影响。因此，建议注册制改革推进的速度、力度，要充分考虑市场的承受能力、投资者的成熟程度等市场内外部基础条件的制约作用；研究因市场变化、经济转型发展“停滞”的发行人，采取回购注销股份方式化解资金闲置压力，调节 IPO 时的高溢价发行；构建事前自律、事中监管、事后执法的市场体系，是促进市场合作博弈的基础，华尔街的经验表明注重自律组织在事前的预防性监管作用，是促进市场主体和市场体系成熟的重要步骤。

四、募集资金持续监管应有激励高成长性企业发展的弹性

调研公司反映，在持续监管中，募集资金专户管理环节多、募集资金变更程序复杂，影响高成长性企业抓住市场机遇实现快速发展。募集资金专户管理，实行公司、银行、保荐人三方共管，是基于早期大股东随意挪用上市公司资金（现已受到刑法规制）而采取的监管措施。按照现行工作流程，公司使用募集资金除依法履行董事会批准程序外，还需要经保荐人签字，再报交易所专管员同意，才能从银行动用钱，涉及环节多，程序复杂，缺一不可。基于对“超募”资金的从

严监管，乐视网第一次使用超募资金时，经董事会审议后，专管员对资金用途提出质疑，经过近 2 周的沟通，审核通过后却因时间过长导致董事会决议失效，不得不重新召开董事会，前后费时近 1 个月。如前所述，由于一般募投项目从可研到实际投入建设有 2~3 年周期，当市场基础和条件发生变化时，公司拟变更募投项目同样面临复杂的程序。例如，光线传媒募投项目之一是购买电视剧，后因电视剧成本暴涨，计划资金量已无法满足实际需要，不得不变更资金用途，拟参股两家成长性较好的公司（比例分别为 10%、4.8%），计划在取得投资收益的同时为进一步并购创造条件。但这与“将募投项目变更为合资经营方式实施，公司应当控股，确保对募投项目的有效控制”的规定不符，公司花费了很长时间与交易所沟通解释，最后在提交尽调和审计报告后才得以通过，前后费时近半年时间。调研公司反映，从会计的角度看，募集资金无论多少，在资产负债表上的负债和所有者权益方都计入企业的权益资本，归所有股东共有；在资产负债表的资产方，则暂时体现在企业的流动资产中的现金和银行存款。一旦企业动用这些资金进行投资，则流动资产中的现金和银行存款减少，相应增加了企业的其他非现金资产。在报表上募集资金是无法按项目区分的，而募集资金作为法人财产，公司依法自主经营，自负盈亏，监管部门应当减少干预。针对特定危害行为而建立监管措施，不应成为激发企业活力的障碍。因此，建议将诚信评价与监管资源配置相挂钩，对募集资金使用实行分道制监管，即由保荐人或者自律组织根据年度报告披露的募集资金使用和预期收益兑现情况，结合公司治理健全和规范程度，对上市公司诚信状况进行评价分类，对于诚信良好、运作规范、成长性好，行业景气度高的上市公司，在募集资金的持续监管中，实行“绿色通道”，适当放松专户管理的管制，即采取减少环节、减少干预的措施。其他公司继续采取现行的审慎监管措施。同时，建议适当放宽募集资金变更使用方式的限制（如对股权投资、短期债权投资、补充流动资金等）。

五、及时健全创业板再融资制度，引导公司合理安排融资方式

调研公司由于成长性相对较好，发展较快，均有较为强烈的融资需求。从5家公司的资产负债率看，除乐视网在50%以上，其他4家相对较低，光线传媒仅为5%~8%，碧水源、蓝色光标均不到45%。调研公司反映，资产负债率低的原因是，商业银行对中小型民营企业的偏好低，贷款、短期融资成本相对较高。从研发投入看，除乐视网因创新驱动发展，研发投入2012年达20.4%，2013年预计达16.0%外，其他4家研发投入呈现递减趋势，反映出公司培育核心竞争力的资金支持乏力。此外，从分红状况看，由于交易所对“超募”资金的从严监管，5家公司的现金分红比例都相对较低。因此，建议根据创业板公司规模、发展阶段及创新驱动特点，合理设计创业板再融资条件，客观满足成长型、创新型上市公司融资需求，避免简单套用主板再融资条件；协会、交易所等自律组织应当积极开展培训传导工作，引导上市公司合理安排融资方式，关注过度依靠股权融资带来的长期增长压力。

民营企业红筹上市现状和前景探讨[①]

在经历了2011年以来“沽空”和诚信危机之后，民营企业红筹上市的现状、成因和前景引起了各方面的深度关注。红筹上市通常是指境内企业或自然人在境外注册公司，通过境外公司以并购、股权置换等方式取得境内公司的权益，并以境外公司名义向境外交易所申请上市。根据不同的最终控制主体，红筹股可分为小红筹和大红筹。大红筹是指国有企业在境外注册的中资控股公司，以其拥有的境内资产及/或境外资产在境外申请发行股票和上市。小红筹是指，境内自然人在境外注册的公司，以其拥有的境内资产及/或境外资产在境外申请发行股票和上市。下面重点探讨民营红筹上市即俗称 “小红筹”的现状、成因和前景。

一、民营企业红筹上市的现状分析

民营红筹上市公司数量快速增长，占到中国境外上市公司的绝大多数。据不完全统计，截至2012年12月底，在中国香港交易所、纽约交易所及纳斯达克、新加坡交易所上市的民营红筹上市公司为877家，超过了中国境外上市公司总数的80%。自1994年以来的20年间，民营红筹上市公司数量不断壮大，呈现出五个阶段特征（如图1所示）。

一是探索阶段（1994~2003年）。这一时期民营企业红筹上市增长缓慢。

① 本文收录于《中国金融》2013年第22期。

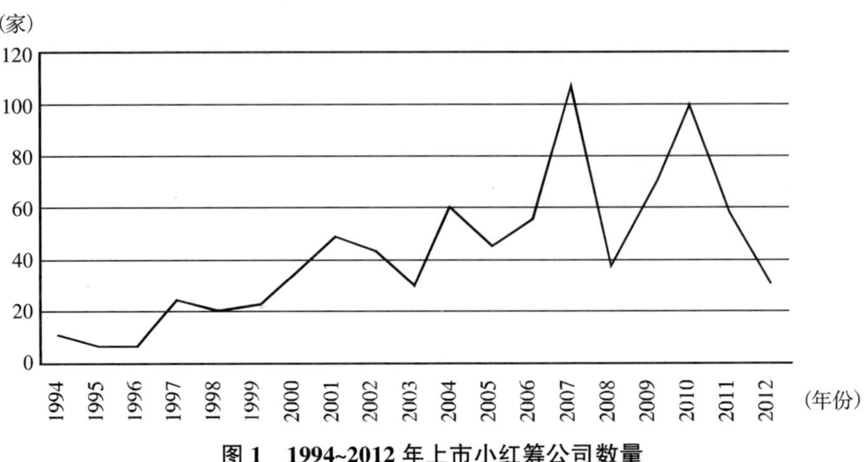

图 1　1994~2012 年上市小红筹公司数量

资料来源：彭博资讯、Thomson Financial、WIND。

1997 年国务院颁布了《关于进一步加强在境外发行股票和上市的通知》（国发【1997】21 号），2000 年证监会发布了《关于涉及境内权益的境外公司在境外发行股票和上市有关问题的通知》（证监发行字【2000】72 号），对红筹上市实施监管。

二是快速增长阶段（2004~2007 年）。中国加入世界贸易组织后，国际资本对中国企业的认同度大幅提高，加之境内市场低迷，证监会于 2003 年 4 月废止了 72 号文，民营企业境外融资的热情高涨，民营红筹上市公司数量快速增长。

三是调整阶段（2008~2009 年）。这一时期金融危机席卷全球，境外资本市场大受冲击，民营企业红筹模式境外上市的企业放慢了步伐。

四是高潮阶段（2010 年）。尽管 2010 年上半年欧洲债务危机持续发酵，但是中国经济高速增长的预期使得境外资本市场看好中国企业的发展前景，在 VC、PE 的推动下，中国企业境外上市步伐明显加快，2010 年度新增民营红筹上市公司数量创历史新高。

五是迅速回落阶段（2011 年至今）。2011 年至今，世界经济总体仍在低迷中徘徊，中国经济增速趋缓，同时，以民营红筹上市公司为主的部分中国概念股遭遇境外做空机构阻击和监管部门审查，估值整体下滑，民营红筹上市公司数量迅速回落。

民营红筹上市公司主要分布在充分竞争的工业、日常消费、可选消费和新兴的信息技术四类行业，不少企业在行业中举足轻重。从交易所分布方面看，民营红筹企业在中国香港市场最多，其次是美国市场，再次是新加坡市场。在中国香港、新加坡市场的民营红筹上市公司主要分布在传统的日常消费、可选消费、工业等行业。在美国市场的民营红筹上市公司则以信息技术行业为主，主要因为美国资本市场对信息技术行业的经营模式更为认可（见表 1）。

表 1　部分民营红筹企业 2011 年市场份额

序号	民营红筹企业名称	市场份额（除个别说明外，均为 2011 年）
1	百度	占互联网搜索市场的 72.84%
2	腾讯	在互联网社交软件使用时间方面占 25.9%；在网游市场占 28.9%
3	百丽	2008 年国内女鞋前十大品牌按销售额计算份额为 38%，其中六席为百丽旗下
4	联想集团	占全球 PC 销售市场的 13.6%；占中国 PC 销售市场的 32.2%
5	保利协鑫	多晶硅和硅片 2012 年市场占有率达全球 30%以上
6	新东方	占海外考试辅导市场的 70%~80%
7	蒙牛	占中国饮用奶市场的 30%~32%
8	国美	占电器销售市场的 5%
9	中国忠旺	工业铝型材市场 2009 年占国内市场份额的 14.1%，为国内第一
10	四环医药	占中国心脑血管药品领域的 9.4%
11	优酷（合并土豆）	占国内互联网视频市场的 38%
12	海丰国际	按运力计为中国最大的民营集装箱航运企业，专注于亚洲区市场，亚洲区市场份额约 5%

资料来源：公开信息检索。

表 1 列示了部分民营红筹上市公司在行业中的举足轻重地位。

民营红筹企业的行业和交易所分布情况如图 2 所示。

民营红筹上市公司整体质量可观，与境内主板、中小板和创业板并驾齐驱，在一些指标上具有优势。如图 3~图 4 所示，截至 2011 年底，民营红筹上市公司的资产总额、营业收入、净利润三项指标均高于境内中小板和创业板，在扣除上市公司家数影响，以均值计算的各项指标优势更为明显。从 2012 年 11 月 15 日的市值来看，扣除家数影响后，民营红筹上市公司的平均市值略高于境内中小板和创业板。

	港交所	纳斯达克全球精选市场	纳斯达克全球市场	纳斯达克资本市场	纽交所	新交所
综合	13			1		1
信息技术	78	30	11	4	15	8
日常消费	113	4	5	5	8	28
能源	26	3		3	6	6
可选消费	95	10	6	4	19	27
金融	78	1		1	5	8
公用事业	7				1	2
工业	94	3	10	6	6	43
材料	55	2	1	1	5	19

图 2　小红筹公司行业和交易所分布情况

资料来源：彭博资讯、Thomson Financial，WIND。

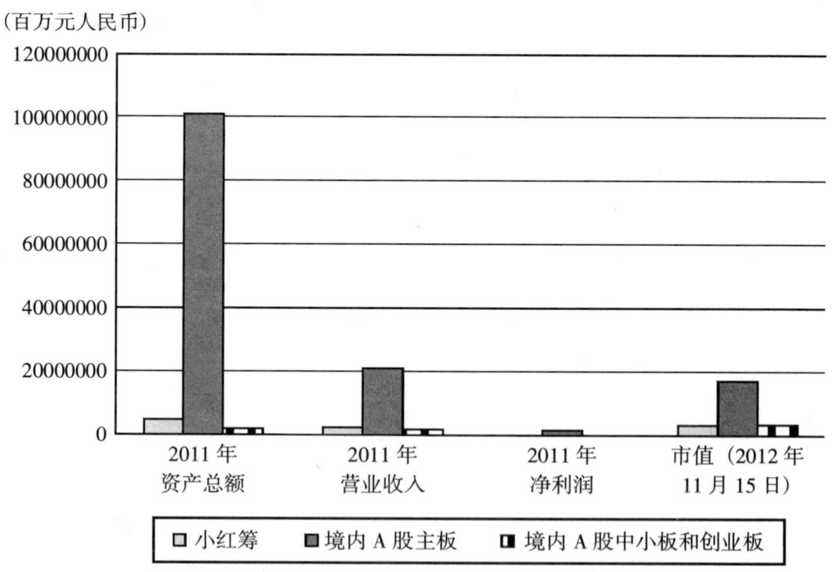

图 3　小红筹、境内 A 股主板、中小板和创业板相关指标比较

资料来源：彭博资讯、Thomson Financial、WIND。

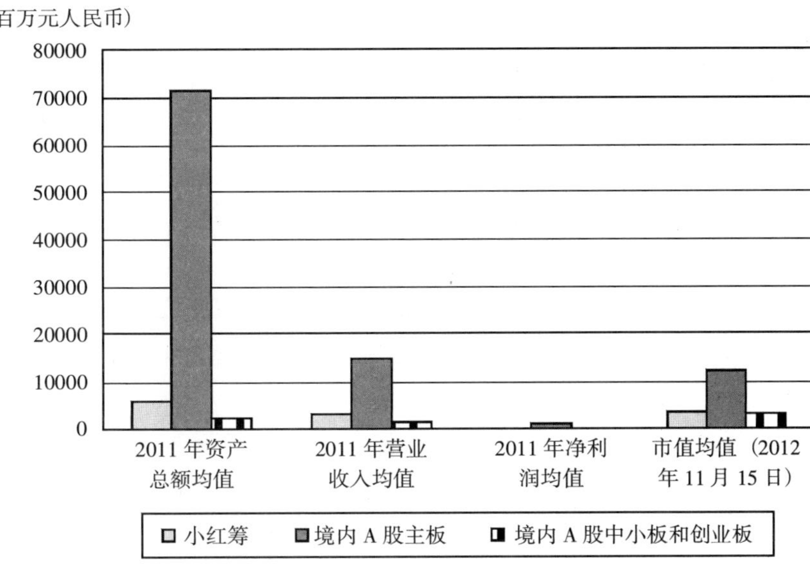

图 4　小红筹、境内 A 股主板、中小板和创业板均值指标比较

资料来源：彭博资讯、Thomson Financial、WIND。

如图 5 所示，民营红筹上市公司的资产周转率高于境内 A 股主板，略低于具有轻资产和高成长性特征的境内中小板和创业板。在衡量盈利能力的净利率指标方面，民营红筹企业与境内 A 股主板、中小板和创业板的差距并不明显，均处于 10%左右。

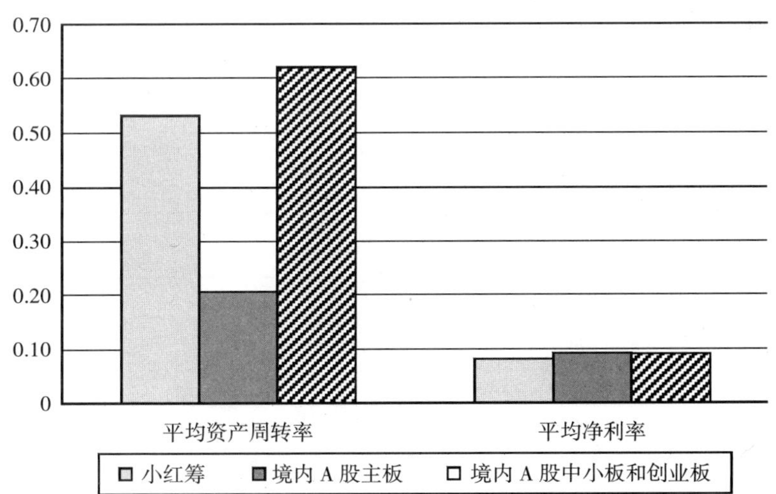

图 5　小红筹、境内 A 股主板、中小板和创业板 2011 年资产周转率、净利率比较

资料来源：彭博资讯、Thomson Financial、WIND。

民营红筹上市公司因数量优势在资产、收入、净利润总额方面高于“大红筹”，并具有营运效率较高的优势。如图 6~图 8 所示，由于民营红筹上市公司整体资产规模、营业收入、净利润、市值等指标显著高于“大红筹”，但是从各指标的均值看，“小红筹”明显低于“大红筹”，净利率指标也略低。从资产周转率指标看，“小红筹”营运效率具有优势。

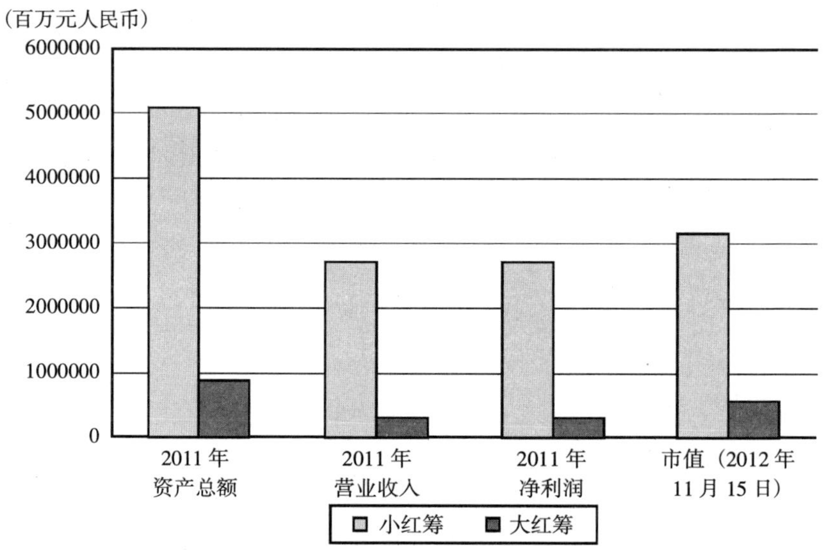

图 6　大红筹与小红筹相关指标比较

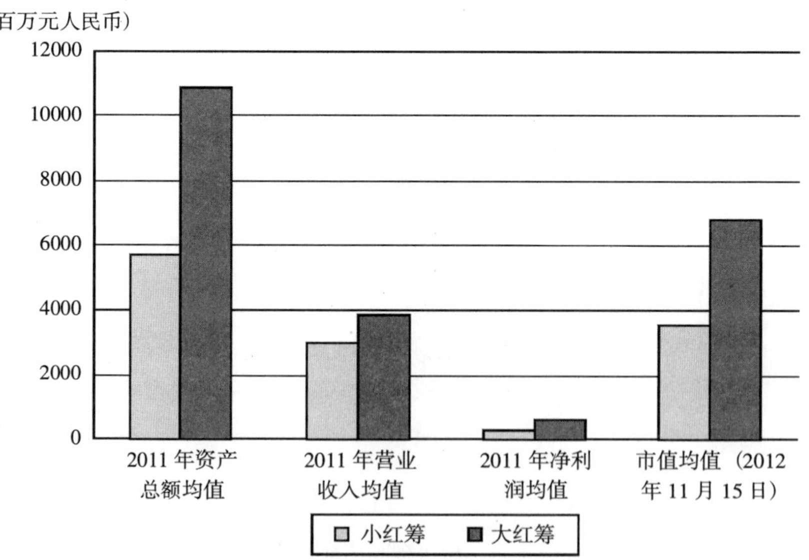

图 7　大红筹与小红筹均值指标比较

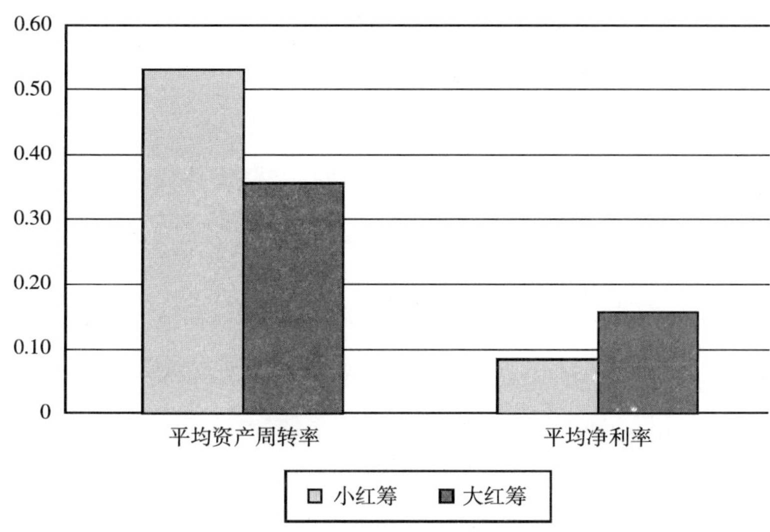

图 8 大红筹与小红筹2011 年资产周转率、净利率比较

资料来源：彭博资讯、Thomson Financial、WIND。

民营企业红筹上市成本较高。比较境内 A 股市场、新加坡市场、我国香港市场、美国市场的 IPO 平均融资成本（见表 2~表 3），A 股市场上市的成本比率远远低于新加坡、我国香港和美国等市场。

表 2 各地上市成本比较

单位：万元

费用类型	国内 A 股	中国香港主板	中国香港创业板	纽交所	纳斯达克
上市初费	3	15~65	10~20	400	10~40
承销费 （筹资额的比例）	3%	2.4%~4%	4%~5%	8%	6%~8%
保荐人费	200	200~400	100~200	1500	1000
法律顾问费	80	100~250	100	300	300
会计师费	50	150~250	70~150	400	400
总成本 （筹资额的比例）	4%~8%	15%~20%	10%~20%	15%~25%	15%~25%

表 3 各地上市后运营费用比较

单位：万元

可预测费用	国内 A 股	中国香港主板	中国香港创业板	纽交所	纳斯达克
上市年费	0.6~3	14~119	10~20	400	28~400
保荐人顾问费用	—	20	30	800	800

续表

可预测费用	国内 A 股	中国香港主板	中国香港创业板	纽交所	纳斯达克
法律顾问费用	10	60~100	40~100	200	200
会计师费用	30~40	100	60~100	150	150
信息披露费用	12	30~50	30~50	50~100	50~100
总计	60~70	224~389	130~300	1600	1230~1600

民营企业红筹上市估值较低。从 2010 年第一季度至 2012 年第二季度的境内、境外不同市场市盈率水平来看（见图 9），A 股创业板、中小板市盈率高于境外市场，反映出民营红筹上市公司在境外市场的估值水平较低。

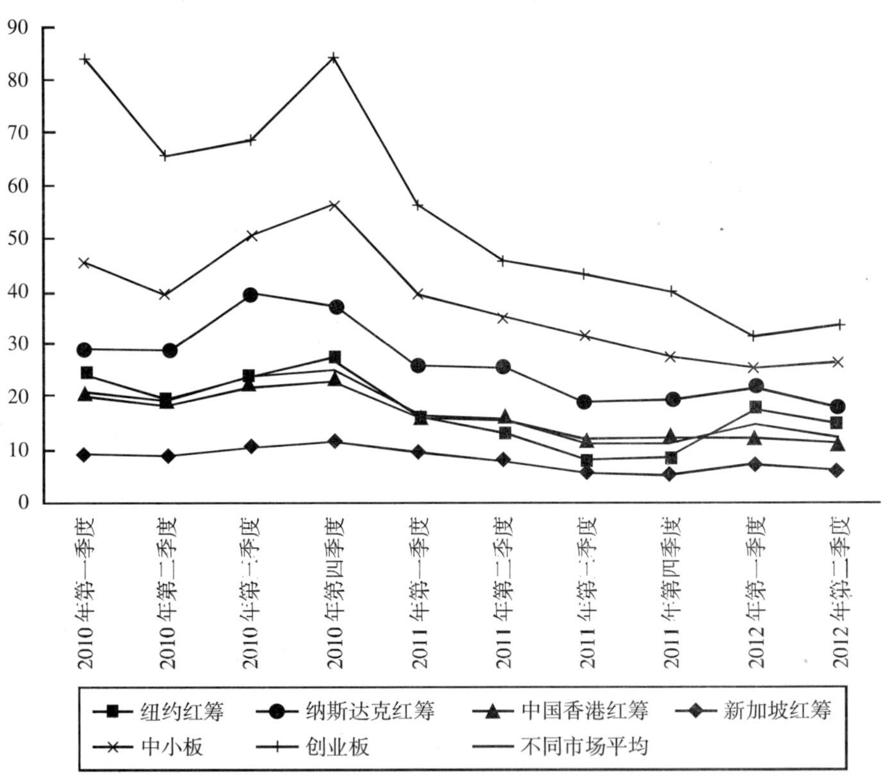

图 9　境内境外不同市场民营红筹股平均市盈率对比（2010 年第一季度至 2012 年第二季度）

资料来源：Bloomberg。

民营红筹上市公司遭遇“沽空”阻击和诚信危机。2009 年以来民营红筹企业屡屡遭遇“空袭”，一些遭遇“沽空”的企业被揭露出了财务舞弊、欺诈等行为之后，很快就以退市、转入粉单市场或 OTCBB 市场等方式收场。2011 年，近 30 家在美国上市的民营红筹企业频现财务造假及信息披露等问题，受到了美国监管机构的处罚，严重打击了市场投资者对民营红筹企业的信心，其股价整体大幅下挫（如图 10 所示）。

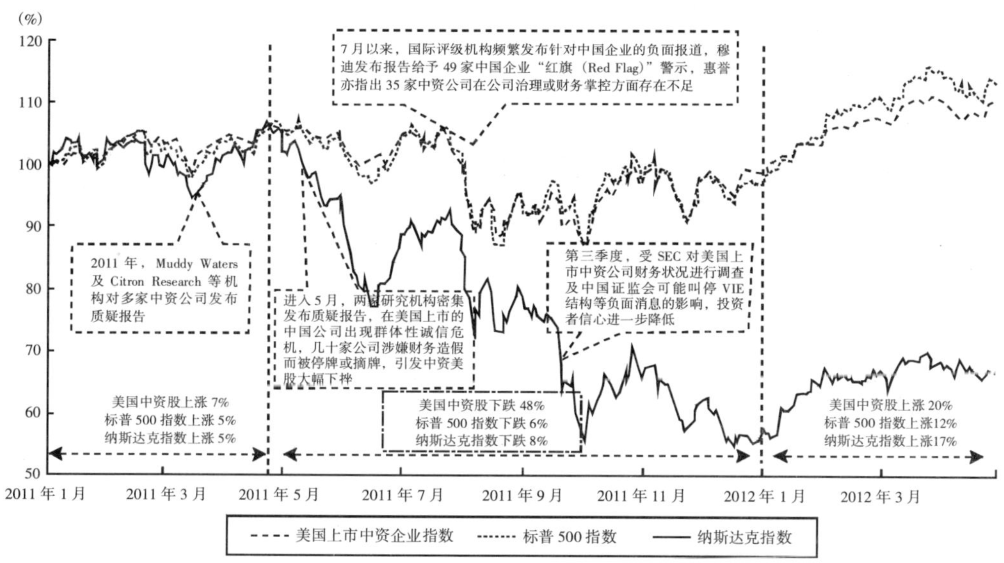

图 10　在美上市民营红筹企业因诚信危机遭遇重挫

资料来源：Bloornberg。

二、民营企业红筹上市的成因分析

近年来民营企业红筹上市，通常采取规避相关境内机构监管的方式进行。民营企业红筹上市一般包括三个步骤，即“出境设立特殊目的公司”、“入境并购资产（业务）”、“境外上市”，涉及境外投资、引入外资、关联并购、境外上市、外汇、税收等多个经济领域，按照职责牵涉多个政府部门的监管。目前主要的监管规章，是 2006 年 8 月商务部、国资委、国家税务总局、国家工商行政管理总局、国家外管局和证监会六部委联合发布的《关于外国投资者并购境内企业的规定》

(2006 年第 10 号) 和 2008 年 10 月商务部发布的《外商投资准入管理指引手册》(2008 年版)。从 2006 年至今，民营企业红筹上市公司队伍不断壮大，但是没有一家是需要境内相关机构“审批”和“监管”的。其主要采取的规避监管方式如下：一是变更境内并购对象为中外合资企业，将“外资并购内资”转化为“外资并购外资”；二是变更境外并购实施方的国籍或者身份，将“境内自然人”转化为“境外自然人”；三是利用境内自然人设立境外特殊目的公司无法可依规避“审批”。民营企业红筹上市，千方百计采取变通方式规避境内相关机构的审批，主要目的是消除物质成本和时间成本的不确定性，抓住市场有利时机实现境外上市目标。

民营企业红筹上市的原因主要有以下四方面：一是境外上市条件相对 A 股更为宽松灵活，例如，在盈利性方面，境外市场更关注历史报表体现出的长期盈利能力，允许历史上盈利波动的存在，并且考虑多层次市场体系的差异化要求，为不同类型、不同发展阶段、具有盈利或盈利潜力的企业提供各取所需的市场。在同业竞争和关联交易方面，境外市场更注重充分的信息披露，对发行人存在的同业竞争和关联交易，只要不实质上影响发行人的持续盈利能力并经过公司董事会及股东的认可，经向投资者充分披露并履行完备的通告、股东批准等程序后，允许存在，监管机构不进行严格的限制；在募投项目方面，境外市场对募投项目的监管理念是，只要满足公司运作的合规性规定即可。二是境外市场的 IPO 实行注册制，关注信息披露及时、完整、准确，将企业的投资价值和风险交由投资者判断，从而使得上市时间周期相对具有确定性。三是境外市场对创始股东、PE、VC 持股上市流通的限制少，符合股东变现的特定要求。四是境外市场再融资、股权激励、兼并收购等事项，相对境内市场具有便捷性、灵活性特点。

民营企业红筹上市提高了国际知名度，在国际化的技术、市场、管理和人才方面得到了更多的合作机会，通过学习先进的管理经验和国际市场规则，通过国际化的投融资渠道参与全球资源配置，增强了企业在经济全球化环境中的国际竞争力。技术和商业模式的创新是企业核心竞争力之所在，先进的技术和商业模式，需要高效、快捷的融资渠道支持才能取得市场先机。在为企业创新发展提供融资服务方面，拥有成熟运作经验的境外资本市场相对于境内资本市场更有优势。尽管境内资本市场发展迅速，但是在投资者成熟度、投资商机的识别能力、风险偏好多元化等方面，境外市场更具包容性和吸引力。当前民营红筹上市公司已初具规模，这是市场和企业双向选择的结果，也是经济全球化的大势所趋，境内监管机构应当采取因势利导的方式，兴利除弊，支持企业自行选择不同偏好的境内外投资者，参与全球资源配置。

三、民营企业红筹上市前景探讨

在红筹上市模式中，我国属于上市公司主要权益所在地或经营地，主要对特殊目的公司在本国的“经营行为”进行法律监管，包括准入管制、交易管制和税收管制三方面，属于商务、外汇、税务、工商等部门的监管职责。证券监管部门从维护中国企业在国际资本市场的整体形象和本国资本市场定价权出发，应当积极引导红筹上市公司诚信建设，进一步加快改革发行制度和多层次市场建设，拓展多元化融资渠道，增强境内资本市场的包容性和吸引力，完善红筹上市外资准入、境外投资、外汇、税收等方面的监管，引导民营企业红筹上市规范、有序发展。

（1）以境外审计业务监管为抓手，加强境外融资诚信建设。可考虑加强对提供境外上市审计业务的会计师事务所的监管，由证监会实施境外上市审计业务资格管理，以检查手段督促相应的会计师事务所提高审计质量。境内具有证券从业资格的会计师事务所和经审核无不良记录的境外会计师事务所均可申请境外上市审计业务资格，并应取得境外上市地证券监管部门的监管合作认同。

（2）为拟上市和已上市民营红筹企业回归 A 股给予通道。对于已建立红筹结构（包括已上市和未上市），同时在业务、财务、持续盈利能力、公司治理规范等方面符合境内资本市场基本条件的企业，在其拆除红筹架构、寻求在境内上市时给予政策通道。建议遵照“实质重于形式”的原则，对于红筹回归过程中不具备交易实质的操作（如创始人将境外权益落回至境内），给予审批、经营证照许可上的“绿色通道”并尽可能降低企业的税负，以减少红筹企业落地的时间和经济成本；对于投资价值被境外市场低估的优质民营上市公司，在其私有化后红筹回归境内市场给予政策支持。

（3）进一步加快改革发行制度和多层次市场建设，增强境内资本市场的包容性和吸引力。A股市场应当进一步推进发行制度的市场化改革，适当降低上市门槛，实现上市时间和成本的可测、可控，减少不确定性。推进多层次市场建设，培育不同风险偏好的投融资需求，理顺场外交易市场与交易所市场的关系，确立两者间相互补充、相互连通的良性互动机制，完善与多层次市场相配套的法律制度体系。

（4）理顺政府职责，完善红筹上市在外资准入、境外投资、外汇、税收等方面的监管。一是在拟红筹上市返程并购涉及的外资准入方面，建议相关监管部门加强联动管理，严格执行产业政策，把关国家经济安全，实施全过程的“反垄断”审查。二是厘清VIE结构背后的产业政策冲突问题，民营企业红筹上市不少采用了VIE协议控制的方式，规避国家有关外资准入政策的限制，扰乱了国家经济秩序，建议立法进行相应的规制。三是对离岸壳公司实行信息披露监管，即要求来自离岸法域的离岸壳公司提供与境内企业或境外企业之间的控股关系以及与股票发行、上市相关的全部材料。四是完善对特殊目的公司的登记管理，形成以外汇管理局为主、各相关监管部门联动协作的监管机制，提高监管效率和效果。五是完善并购价格评估，防止资产低估和税源流失，建议交易双方以及监管部门都以企业的市场价值作为衡量交易价格是否公平合理的标准。同时，借鉴国际会计准则，进一步完善现有资产评估法规，引进可以体现企业资产市场价值的评估方法。

我国养老金入市问题初探[①]

一段时间以来，养老金入市问题引起广泛反响，各方关注的焦点主要集中在养老金该不该入市上。实质上这一命题的深远意义在于：一是资本市场发展如何服务民生、惠及民生；二是养老金如何利用资本市场发展分享经济增长成果，实现责任共担。美国养老金市场化运作的经验，为我们提供了成功的范例。如何结合中国的现实情况，形成市场导向的养老金体系改革方案，值得探讨。

一、美国养老金市场化运作的经验

美国现行的养老金体系由三大支柱组成。第一支柱是政府主办的社会保障养老金；第二支柱是雇主资助的私营养老金，如著名的401K等；第三支柱是个人养老金及其他储蓄。其中，市场化运营的401K发展最迅速，401K始于20世纪80年代初，是一种雇员自愿参与、雇主和雇员共同缴费建立、缴费和投资收益免税的完全基金式的养老保险制度，取代了过去由雇主一方单独为雇员提供退休福利的局面。它有效地解决了社会保障养老金入不敷出的状态，成功应对了“二战”后“婴儿期”导致的美国人口老龄化问题。

401K的积极意义在于以下四方面：①数千万名职员在利用资本市场发展分享经济增长成果的同时，促进了资本市场体系的完善和成熟。在欧美发达市场，

① 本文收录于《中国金融》2012年第15期。

机构投资者占有的市值达到70%左右，其中一半以上是养老金和保险公司等长期机构投资者。②鼓励个人通过自身努力和勤劳应对老年后的收入风险，使个人为自己养老承担更多的责任，减轻了国家财政负担，培养了美国民众的责任意识。③企业的资助资金吸引并留住了人才，增强了职工的凝聚力和参与意识。④让美国民众免除后顾之忧，激发了其强烈的自豪感和归属感，增强了民众对国家未来的信心，维护了社会稳定。

401K 的成功经验在于：①政府政策激励。《国内税收法案》的税收优惠政策是 401K 发展的原动力。②企业市场化运营。401K 由企业发起，投资与运营完全采取市场化方式，企业成立的养老金理事会或委托专业金融机构运营，员工可以自主选择投资方式和结构。③产权清晰，权责明确。政府、发起人、受托人、账户管理人、托管人、个人、监管部门等各司其职、各负其责、边界分明。④资本市场强力支持。成熟的资本市场为养老金的长期投资提供了公平的价格形成机制、公开的公司财务信息、多样化的投资产品、分散化的风险共担、专业化的投资服务、社会化的监督机制等，使得 401K 计划的市场化运营获得了丰沃的土壤。

二、我国养老金制度现状和问题

1. 我国养老金制度现状

我国养老金制度始于 1984 年，1997 年开始建立全国统一的养老保险体系。现行的养老金体系由三大支柱构成：一是政府主办的基本养老保险，实行社会统筹与个人账户相结合的模式。二是企业年金（2000 年由补充养老保险更名），它是由企业自愿为职工建立的一种辅助性养老保险。三是个人储蓄性养老保险（商业保险）。根据中国银行首席经济学家曹远征和德意志银行大中华区首席经济学家马骏等 6 月发布的研究报告《化解国家资产负债中长期风险》预测，到 2013 年，中国养老金的缺口将达到 18.3 万亿元。报告指出，人口老龄化冲击下我国养老金的统筹账户将给财政造成巨大负担。中国社会科学院新近发布的《中国养老金发展报告 2011》显示，从 1997 年各级财政开始对养老保险转移支付算起，补贴规模迅速扩大。2000 年各级财政补贴金额为 338 亿元，2006 年为 971 亿元，2010 年为 1954 亿元，2011 年新增补贴高达 2272 亿元，财政累计补贴金额达 1.2526 万亿元。这意味着，近 2/3 的养老保险累计结余（1.9 万亿元）来自于财政转移支付。从构成上看，三大支柱发展不平衡，企业年金发展非常缓慢。以北京市为例，截至 2011 年底，我国参加基本养老人数已达 1091 万人，养老金累计余额为 800 多亿元，但在北京市备案的企业年金仅 300 多户，累计余额仅 50 多亿元。从效益上看，尽管基本养老金覆盖面不断扩大，但收支缺口大、投资收益率低，近 10 年养老金年均收益率不到 2%，低于 CPI 涨幅，保值增值压力加剧，这不仅影响到社会稳定，而且严重制约了当期消费的增长和内需的扩大。

2. 我国养老金市场化运营存在的问题

（1）基本养老金管理层级分散，难以实现集中管理运营。目前，基本养老金由省级、地市和县级三级分别统筹，从实际情况看，只有京、津、沪、陕、闽等少数省市实现了省级统筹，90%以上是市县级统筹，即大部分基本养老金分散持有在 2000 多个市县一级社保经办机构，而且大部分个人账户资金又存放在财政专户中，地方政府和商业银行已形成相对固定的利益格局，很难实现集中管理运行。

（2）严重透支“个人账户”，过度依赖财政补贴。基本养老保险的社会统筹由单位负担缴费，为单位职工工资总额的 20%；个人账户则由职工个人缴费，为个人工资的 8%，实行长期封闭积累、产权个人所有的“完全积累”制。从理论上讲，个人账户的积累更具有长期性、储备性，有保值增值的强劲需求。但是在实际操作中，由于统筹基金的不足，当期养老保险金支付的资金缺口只能靠透支个人账户和财政补贴予以解决，导致个人账户严重透支，形成规模庞大的“空账”。统计资料显示，2010 年若剔除 1954 亿元的财政补贴，基本养老保险基金当期收不抵支的省份（含新疆生产建设兵团）共有 15 个，缺口高达 679 亿元，这使得财政补贴成为刚性，仅上海每年财政补贴养老金就达 100 多亿元，财政支出仅次于公共基础设施建设。资料表明，美国养老金积累 40%~45%靠投资收益，靠财政补贴势必难以持久。

（3）养老金市场化运营存在体制障碍。根据《企业职工养老保险基金管理规定》第二十二条规定："各级社会保险管理机构不得经办放款业务，不得经商、办企业和购买各种股票，也不得为各类经济活动作经济担保"，基本养老金只能购买国债和存入银行。企业年金具备市场化运营的条件，但是由于基本养老金缴费率已达28%，加上"五险一金"，企业缴费率高达44%，负担非常沉重，严重挤压了企业年金的发展空间，导致企业年金发展缓慢，仅相当于基本养老金规模的18%，而美国相关占比为380%。从企业年金占GDP比重看，我国仅为1%，美国为68%，澳大利亚为82%，荷兰为130%。

（4）我国资本市场体系不完善，特别是价格形成机制存在缺陷，金融工具不丰富，金融体系不健全，金融创新和服务能力严重不足，制约了市场导向养老金体系的形成和发展。

三、建立市场导向的养老金体系刍议

建立市场导向的养老金体系，是我国经济实现可持续增长的重要战略选项，是加快转变经济发展方式，应对日益严重的人口老龄化问题，促进社会和谐稳定的战略选择。其整体架构考虑是：以税收优惠政策为原动力，以功能健全、体系完善的资本市场为支撑，以产权清晰、集中运营、责任分担、利益分享为方向，构建市场导向的养老金体系。当前可待推进的基础工作有两方面：

1. 完善资本市场体系，创造长期资金入市的条件

市场经济的基石是公平的价格形成机制，市场导向的经济改革就是反对利益集团垄断和操纵价格，促进形成公平的价格机制。经过20多年的发展，我国资本市场主体框架和基本要素已经齐备，资本市场的下一步改革目标之一，是构建公平的价格形成机制。当前，我国资本市场的主要症结，是存在利益集团垄断和操纵市场价格。突出表现在IPO中，发行人、券商、PE和各类机构形成共同利益集团，通过垄断和操纵价格，推高一级市场价格获取共同利益，破坏了价格形成机制的公平性，无形中加大了长期资金和散户资金入市的风险。在A股市场

上，长期存在的“炒新、炒小、炒差”现象，均为利益集团操纵市场价格牟取短期利益的结果，这也使得长期资金望而却步，散户投资者怨声载道。

通过有效监管遏制利益集团垄断和操纵市场价格，是完善资本市场体系的首要问题。一是切实放松管制，减少行政审批。惯性体制形成的行政审批，投入大量工作审核本应由发行人和中介负责的会计报表和法律文件，在行政审批不能改变事实也不能替代责任的情况下，反而可能促成“群体性造假”。因此，减少审批，有利于解除利益集团的“共谋”，有助于相关主体归位尽责；放松管制，有利于分化利益集团，有助于激发市场主体的创新精神。二是切实转变“重审批，轻监管”的工作方式，提高监管的有效性、适当性、针对性，减少对企业经营活动的干预，注重行为监管，通过制定市场主体的行为标准并督导执行，注重信息披露和信托责任，将价值判断交给市场和投资者，促进市场主体归位尽责、诚实守信，形成正向的市场激励和约束机制。例如，规范 IPO，可以制定券商的具体行为标准，促使券商的保荐、定价、承销角色三分开，形成内部制约机制；可以制定 PE 和参与一级市场询价的各类机构行为标准，形成行业自律机制；可以通过自律组织发布行业价格指数，作为一级市场询价的参照系数，形成外部约束机制。

在理顺价格形成机制的基础上，进一步推动资本市场诚信体系建设，大力倡导诚实守信的市场文化，切实在市场准入方面给予诚实守信者、价值增长创造者、科技创新推动者优先支持，形成正向的激励机制和良好的市场导向。同时，大力发展债券等固定收益类市场，审慎推进衍生品市场的发展，促进资本市场体系的完善和成熟，创造长期资金入市的积极条件，并为养老金入市提供不同的组合，包括股票、国债、基金、金融债、公司债、衍生品、理财产品、组合存款等，使之与养老金递延流动性需求相适应。

2. 积极按照市场原则构建养老金体系

按照美国 401K 的市场运作经验，市场导向的养老金体系至少应当具备以下特征：一是政府税收优惠激励；二是责任均衡分担；三是资本市场体系健全；四是自主决策投资。按照市场原则构建养老金体系，主要的努力方向有以下三方面：一是完善税收优惠政策，推动出台税收优惠政策，给予基本养老金、企业年金中的个人缴纳部分递延纳税的优惠，给予养老金投资资本市场收益减免税收的优惠。二是形成责任均衡共担机制。建议适当降低基本养老金的缴费率，壮大企业年金规模，鼓励个人通过自身努力为养老承担更多责任。三是明确产权关系，建立市场化运营模式。建立市场导向的养老金体系，应着力推进基本养老金集中管理运营，逐步做实个人账户，明确各类养老金的市场化运作主体和投资品种，实现养老金存续时间与投资期限相匹配，对于个人账户资金实行个人自主选择投资，自担风险责任。目前，我国已有 13 个省市做实了基本养老保险的个人账户，共结余 2039 亿元资金，这部分资金产权相对清晰，可以先行组织起来，探索长线进入资本市场运营的经验，主体进入债券相关市场获取稳定收益，部分进入股票市场提升收益和实现增值。

金融信息安全是国家发展战略的重要基石[①]

进入 21 世纪以后，信息安全问题变得日益重要和突出，目前这一问题已经上升到国家发展战略层面，很多发达国家视其为仅次于恐怖袭击的重大安全领域。“9·11”以后，美国政府一直把金融信息安全作为反恐的前沿阵地，奥巴马政府上台以后，立即成立了统领全美国信息安全工作的“网络司令部”，把网络空间作为继陆、海、空、太空之后的“第五战略空间”。西方其他国家也纷纷跟进，实质性地开展了信息安全战略规划。在我国，对信息安全的重视也提到了前所未有的高度。

随着我国信息化程度的不断推进，国家对信息安全工作的重视程度日益增加。2012 年 7 月，国务院发布了《关于大力推进信息化发展和切实保障信息安全的若干意见》，这是国家信息化建设和信息安全工作的纲领性文件，对于今后我国信息化建设和信息安全工作具有重大的指导意义。金融是现代经济的核心，金融信息安全无疑是国家发展战略的重要基石。我国资本市场是信息化发展的重要成果之一，我们常说，我国资本市场 20 多年的发展走过了成熟市场经济国家 100 多年的历程，信息技术发挥了至关重要的作用。利用信息技术的后发优势，我国资本市场起步就进入了无纸化、电子化交易时代，信息技术的广泛运用极大地提高了信息传播、资源配置、资产定价的效率，使得我国资本市场迅速发展壮大，跻身全球市场前列。同时，资本市场也成为高度依赖信息安全的市场，资本市场的信息安全，涉及成千上万投资者的切身利益，关系经济社会的稳定，是国

① 本文收录于《证券时报》2013 年 3 月 1 日。

家发展战略的重要基石。

一、资本市场信息化与信息安全现状

1. 建成了无纸化、电子化的交易结算系统

我国证券期货行业的发展历程，典型地反映了信息技术对行业发展的重要意义和促进作用。我们在很短的时间内完成了从有纸化向无纸化交易的转变，从人工报单到电子化处理的飞跃，实现了委托、撮合、清算、交收等全交易过程的电子化信息处理，大大提高了市场的运转效率，降低了运行成本，适应了几千万名投资者参与市场的客观需要，为中国资本市场的快速发展提供了强有力的技术支撑。

2. 组建了天地互联互通、安全可靠的信息系统

一是建成了卫星通信和地面通信互为备份的行业通信专网，沪、深证券通信公司共建立了 7 个卫星主站，为市场各经营机构提供了近万个双向卫星小站。各证券公司、基金公司通过近千条地面线路与证券交易所相连接，每秒可传输几十万笔委托数据。二是建立了同城灾难备份系统。交易所等市场核心机构全部实现了重要业务数据的同城和异地备份；上交所、深交所、中登公司各分公司、各期货交易所建立了同城灾备系统，备份系统的处理能力均与主系统相同；各交易所下属机构共建设了近万平方米的托管机房，为 200 余个行业机构提供了交易结算系统的托管服务。

3. 电子化信息发布成为上市公司信息披露的重要载体

一方面，在资本市场上，上市公司信息是股票价格形成的重要因素，投资者依据对上市公司信息质量的判断确定价格并自主投资，因而对上市公司发布的信息质量提出了更高的安全性要求。上市公司电子化的信息发布，以其快捷性、完整性、标准性，一定程度上满足了投资者获取信息量的需求，同时也形成了对信息技术和信息安全的高度依赖性。从这个意义上看，信息安全可以称为资本市场

的生命。另一方面，信息技术的发展，为提高上市公司信息披露质量带来了革命性的变化，目前沪深交易所4个板块2000多家上市公司全部实现了基于XBRL的电子化信息披露，并向直通式模式转型。电子化、直通式信息披露，可以节约上市公司信息披露成本，方便投资者获取高质量的信息。直通式信息披露可以促使上市公司更及时地了解投资者的信息需求，及时发现网络舆情，并迅速采取行动，发布相关公告，澄清相关情况。

4. 信息技术安全保障体系逐步完善

监管部门近年来确立了技术规章、规则、指引和标准等多层次的信息技术体系，制订出台了多个技术规则和标准，行业信息安全法规在体系化、完整性和科学性等方面取得了重大进步。同时，注重监督技术规范的落实，经过这几年的努力，资本市场信息安全工作的法制化、规范化程度有了大幅提高，为资本市场的稳定发展奠定了坚实基础。

二、资本市场信息安全所面临的挑战

总的来看，资本市场信息化建设取得了一定成就，在全球化的大背景下，资本市场信息安全工作面临着重大挑战。

一是新技术带来了新的安全漏洞。“移动互联”、“云计算”、“物联网”等新技术蓬勃发展，极大地促进了信息的共享，改变着经济社会的运行方式。但是，由此带来的信息安全漏洞也大幅增加，病毒感染情况更加严重。据国家权威信息安全漏洞库统计，截至2012年底全球共存在51632个漏洞可被黑客攻击利用，进而控制和破坏重要信息系统。全球约有2000万台主机感染了“飞客病毒”，一旦病毒爆发，可能造成全球很多领域信息系统的瘫痪。

二是针对金融系统的网络攻击的威胁不断增加，客观上要求我们不断提高防攻击能力。2012年，不少境内外金融机构信息系统遭到黑客攻击，引起了国家领导的高度重视。例如，国内天涯论坛、CSDN等著名网站发生的几千万名用户信息泄密事件，再次敲响了安全警钟。受利益驱动，黑客网络攻击活动加剧，手段不断翻新，攻击能力不断提高，攻击威胁在加大，从境内外已发生的案例看，恶意攻击网络的破坏力强，危害性大，后果严重，特别是防御难增加了信息安全的不确定性，必须时刻保持警惕。

三是骨干网络的核心设备主要采用国外厂商的设备，存在系统性的信息战安全隐患。近期，美国国防部推出“雾计算”计划，利用遍布全世界的公共云计算平台，故意散布一些虚假的敏感文件作为诱饵，跟踪访问人员，进而发动定点网络攻击。前期“震网”病毒攻击伊朗核设施，2012 年出现了毒性更大的“火焰”等超级病毒，专门收集重要行业敏感信息并实施破坏。这些病毒设计十分复杂，都是某些国家的网络战策略的实施结果。现代战争首先是信息战、网络战。我们要有应对信息战的准备。证券期货经营机构的软硬件国产化、自主开发的比例较低，系统升级和业务创新受制于少数国外厂商和系统开发商，这在某种程度上给行业的信息安全带来了隐患。

四是互联网舆论信息的传播影响市场的安全性。互联网财经新闻，博客、微博等自媒体新闻已经成为了信息时代公众获取财经信息的主要渠道。信息在新媒体时代传播扩散的快捷性，加剧了资本市场的敏感性和波动性，特别是恶意散布虚假舆论信息可以迅速影响上市公司市值，进而达到敲诈或者影响上市公司并购等重大事项从而获利的目的。据了解，上市公司成为了非法媒体敲诈的重灾区，针对上市公司以及将要上市的公司的网络敲诈呈现组织化、规模化的趋势，形成了利益驱动的黑色产业链。此外，在重大敏感时期，利用互联网络传播资本市场的价格敏感信息，导致股市剧烈波动，达到操纵市场的目的，引发金融系统风险，也成为了全球监管部门共同面对的挑战。

三、积极促进资本市场信息安全体系的成熟和完善

安全是金融信息系统的生命。金融信息系统的安全关系到金融机构的生存、经营成败和金融市场基础功能的发挥，所以应当把金融信息安全视同资金的安全，看作资本市场和金融机构的生命。信息安全本质上是市场主体的信息安全，本身具有分散性特点，同时由于资本市场的整体性、关联性和依存性的特点，使得资本市场的信息安全工作既需要监管部门统筹规划，又需要各市场主体协调配合，共同形成促进资本市场信息安全的正能量。

在这个过程中，中间组织可以发挥特殊作用。在市场主体不断加强自身安全建设的基础上，证券期货行业协会、上市公司协会等中间组织可以充分发挥自律监管和组织协调作用，通过组织制定技术指引，引导会员贯彻落实技术规范，开展行业技术交流与培训，广泛宣传、动员使用正版软件，做好信息安全通报工作，做好资本市场信息安全的组织者、服务员。上市公司信息披露是资本市场定价功能发挥的基础，上市公司信息有效性、纯洁性是资本市场信息安全的重要方面。2012 年，上市公司协会探索多种方式促进新媒体时代的舆论引导力建设，在维护会员的整体利益方面积极引导聚集上市公司信息安全的正能量。2013 年上市公司协会在深入了解上市公司和投资者诉求的基础上，探索提供渠道服务，搭建平台增进上市公司与投资者的互动和交流，积极配合监管部门推进以投资者需求为导向的信息披露制度建设，提高上市公司信息披露的有效性和针对性，促进提高上市公司治理水平，增强上市公司信息质量的安全性，进而促进资本市场信息安全体系的成熟和完善。

资本市场的信息安全关系市场稳定发展和千家万户的切身利益，应当摆在切实防范系统风险的战略高度来加以重视。如何监控互联网舆情信息的传播，精准地找到信息传播的源头和路径，挖掘和行情异动之间的关联关系，已经成为维护资本市场稳定的一个重要研究课题。同时，资本市场信息安全高度依赖于电力、

基础通信网络、银行相关业务系统的支持，需要在国家层面加以统筹规划、协调运转，切实把资本市场信息安全纳入国家发展战略的重要组成部分，夯实国家发展战略的基石。

总之，我国资本市场信息化程度高，信息安全面临的形势复杂，要充分做好面对困难和挑战的准备，坚持信息化与信息安全并重，发挥政府、企业和中间组织各自的作用，全面提高市场的信息安全水平，增强信息技术的核心竞争力，切实保障信息系统安全运行，维护市场公平交易，保护投资者合法权益，积极促进资本市场信息安全体系的成熟和完善。

附录

『向之所欣，俯仰之间，已为陈迹，犹不能不以之兴怀』。附录所记，是中国上市公司协会初创时期的情景和事缘，在感悟中思考，在激情中展望，万涓成水，汇流成河。新型社会中间组织是国家治理体系和能力现代化的重要建设者，在中国经济社会转型的背景下，中国上市公司协会的初创者们曾经进行了积极的探索。

文化产业上市公司转型之路[①]

一、文化企业借力资本市场发展的春天正在来临

党的十八大报告中提出：全面建成小康社会，实现中华民族伟大复兴，必须推动社会主义文化大发展、大繁荣，兴起社会主义文化建设新高潮，提高国家文化软实力，发挥文化引领风尚、教育人民、服务社会、推动发展的作用；文化产业要成为国民经济的支柱性产业；要发展新型文化业态，提高文化的产业规模化、集约化、专业化水平。文化产业正在经历前所未有的快速发展机遇期。

在我国，文化产业是“为社会公众提供文化产品和文化相关产品的生产活动的集合”，“内容+渠道+平台”是文化产业链的基本结构。根据2012年国家统计局最新修订的《文化及相关产业分类》中对文化及相关产业的分类，截至2012年末，我国A股上市公司共计77家，其中，中小板14家、创业板23家、主板40家。剔除12家借壳上市的公司，17家在2000年以前IPO，共计募集资金38.59亿元，48家在2000年后IPO，募集资金428.23亿元。此外，还有53家境外市场上市公司。130家上市公司覆盖影视、出版、网络平台、信息服务、广告、动漫等行业。文化产业上市公司凭借独特的发展模式和创新特征，成为了资本市场一道亮丽的风景线，形成了代表国家文化“软实力”的核心竞争力团队。

① 2013年9月23日在文化产业趋势及资本运作战略研讨班发言要点。

我们欣喜地看到，伴随我国文化体制改革的不断破冰，出台了一系列鼓励文化企业发展的政策措施，文化企业借力资本市场实现快速发展的趋势日渐显现。2009 年 9 月，《文化产业振兴计划》明确提出，支持有条件的文化企业进入主板、创业板上市融资、鼓励已上市文化企业通过公开增发、定向增发等再融资方式进行并购和重组，迅速做大做强。2010 年 4 月，中宣部、人民银行、财政部等九部委联合制定的《关于金融支持文化产业振兴和发展繁荣的指导意见》，是中央专门支持文化产业大发展的金融优惠政策，推动了文化产业与金融业的对接。可以预见，随着相关支持产业发展政策的落实，文化产业上市公司借力资本市场发展的春天正在来临。

二、文化产业上市公司发展需要应对“两个转型的挑战”

20 世纪末，美国在线、世界通信等美国数字媒体公司出现财务舞弊潮，严重损害了公司形象，极大挫伤了投资者信心。近年来，我国文化企业的上市数量、募集资金、细分行业都在增加。但是，从宏观看，文化产业的证券化率与发达国家相比仍存在较大差距，同时随着“互联网经济”的崛起，跨界融合成为趋势，但盈利模式尚不成熟；从微观看，文化产业上市公司站在一个历史的交汇点，需要应对两个转型的挑战，一是适应资本市场的要求，从传统体制向现代企业制度转型，二是适应大数据、云计算时代的来临，由传统商业业态向创新商业模式转型。应对来自历史和未来两方面的挑战，文化产业上市公司需要迅速完成两个“转型”，实现两个“进一步”。

首先是进一步完成改制工作，彻底向现代企业制度转型。文化产业上市公司向现代企业制度转型，存在四个方面差距：一是传统文化企业大部分是从事业单位改制而来，受经营、采编分离等政策限制，存在着资产、业务不完整等改制不彻底、规范不到位的情况；新兴业态的文化企业家族化、小型化、封闭化的发展趋势，制约了文化企业利用资本市场IPO、再融资和并购重组的功能。二是传统的文化企业管理体制，形成了地区、市场、行业的“惯性”壁垒，制约了文化企业作为市场主体的发展空间。三是新兴的影视、动漫、创意等单一细分行业，除自身“轻资产”特征外，还面临跨界发展、融合发展带来的业绩波动性、业态先创性的新特点，不同于传统企业，难以获得境内资本市场的支持，已成为制约文化企业进一步发展的“瓶颈”。四是我国文化产业还处在边管制、边解禁、边振兴的阶段，这导致上市公司参与的产业链环节及盈利模式呈现“碎片化”特点。行业标准变迁和“一票否决”制度风险也影响文化企业盈利模式的正常运转。同时，政府补贴和行政干预影响文化企业有效的市场化盈利模式形成。

其次是进一步创新商业模式，彻底向市场化、信息化、创新驱动发展转型。文化产业发展需要关注和适应六个创新趋势：一是“企业家+科技人才”的“新人口红利”形成的竞争优势。二是我国经济从世界制造中心向服务业、文化创意、网络经济等领域延伸升级。三是行业界限在变化，互联网与各个行业结合，创意产业与制造业结合、制造业注入新的附加值和高端服务，互联网金融冲击传统金融，与此同时，文化行业也正在经历新闻出版等传统业态与文化创意、影视制作、印刷复制、广告、演艺娱乐、文化会展、数字内容和动漫等新兴业态不断融合、变化的发展阶段。四是网络经济改变传统商业模式，网络零售已连续8年平均增速在120%以上。 五是文化企业的产品的独创性与多样化，让企业每次的盈利模式都存在或大或小的差别。六是文化企业的每一次生产都相当于一次创业，高投入不一定能够获得最终成功。为主动适应创新趋势，提高单品成功率，文化企业需要彻底向市场化、信息化和创新驱动发展转型，改良传统盈利模式，不断创新盈利模式和商业模式，以产业链上相对成熟的某一环节业务带动其他环节；采取多渠道盈利，以组合形式平滑风险；推动文化产品与其他资源的有效结合，实现价值补偿和价值增值；积极尝试盈利模式数字化转型和重构；借助资本市场工具，不断扩充业务、降低风险。

借力资本市场打造有竞争力的医药龙头企业[①]

尊敬的各位领导、各位嘉宾：

上午好！

一年一度秋风劲，不似春光，胜似春光。在黄花分外飘香的季节，中国医药行业的领军企业和领军企业家，群英荟萃，相聚渤海之滨，相聚天力士，共同探讨创建百亿价值企业的话题，意义深远。健康事业是人类崇高的事业。近年来，全球化、信息化快速发展，药品不仅与公众的身体健康和生命安全密切相关，而且与国民经济和社会发展密切相关，药品领域的合作与创新关系国计民生。十分荣幸应邀参加"2012 中国医药企业家年会"，在此我代表中国上市公司协会对年会的顺利召开表示热烈的祝贺！

一直以来，医药行业不仅具有高成长性，同时也是抵御经济周期性风险的行业之一。在国际、国内股票市场上都曾给投资者带来丰厚的回报。据相关数据显示，2008~2012 年的中期，可比的 118 家医药上市公司中，2012 年上半年净利润总和高达 139 亿元，年均复合增长率超过 17%。从毛利率的角度看，118 家医药公司上半年的平均毛利率为 41%。也就是说，近 5 年来医药行业的总体运行还是平稳的。在 2012 年全球经济面临纷繁复杂的局面下，医药行业成为了有效"避险"行业。从 167 家医药类上市公司 2012 年半年报看，中期净利润同比下滑的公司仅有 49 家，行业整体增速约为 20%。其中，中药饮片、医疗器械、中药制剂等子行业业绩表现突出。据国家统计局资料显示，2012 年上半年，医药制造

① 在"2012 中国医药企业家年会"开幕式上发言要点。

业（包括非上市药企）营业收入达到 7761 亿元，同比增长 18.25%；利润总额为 772 亿元，同比增长 17.55%。

随着经济社会的全面发展，13 亿人民对提升医药品质和医疗水平的要求越来越高，加快医药企业转型和转变增长方式成为了人们的广泛关切。近年来全球金融危机，近期我国经济的回落，使得我们更加关注我国经济中的结构性问题，即经济增长方式转变迟缓，实体经济长期滞留于产业链的低端。这次经济回落再一次向我们发出了强烈的信号，就是中国超高速发展的时期即将过去，随着经济总量的扩大和发展阶段的变化，维持“资源依赖型”发展模式的条件正在消失，中国企业迫切需要改变一门心思扩大生产规模的发展方式，加快补上创新能力和品牌影响力等软实力不足的这一课，从根本上扭转被动局面的有效途径就是创新。不谋全局者不足以谋一域，不谋万世者不足以谋一时。规模只是企业竞争力的指标之 ，持续的创新能力才是医药企业基业长青最根本、最重要的要素。人类不断追求生命质量提升的需求，带给医药企业不断的创新动力。在座各位是中国医药行业的领军企业家，也是谋全局、谋万世的领军人物，千里之行始于足下，百亿价值源于创新，谋变者恒强，我们期待着各位企业家在从事为人类创造福祉的事业上走得更长远，走得更稳健！

医药行业具有周期长、风险高、投入大和回报慢的特点，新药研发面临融资难的“瓶颈”。成熟的资本市场体系是支持企业创新的不竭源泉。医药企业可以科学利用资本市场，加快转变经济增长方式，提高核心竞争力和可持续发展能力。一是积极寻求医药企业集约型增长方式，充分利用市场融资，加大科技创新投入、新产品研发投入、品牌投入、渠道投入，借力资本优势提升品牌价值，促进产业升级；二是积极促进医药行业结构和价值链重组，科学利用资本市场并购重组，优化资源配置，整合优秀产品或资源、整合生产企业、整合流通企业、整合研发能力强的企业，积聚价值增长的正能量，增强市场竞争力，甚至成功走向国际市场。

经过多年的酝酿，中国上市公司协会于 2012 年 2 月正式成立，以“服务，自律、规范、提高”为基本职责，以反映上市公司集体诉求，服务上市公司整体利益为已任，中国上市公司协会将致力于促进资本市场成熟和完善，更好地为实体经济服务，更好地为企业创新服务，更好地为提高上市公司质量服务。我们期待着各位企业家以协会为平台，共同探讨、积极反映医药行业上市公司在加快转变发展方式中遇到的体制障碍、创新制约、融资困难、并购壁垒等方面的问题，加强与政府相关部门的对话与交流，不断增强我国资本市场的金融服务能力，为医药企业的百亿价值追求给力、加力、助力。

海上生明月，天涯共此时。喜逢中秋佳节即将来临之际，提前预祝各位领导、各位来宾身体健康、事业兴旺、阖家团圆、幸福安康！祝愿“2012 中国医药企业家年会”取得圆满成功！

谢谢！

《中国上市公司年鉴》承载着治道薪传[①]

各位领导、各位同事：

上午好！

由证监会、上市公司协会主编的《中国上市公司年鉴》，已经出版发行5年了，第一次召开编纂工作会议，选择在金秋时节的阴山下，是应情应景、天人相应的机缘巧合。8月的阴山下“树树皆秋色，山山有余晖”，各位专家对此必是文采飞扬，油然而生“相顾皆相识，长歌赋采薇”之思。这次会议是继往开来的会议，邀请了5年来一直关心、支持《中国上市公司年鉴》编辑工作的各地证监局领导、同事，沪深交易所、证券公司和境外交易所的专家济济一堂，群贤毕至，群英荟萃，如果把我除外，诸位正好是应了孔夫子门下72贤者之数。在此我代表《中国上市公司年鉴》主办方和编委会，对大家给予年鉴编纂工作的支持表示衷心的感谢！对大家在百忙中赶来参加这次会议表示热烈的欢迎！下面，我谈三点体会，供大家参考。

一、修“鉴”肩负传承实践、觉悟、分享、奉献的历史使命

“鉴”在古代的意义是用来盛水或者冰的青铜器，由此引申出明察事理、使

① 在《中国上市公司年鉴（2012）》编纂工作会议上的讲话要点。

人明智之义。宋代的《资治通鉴》，即取意于“有鉴于往事，以资于治道”，并有“以史为鉴，可知兴替，以人为鉴，可知得失”之说。因此，就修“鉴”而言，比单纯“修史”更有现实意义。我国是修史大国，与源远流长的地方志编纂相比，年鉴在近代还是一个新生事物。自1909年奉天图书馆印刷发行《新译世界统计年鉴》以来，也只有100年。这100年中，前70年出版的年鉴不到200种，后30年突飞猛进，由20世纪80年代初的数种发展到数千种。年鉴事业迅猛发展的原因，主要是改革开放的推动。正是我国工业化的快速推进和改革开放的大背景，成就了年鉴事业的辉煌。当前，部门年鉴、行业年鉴、专业年鉴已经成为各部门、行业扩大社会影响、提高服务能力的窗口和平台，成为保存历史、提高决策水平的资治宝典。不论是综合年鉴，还是行业年鉴，作为一种地域性、行业性、专业性史册和信息载体，它的作用与功能已逐步被社会各界所了解、认同。越来越多的领导同志、专家学者，一事当前往往以年鉴作为了解地域情况和行业情况的参考；越来越多的单位领导在接待来宾、举办活动时，以年鉴作为交换的礼品，宣传本地区、本行业优势，以加强联系；越来越多的企业经营者、研究工作者以年鉴为工具，查找资料和数据。可以说，不论领导决策、学术研究、经济管理，还是对外交流，都需要对浩如烟海的知识和情报加以全面、迅速、及时而精确地处理，以便获得强化了的信息。年鉴作为知识密集、信息密集的权威性工具书，为科学决策提供了专业咨询，为学术研究提供了翔实的资料，为对外开放、开展经济技术交流与合作架起了桥梁，年鉴工作在我国改革开放和社会主义现代化建设中发挥着越来越重要的作用。

二、修“鉴”承载着中国上市公司的治道薪传

中国上市公司已成为中国经济的“风向标”。经过20多年来的持续发展，上市公司群体已成为我国国民经济的中坚力量和经济增长的战略引擎。截至2011年底，上市公司总数达到2342家，总资产103万亿元，营业收入23.32万亿元，

占 GDP 的 49%；利润总额 2.61 万亿元，占规模以上工业企业利润总额的 48%，上缴税收占全国企业的 34%，市值 21.48 万亿元，位居全球第三位。为上市公司作“鉴”，既可作为仰观中国经济现状的窗口，也可作为俯察中国经济运行规律的工具。

《中国上市公司年鉴》具有独特的经济研究和史料研究价值。中国上市公司覆盖中国经济各行业、各个地区，并以各行业、各地区经济发展的龙头地位，在法定信息披露义务下所发布的经济数据，成为了客观反映各行业、各地区经济发展的“晴雨表”，对于研究中国区域经济、行业经济和经济结构变迁，具有不可替代的研究价值和史料价值。

《中国上市公司年鉴》已初步具备学术价值基础。自 2007 年创刊以来，经过近千名专家学者、撰稿人的不懈努力，已成为全国唯一的集资料性、综合性、存史性、年度性等特征为一体的关于中国上市公司年度信息资料梳理汇总的综合性年刊。5 年来，在证监会各有关部门、各地证监局、证券交易所、各大证券公司研究机构、四大证券报的大力支持下，《中国上市公司年鉴》每年度公开出版发行一次，每期 150 万字左右，已出版发行 5 卷，近 800 万字。5 年来，先后有近百家机构，上千人参与了《中国上市公司年鉴》的编纂工作，为 《中国上市公司年鉴》的顺利出版发行奠定了基础。《中国上市公司年鉴》的最大特点，就是它的绝大部分内容是由权威机构、权威人士提供的原创作品，这决定了它的唯一性和市场价值。《中国上市公司年鉴》全方位、多角度、跨地区、跨行业地汇集了中国上市公司的年度基本状况和相关数据，内容涵盖了有关上市公司的重大理论研究课题、综合数据分析、法律法规和实务操作（公司治理、并购重组案例），包括分行业、分地区的上市公司数量、股本结构、市值规模、资产和股东权益、经营业绩、资金募集、分红派息等财务状况的深度分析，是了解、研究中国上市公司实力和评价上市公司运作情况的权威指南。《中国上市公司年鉴》自 2007 年公开出版发行以来，对促进上市公司、投资者、监管工作者以及社会各界的沟通与交流，为决策层、投资者、监管工作者以及社会各界系统了解和掌握上市公司信息提供了重要的参考和借鉴。为国内外读者了解中国上市公司、认识中国上市公司、研究中国上市公司提供了基础材料和基本线索。

三、群策群力，打造精品年鉴

《中国上市公司年鉴》的作者都是资本市场实务的践行者，实有深厚的学养，更重要的是有丰富的实践经验，这是打造精品年鉴的源头活水。《中国上市公司年鉴》的作者是“百战归来重著书”，这也是“象牙之塔”、“皓首穷经”的学院派编书制史者难以比拟的优势。总结几年的实践，笔者感到，要编好一部中国上市公司的年鉴，要编写一部较有价值的中国上市公司的年鉴，就必须体现资料性、重视原则性、突出资政性、强调精确性、提高专业性，把握好这五个特性，才能充分发挥年鉴的存史、资治功能。

1. 体现资料性

年鉴是资料性工具书，是中国上市公司的年度情况梳理汇总。年鉴的性质决定内容必须全面、资料准确。各地证监局负责供稿的“地区篇”和证券公司研究机构负责供稿的“行业篇”是《中国上市公司年鉴》的重点篇目，有了广泛、真实、可信、准确的资料，从横向及纵向做好上市公司年度情况梳理汇总，才能充分体现年鉴的资料性，才具备编纂好年鉴的基本条件。因此，“行业篇”、“地区篇”的撰稿人必须把握好所收集资料的准确性。

2. 重视原则性

一是把好政治关。年鉴是“官史”，政策性是第一位的。撰稿中，要从宏观上审视年鉴的内容是否与党的路线方针政策和党中央、国务院关于金融领域、资本市场的指导思想相一致，确保年鉴内容的方向性、政策性和原则性，不出现偏差。二是把好保密关。编写中凡是涉及保密的内容，坚持内外有别、粗细适度、详略得当的原则，对一般性的保密问题把握编写技巧，对涉密的内容尽量避开，严格审核制度。各单位上报年鉴文稿前必须经单位相关负责人审核后再上报。

3. 突出资政性

各供稿单位编入年鉴的资料必须紧紧围绕上市公司的年度经营情况，准确反映各辖区、各行业上市公司的全貌，只有这样，年鉴的服务功能和价值才能在应用的实践中得到体现。资本市场中的各参与主体，通过历史与现状的对照分析，可以在优势与劣势、成功与失误的比较中，从内部到外部的相互关联中，清晰地看到事物变化的轨迹，预测未来发展趋势，从而权衡利弊得失，制定适当的经营方针和策略。

4. 强调精确性

不精确的数据影响年鉴的权威性。各地区、各行业撰稿人在获取某方面数据时可能会面临几种不同的数字来源（沪深交易所、WIND、天相、大智慧、本机构数据库等）。前几期年鉴来稿中，各地区、各行业的数据有较大差异，为后期统稿带来了困难。今年，我们增加了数据的前置校对，希望各地区、各行业撰稿人积极配合，遇到关于数据方面的问题，及时与年鉴编辑部沟通解决，保证年鉴数据的精确性。

5. 提高专业性

一是拓展国际视野，增加信息能量，吸引专业研究者，增强年鉴的学术研究价值；二是提升战略思维，鞭辟入里地分析经济现象，高屋建瓴地把握经济趋势，吸引实务工作者，提高年鉴的资治效能；三是增强可读性，活跃版面，增加图片反映，保留鲜活的历史资料，把年鉴作为宣传上市公司发展成就的重要窗口。

《中国上市公司年鉴》的作者都是资本市场具有影响力的专业人士，5年来，一直为铸就《中国上市公司年鉴》精品默默无闻地奉献才华和心血。在此，我谨代表年鉴编委会，向一直以来为年鉴的编写工作做出了巨大的努力和贡献的各位领导、同事、专家表示衷心的感谢！

根据证监会的统一部署，从今年起由中国上市公司协会承办编辑《中国上市公司年鉴》工作，希望《中国上市公司年鉴》的作者一如既往关心、支持、投入、倾注年鉴编纂工作，把年鉴编委会作为个人学术研究价值实现的重要平台和“为往圣继绝学”而立书的重要平台，衷心通过集思广益、献计献策、群策群力，共同努力将《中国上市公司年鉴》，打造成为反映中国上市公司发展状况的权威学术著作，共同谱写中国资本市场和中国经济的“资治通鉴”！

谢谢大家！

书写《中国上市公司年鉴》的新篇章[①]

各位领导、各位编委、各位嘉宾：

上午好！

又是一年秋风起，我们相聚在"三江之源"青海，相聚在河湟文化发祥地西宁。8月的青海，雪山静谧，大湖扬波，特别适宜放松心情，梳理思路，续写新章。2013年是《中国上市公司年鉴》创办的第7个年头，7年6部皇皇巨作，1000多万字，凝聚了在座各位的激情、智慧、心血和汗水，当然，也包含着深沉的感悟！教育家叶圣陶先生曾说：人生是可以为"为一事来，做一事去"的。因为有我们共同的坚持，年鉴坚持做起来了。因为这份事缘，我们走到了一起，成为了一个"群"，相信大家和我一样都十分珍惜这段"群"缘，把我们的年鉴精心地做下去。利用这个机会，我和大家交流几点感受：

一、上市公司年鉴是研究中国经济的重要视角

人们常说股市是经济的"晴雨表"，准确地说，上市公司更能代表和反映一国的经济实力和运行状况。数据显示，截至2012年底，境内上市公司2494家，总市值23万亿元，占GDP的比例达到44.36%；营业收入25万亿元，占GDP的比例达到47.19%，同比增长8.62%，高于7.8%的GDP增幅；实现利润2.6万亿

---

① 在《中国上市公司年鉴（2013）》编制工作会议上的讲话要点。

元，占规模以上工业企业利润的46.14%；上市公司缴纳的所得税一项，占到了全国企业税收总量的30.89%。数据表明，上市公司已经成为助推中国经济转型升级的中坚力量，是国民经济运行中最具影响力和成长优势的企业群体。

研究经济运行形势，上市公司更为客观和敏感。2012年以来，中国经济增速放缓，结构性矛盾凸显。2012年上市公司整体盈利能力下降明显，盈利结构严重失衡。2012年上市公司净利润总额19652.81亿元，同比增长0.93%，较2011年同比增幅下降12.27个百分点，其中，中小企业板实现净利润979.08亿元，同比下降9.45%，与2011年10.37%的增幅相比，下降了19.82个百分点；创业板实现净利润241.78亿元，同比下降8.52%，与2011年18.44%的增幅相比下降26.96个百分点。这表明，中小企业经营状况不容乐观。

考察中国企业发展状况，上市公司更为直观和前瞻。2012年以来，我国企业经营成本上升，转型压力增大。这在上市公司2012年的数据中得到了充分反映：一是增收不增利的现象十分明显，2012年实现营业收入246307.9亿元，同比增加9.69%，而其净利润仅增长0.93%，财务费用大幅增长38%，销售费用和财务费用的增幅也在10%以上；二是净资产收益率明显下降，主板、中小板和创业板净资产收益率分别为14.09%、9.52%、7.87%，较2011年分别下降1.85、2.93、3.23个百分点，表明上市公司内生增长能力较弱，反映了经济转型任重道远；三是银行业和实体经济的业绩反差扩大，2012年16家上市银行实现净利润10269.28亿元，占全部上市公司净利润总额的52.25%，较2010年41.16%和2011年45.79%的占比进一步加大。剔除16家上市银行、中国石油和中石化两家公司，其他上市公司2012年实现净利润7592.18亿元，同比下降12.46%。在全部上市公司19个大的行业门类中，净利润下滑的有7个，其中，农林牧渔业、制造业和批发零售业下滑的最大，分别下降43.48%、26.41%和19.02%，表明生产性行业和周期性行业景气度较低。

分析经济运行质量，上市公司更为显性和深刻。创新能力和流动性状况，是分析经济运行质量的重要指标之一。从创新能力看，上市公司存在着产业化、市场化的机制性障碍。近年来，我国创新能力建设稳步提高，科技研发经费支出每年以20%以上的速度递增，2012年全社会科技研发经费首次突破1万亿元，研发人员总量 320 万元，居世界首位。但是，从企业的创新能力看，与国际水平相比尚有较大差距，2010~2012 年我国上市公司的研发费用总额分别为 1023.7 亿元、1303.2 亿元、2271.4 亿元，占营业收入的比重分别是 0.56%、0.58%、0.93%，呈现逐年递增趋势。整体来看，我国上市公司研发经费占营业收入的比重，低于 3%的国际平均水平线，也略低于规模以上工业企业的平均水平（2010~2011 年数据为 0.686%、0.846%）。分市场层次看，2010~2012 年，创业板市场上市公司研发经费占营业收入的比重分别为 4.45%、4.93%、5.63%，高于国际平均水平线；中小板市场上市公司研发经费占营业收入的比重分别为 1.85%、2.22%、2.53%，趋近国际平均水平线；相对而言，主板市场上市公司研发经费占营业收入的比重分别为 0.45%、0.44%、0.78%，远低于国际平均水平线。总的来看，由于经济转型背景下的微观环境传导机制不理想，以及“新兴加转轨市场”的制度供给不足和追求短期盈利增长驱动，我国上市公司的研发投入和创新能力建设尚有较大的发展空间。

从流动性状况看，2012 年，我国非金融业上市公司的债务有 16.04 万亿元，比 2001 年增长了 11.19 倍，以可比口径计算，2001~2012 年间非金融业上市公司负债的年均增长速度是 19.24%，高于同期资产增速 16.15%。上市公司有息负债占总负债的比重从 2007 年的 44.73%上升到 2012 年的 46.39%，说明上市公司在持续扩大财务杠杆。值得关注的是，2012 年在有息负债为正的 1999 家非金融业上市公司中，短期有息负债占比超过 50%的公司占比高达 74%，有 1479 家，短期有息负债占比 90%以上的公司比例高达 45.2%，有 904 家，短期有息负债占比在 95%以上的公司比例高达 40.7%，有 814 家。上述数据表明，在当前上市公司债务规模持续增长的环境下，流动性紧张无疑将增大企业经营风险，特别是当前的偿债压力和财务风险。

二、上市公司年鉴为研究中国经济提供了重要维度

经济学产生于“活跃”的经济活动之中。六部《中国上市公司年鉴》，记载着中国改革开放最近20年最先进的发展成果，为研究中国经济、丰富中国经济学提供了重要维度。2007年在酝酿筹备成立中国上市公司协会之初，证监会范福春副主席做出编辑、发布《中国上市公司年鉴》的指示。自2007年创刊以来，在证监会历任领导的关心、指导下，在证监会各有关部门、各地证监局、沪深交易所、各大证券公司研究机构、4大证券报、部分境外交易所及部分上市公司的大力支持下，《中国上市公司年鉴》已成为全国唯一的集资料性、综合性、存史性、年度性等特征为一体的关于中国上市公司年度信息资料梳理汇总的综合性年刊。

7年多来，《中国上市公司年鉴》编纂工作，始终牢固树立创新创优、追求卓越的理念，在继承宝贵经验的基础上不断探索创新、稳中求变，取得了积极的进展。在体现年鉴时间连续性和内容框架稳定性特点的基础上，坚持年鉴品牌生成的内在要求——信息资料的存史性、信息资料的权威性、信息资料的服务性，经过全体年鉴编纂工作人员的辛勤努力，形成了较为稳定的中国上市公司年鉴风格。

《中国上市公司年鉴（2012）》在以下方面进行了探索实践：一是加大了年鉴的信息量，编辑部在上市公司地区篇中增加了各地区国民经济发展概况，便于读者对比相关数据，在上市公司行业篇中加大表格及柱、饼状图的比例来表现历年数据；二是经过年鉴编辑部与各地证监局的共同努力，解决了地区篇中统计口径差异问题，又以模板的形式，规范了文字书写、计量单位等；三是为拓展年鉴的国际视野，扩大信息容量，强化资料性，联合纽约、伦敦、德意志、多伦多等境外交易所等有关研究单位，加入了对国际板块情况的介绍，拓展了年鉴的知识性、指南性、检索性；四是改进了数据流程，进行初期收集、前置校对、中期沟通、后期审核，并从地区、行业、纵向、横向反复比较，确保年鉴数据的准确性。这些实践探索，进一步提高了年鉴的信息质量，为研究中国经济提供了更加

翔实、全面的样本。

一部年鉴，凝聚了众多编撰人员的心血，是大家精诚合作、无私奉献的成果。《中国上市公司年鉴（2012）》撰（组）稿人员名单上是266位，加上未上名单的撰稿人和提供资料的同志，大约是300多人的群体。很多同志在工作中热情主动，兢兢业业，精益求精，表现出了强烈的使命感和忠诚的专业精神。2012年国庆长假，许多撰稿人与编辑部的同志，是在枯燥乏味而又要求一丝不苟的文字校对和数据复核中度过的。年鉴是一个系统工程，如果不是大家各尽其责，通力合作，哪一个环节上出毛病，卡住壳，整个编辑出版过程就难以顺利地进行下去。这种团结合作、相互支持的协作精神，是年鉴编制、出版的基本保证，也是这个群体最重要的精神财富。正是大家辛勤的付出，成就了六部内容丰富、翔实的经典年鉴，为研究中国经济提供了重要维度。

三、推动上市公司年鉴编制工作向规范化、专业化、可持续方向迈进

年鉴的历史渊源可以追溯到古代历书，如中国古代以编年体记事的《春秋》。据专家考证，西方编撰异于历书的年鉴，是英国在16世纪开始逐年出版的连续性刊物。近代以后，随着资本主义社会的产生和发展，记录科学技术领域和社会生活方面的信息和资料就成为人们不可缺少的工具书。年鉴作为现代信息社会的象征之一，美、英、德、法等欧美国家十分重视年鉴的出版，美国现在有10000多种年鉴，其中最有影响的《世界年鉴》，发行270多万部，并且有日文、意大利文等译本，受到各阶层读者的欢迎。

年鉴作为现代出版物出现在我国是在20世纪初，通过翻译出版外国年鉴从西方引入。1979年以后，随着我国改革开放的深入，年鉴出版事业进入蓬勃发展的新时期，各类年鉴如雨后春笋般出现，年鉴从几种、几十种发展到如今的3000多种，初创时期的粗糙形象已日益改变，年鉴的质量也逐渐提高。随着现

代科学技术突飞猛进的发展，科学知识出现日新月异的增长，在这浩如烟海的知识面前，读者迫切需要一种高速度、高密度、高容量的知识结晶体，以便能够及时而又全面地获取系统的知识信息，以适应知识结构“新”、“深”、“实”的需要。因此，年鉴在蓬勃兴起的“信息社会”中承担着十分重要的作用。

任何一种出版物都是以读者和社会的需求为目的的，只有读者认可，才会有市场，才能发挥其应有的社会作用，才能产生社会效益和经济效益。因此，以读者需求为导向，以秉笔直书为使命，推动年鉴编制工作向规范化、专业化、可持续方向迈进，是年鉴生命力之所在。这就要求我们从以下五点入手，强化年鉴的服务性功能。

第一，转变观念，明确年鉴定位。必须明确我们办的出版物是“为谁而编，编给谁用”的问题。因为只有编者转变服务观念，树立服务意识，才能立足自身的实际，优化框架，优化选题，狠抓质量，克服局限性，发挥自身的优势和潜力，突出个性特色，走出一条开拓创新的可持续发展的道路。

第二，坚持“读者至上”。一切编辑活动的服务对象都是读者，最大限度地满足读者的需求是编辑活动的根本宗旨。读者是编者、作者的直接服务对象，只有拥有众多的读者，作者和编者的劳动才有意义。为此每一位年鉴编纂工作者都要认真地了解读者、贴近读者、服务读者，想其所想，根据读者的需求来制定内容，并经常收集、听取读者的反馈意见，不断改进编纂工作，提高撰稿的质量。明年的工作会议，我们会邀请一些上市公司的代表参与互动，使内容进一步贴近读者，努力以年鉴的个性特色和高质量来适应读者，吸引读者，并形成一个相对较为稳定且逐渐扩大的核心读者和基本读者队伍。

第三，强化作者意识，构建作者队伍。任何一种出版物，有了好的稿源才能编辑出好的刊物。对于年鉴这一庞大的系统工程来说，它必须有一支了解本年鉴的性质和编写要求，具有一定撰稿经验和能力的作者队伍。对于上市公司年鉴这种专业性较强的出版物，则更需要具有较高的素质，了解资本市场的发展进程，熟悉中国上市公司的年度综合情况的专业人士为其撰稿，以提升年鉴的学术性、权威性。在编纂实践过程中，还应在稳定各地区、各行业的撰稿人、审稿人的基础上，注意各地区、各行业的新的撰稿人、审稿人的衔接，从而保证年鉴作者队伍的活力，确保年鉴质量，这也是年鉴具有较强生命力的基础。

第四，对读者负责，正确使用统计数据。年鉴作为资料库、信息库，必然要容纳大量的统计数据。统计数据在年鉴中的作用及规范性使用，是增强年鉴的资料性和科学性的前提条件，由于个别稿件在统计数据、统计口径、统计方法、名词术语、概念表述、计量标准等方面使用数据及统计指标等不规范，编辑部每年要花费很大的精力对全书统计数字进行重新核算修正。因此，一定要重视数据的应用，重视数据本身的准确性、使用的规范性以及表达的完整性。

第五，要正确处理好编者与作者的关系。作为刊物的编纂者，他既是创新成果的传播者，又是对创新成果进行再创造的组织者，因为编辑活动的本质特征是创意和把关。故任何一种刊物的出版，都包含着编者与作者双方的劳动成果，两者是相互依存的协作关系。编者与作者的密切配合，可缩短稿件的处理周期，提高效率，应注意引导和激发作者的参与意识。只有编者与作者互相促进，互相支持，并使作者的积极性和创造力充分发挥，我们所办的年鉴才会有特色，有质量，更实用。

各位编委、各位嘉宾、各位同事，在过去的 2012 年，各供稿单位的领导、各位编委、各位审稿人、撰稿人、联系人为了年鉴工作的编制和出版付出了辛勤的劳动，倾注了大量的心血与热情，你们的工作成果必将岁月留痕、史册留名。从今年开始，我们每年的编制工作会议将对上年度撰稿单位和个人进行荣誉激励，对各供稿单位、各位审稿人、撰稿人的辛勤付出给予肯定和感谢。

年鉴记录着时代的步伐，时代赋予年鉴生机和活力。我们相信，在证监会领导的支持、指导下，在各供稿单位的领导、各位编委、各位审稿人、撰稿人的通力协助和支持下，《中国上市公司年鉴》会越办越好，年年有进步，年年有提高。在此，我谨代表年鉴编委会、编辑部，向前来参加会议的各位领导、各位编委、各位嘉宾，并通过你们向未能到会的全体年鉴编纂工作人员再次表示衷心的感谢！

谢谢大家！

中国—经合组织公司治理研讨会总结发言[①]

各位嘉宾，经过一整天的交流和对话，相信给予大家的印象是广泛而深刻的。这次研讨会最大的特色是以“从实践中来到实践中去”的视角看待公司治理，来自公司治理实践前沿的不同类型的上市公司、机构投资者的董事长、总经理们朴实无华的演讲，引人瞩目；难能可贵的是国际组织、自律组织、研究机构的专家们，更加关注从实践的需要进行理论探讨，提出了很多真知灼见。

我非常赞同彼得先生提出的“真正的挑战是实践公司治理的行为”。正如李小雪副会长在开幕式致辞所说，中国公司治理的进步，是在实践的推动下亦步亦趋，不断完善取得的。回顾中国上市公司治理的发展历程，有五方面的重要事件具有里程碑意义：一是推行强制信息披露制度，形成了公司治理外部机制的基础；二是推动股权分置改革，构成公司治理的股东共同利益基础；三是清理大股东占用资金问题，维护和保障了法人财产制度；四是控制权市场和退市机制的形成，健全公司治理的外部机制；五是导入先进的财务会计制度和内控规范，二者都率先在上市公司推行，前者初步建立了与国际会计准则趋同的会计规范，后者正在践行之中，可以期待随着内部控制规范全面推行，必将实实在在地促进上市公司治理内在机制的完善。

今天的会议给我印象最深的是无论监管者、专家，还是具体实践者，都在共同关注公司治理的实践性、协调性和适应性。提高公司治理的实践性，是变被动治理为主动治理的内在要求。实现主动治理的有效途径是发挥企业自治、行业自

① 2012年7月2日。

律、政府监管三者的积极性，“三位一体”发挥主观能动性共同推进公司治理建设。提高公司治理的实践性，需要关注并强化公司治理规范的协调性与适应性。增强公司治理的协调性，就是强调公司治理的目标与公司持续发展的经营目标相协调。有效率的公司治理结构，不只是防范违法违规行为，更重要的是通过构建科学合理的长效机制，实现利益各方的激励相容和有效协作，提升企业创造价值的能力和公司质量，促进公司健康持续发展。增强公司治理的适应性，就是强调公司治理结构要与公司治理的内外部环境和社会文化背景相适应。现阶段我国的上市公司形成了独具中国特色的多元化股权结构和股权文化，并处在社会转型带来的复杂经济环境中。研究探索特色化、多元化的公司治理结构，以适应我国上市公司特有的股权文化和生态环境，尤为重要。这需要监管机构、自律组织、上市公司、中介机构和科研院校各方的共同努力。

在公司治理方面，上市公司协会自成立以来做了大量调研、沟通和传导工作，但毕竟时间太短，很多工作还刚刚开始，效果有待逐步显现，我们将以本次论坛的研究成果为新的起点，继续深入调研、反映公司治理实践的现状与问题，发掘、推广公司治理最佳的实践，配合监管机构推进公司治理的健全和完善工作，推动上市公司科学健康可持续发展。

今天会议即将闭幕，在此我代表主办方、协办方感谢各嘉宾的莅临并贡献许多真知灼见。西方有句谚语：“赠人玫瑰之手，历久留有余香”，感谢境内外企业家、专家对推动中国公司治理建设所做的发人深省的介绍和思考。

最后，我想借用一个代表东方智慧的佛经故事来结束我们今天的讨论，佛教《楞严经》中有这样一个形象的说法，“以手指月，得月忘指”（原文注：“如人以手，指月示人，彼人因指，当应看月；若复观指，以为月体，此人岂惟亡失月轮，亦亡其指。何以故？以所标指，为明月故，岂惟亡指，亦复不识明之与暗”）。这个说法是以月喻法，开示人们切不可执指而忘月，执着于名相而不能通达实相。就如我们今天讨论的话题，公司治理的实践意义在于促进股东利益可持续的最大化，公司治理的实践行动比公司治理的形式讨论更为重要，关注公司治理的实践性，公司治理的研讨也才能历久弥新，我们期盼“但愿人长久，千里共婵娟”。谢谢大家！

中国—德国公司治理实践研讨会总结发言[①]

各位嘉宾：

“夕阳无限好，只是近黄昏”，刚才大家的讨论很精彩，但是我们研讨会到了该结束的时间。一整天的交流和研讨，我发现与会嘉宾始终保持着一种专注和清明的神情，这表明今天的研讨会是一次真正的“诲人不倦，学而不厌”的思想盛宴，在这种情形下总结似乎有些多余，“此时无声胜有声”更好。但是，受主办方李小雪执行副会长、豪纳恩主席和吉乐先生委托，让我为今天的研讨会做一个“收官”，表达一下中德关于公司治理实践的研讨已有了一个良好的开端，可以期待更加深入、广泛、持久的对话。

上午讲到秋天是一个收获的季节，那么今天应该是一个丰收的日子，中德双方监管部门、自律组织、上市公司、机构投资者的代表、专家学者进行了务实、深入的交流和探讨。我们欣喜地看到，今天的讨论聚焦在“公司治理的有效性”方面，大家奉献、分享了许多真知灼见。比如，德国大使馆商业参赞罗伯特·埃尔森先生和深交所蔡奕先生，都共同关注了公司治理实践中的“灵活性”和“软法律”对提升公司治理有效性的积极作用，表明公司治理的有效性必须有利于促进企业可持续发展的长远利益。

德国发行人协会豪纳恩主席、赫森教授和清华大学汤欣教授从法规和实务两方面深度地介绍了德国公司治理双重体系的特点，深刻揭示了无论单一体系还是双重体系的公司治理，都是监督控制职能与管理执行职能在不同的法律制度、经

① 2012 年 10 月 25 日。

济实践和文化背景下做出的不同的制度安排，但是二者共同的目标都是追求高效率、低成本的治理，且符合企业可持续发展的长远利益。对此，张新文副监事长在讨论中给予了深刻的点评，并进一步阐释了中国采取董事会、监事会平行的治理格局的历史渊源和发展趋势。

中国神华的黄清先生、上海汽车的王剑璋女士、獐子岛的孙福君先生为大家奉献、分享了公司发展以及独立董事、监事会的最佳实践案例，表明公司治理有效性的核心原则是符合公司发展的根本利益。国泰基金的田昆先生、上交所的曾刚先生共同关注了理性投资和机构投资者对公司治理的影响，揭示了市场机制有利于规范公司治理。

与会嘉宾的演讲和讨论，异彩纷呈，不胜枚举。中国古代的圣人听到优美的音乐可以三个月不知道肉味，相信与会嘉宾对今天会议的回味将持续相当长的一段时间。

最后，我们要感谢为本次研讨会精心筹备的中方和德方工作人员，是他们的努力为我们分享到这次思想盛宴准备了“餐具”。同时我们要感谢证监会相关部门的领导、同事对本次会议的支持。上午祁斌主任算了一笔账，他提出“中国的经济总量 10 年以后有可能超过美国”，他说林毅夫教授计算的是 30 年，刚才，证监会研究中心黄明主任告诉我他的精确计算是 20 年。无论是 10 年、20 年、30 年，都寄托着一种不断进步的期许和愿景，具体的时间反而不是太重要了。

我坚信我们今天的研讨会在促进中德两国上市公司治理实践的进步方面必将带来很大的增益和推动。

在此，我对与会嘉宾的参会表示衷心的感谢，今天的研讨会到此结束，谢谢大家！

2013中国上市公司峰会启动仪式致辞[①]

尊敬的宋丽萍总经理，

各位嘉宾，女士们、先生们：

上午好！

经过精心准备和周密策划，由中央电视台和中国上市公司协会联合主办的“2013中国上市公司峰会”将于今天启动。

和2012年一样，峰会的主角是上市公司。作为资本市场的基石，我国上市公司群体的规模持续增长，资产质量稳步增强，行业结构持续优化，公司治理水平不断提高。统计资料显示，截至2012年底，境内上市公司共2494家，总市值23万亿元，占GDP的比例达到44.36%；营业收入25万亿元，占GDP的比例达到47.19%，同比增长8.62%，高于7.8%的GDP增幅；实现利润2.6万亿元，占规模以上工业企业利润的46.14%；上市公司缴纳的所得税一项，占到了全国企业税收总量的30.89%。数据表明，上市公司已经成为助推中国经济转型升级的中坚力量，是国民经济运行中最具影响力和成长优势的企业群体。

峰会是促进上市公司交流合作的重要平台。中央电视台作为主流的权威媒体，致力于传播中国经济持续发展的正能量，中国上市公司协会作为新型社会组织，着力打造促进上市公司交流合作的高端服务平台。峰会是中央电视台和中国上市公司协会携手合作的重要成果之一，是共同为上市公司表达发展愿景、反映发展成果、分享治理经验、维护整体利益提供的平台服务。30多年来，我国企业主要靠技术模仿、产业跟踪实现了快速追赶。今天，以上市公司为代表的中国

① 2013年6月6日。

优秀企业群体，越来越多地开始参与国际前沿竞争，进入了培育全球领先企业的重要阶段，与此同时，我国企业也开始面临向创新驱动发展转型的新挑战。加强对话和交流是应对挑战的重要途径。可以展望今年的峰会，必将是上市公司群英荟萃，围绕打造中国经济升级版，分享经验，展望愿景，规划蓝图。

社会中间组织是现代市场体系的三大支柱之一，作为联系政府与企业的桥梁和纽带，其话语权就是服务权。中国上市公司协会自 2012 年成立以来，积极探索促进改善上市公司发展环境的话语权建设，在改善上市公司内部治理方面，以独立董事、监事会为切入点，开展了“倡导公司治理最佳实践”活动，搭建对话平台，邀请了 100 多位企业家、行业专家、中介机构专业人士交流、分享改善公司治理的经验，总结了 450 多个最佳治理实践案例，形成了通过相互借鉴、砥砺共进、自惕自律改善公司治理的新路径。在改善上市公司发展外部环境方面，2013 年以来，中国上市公司协会结合贯彻落实党的十八大精神，针对改善企业发展环境、促进企业转型的问题，从企业的视角，就改进政府与企业的关系组织了专题调研。先后在北京、沈阳、南京和西安实地走访了 10 多家企业，与 50 多位企业家深入探讨，并针对企业共同关注的话题向近 2000 家企业发放问卷调查，回收了 1526 份有效调查问卷，根据企业普遍反映的情况，用第一手资料分析政企关系，形成了改善政府与企业关系，改善企业发展环境的 24 条建议，反映了改善企业经营环境在多方面都有发展空间。24 条建议作为第三方追踪评估的结论，得到了国务院领导的高度重视并做出批示。在上述活动中，得到了中央电视台财经频道的大力支持，极大地提升了主题活动的传播力。今后，中国上市公司协会将持续关注和促进改善企业发展环境，并继续携手中央电视台等权威媒体，积极搭建促进上市公司发展的话语权平台，助推激发上市公司的发展活力和创造力。

古代哲学家荀子在其《劝学》篇中说：“登高而招，臂非加长也，而见者远；顺风而呼，声非加疾也，而闻者彰。”搭建上市公司话语权平台，权威电视媒体必将发挥不可替代的积极作用。我们期待，“2013 中国上市公司峰会”，不负众望，成为一年一度上市公司对话交流的盛典；众望所归，成为上市公司高水平、高质量的服务平台；万众瞩目，成为共同展望资本市场的“中国梦”圣殿。

谢谢大家！

中国上市公司“走出去”研讨会总结发言①

各位嘉宾：

经过一天的交流，大家可能都有点儿疲劳了，毕竟这是一次跨越南北两个半球的对话。距离产生美，但是差异也给我们带来了陌生，刚才毕马威漂亮的80后王薇薇女士给我们介绍了代表巴西文化的桑巴舞，复星集团CFO丁国其先生为我们安排了代表中国文化的太极拳表演。一个热情奔放、动感活力，一个行云流水、内敛含蓄。这种文化差异必然带来经济社会的差异，中国企业要“走出去”并取得持续发展，的确不是一件容易的事。

在业务、经验和规则方面，大家有了一整天的交流。我想换一个角度来总结我的体会。非常有意思的是，太极拳所蕴含的古老的东方智慧，可以为我们实施“走出去”战略提供许多启示。首先，太极拳有所谓“太极十年不出门”之说，为什么不出门？是因为练习者需要脱胎换骨，通过松静练习找到身体的最佳受力状态，只有这样才能在任何环境中做到“应物自然”。对于准备“走出去”的企业而言，不能急于“出门”，仓促“出门”，必须要根据企业自身的条件，去寻找适合自身发展需要的国际市场资源，并以自身的“最佳受力状态”去适应属地国的各种复杂环境。其次，太极拳十分重视“知己知彼”的功夫，练习太极拳的人都知道太极功夫有三个境界，一是着熟，二是懂劲，三是神明。着熟是熟悉各种方法的运用，得心应手，这是知己的功夫；懂劲是通过气场感知到对手行动的方法和方向，这是知人的功夫；神明是“应物自然”，是指具备应对各种变化环境

① 2012年11月26日。

的能力。这种太极修为，正是我们准备“走出去”的企业应当具备的修为。今天各位嘉宾的演讲，包括刚才热烈的讨论，都是在强调“走出去”的首要条件是知己知彼。这种知己知彼不是简单的、外在的，而是像中国古老的故事庖丁解牛所描述的境界“以神遇而不以目视，官知止而神欲行”，即真正能够与对手融为一体的认识。我们今天所讨论的话题——跨境并购，其成功的途径，无疑与“太极功夫”有异曲同工之妙，即要做知己知彼的功夫，才能求得百战百胜之效。在此我们要再次感谢本次论坛承办方复星集团特意安排的太极表演，为我们今天讨论的命题提供殊途同归的文化印证。我想今天的研讨会已为我们大家打开了一扇了解巴西的窗口，期待着我们的企业走进巴西取得成功。

中国上市公司协会以“服务、规范、自律、提高”为宗旨，上市公司的需求就是我们服务的方向，中国上市公司协会将以今天的研讨会为开端，充分发挥中间组织的特殊作用，努力为会员“走出去”提供促进交流服务、汇聚资讯服务、联系渠道服务、反映诉求服务，努力为会员“走出去”做一些实实在在的服务工作。

本次研讨会和服务会员“走出去”系列活动的交流成果，将在中国上市公司协会网站上专题介绍，欢迎大家和全体会员关注。

最后我代表主办方，向中巴双方各界专家积极、专注参加今天的研讨会表示衷心感谢，感谢承办方复星集团的周到会务安排，感谢今天与会媒体朋友的敬业和协会工作人员的奉献，今天的研讨会到此圆满结束，谢谢大家！

《证券时报》上市公司价值评选颁奖典礼致辞[①]

尊敬的温子健社长、各位嘉宾：

下午好!

首先，我代表中国上市公司协会祝贺《证券时报》主办的“上市公司价值评选”圆满揭晓！今天，我们在六朝古都隆重举办颁奖典礼，既是巧合亦为人谋，因为两者在人文上具有天人相应的一致性。上市公司的价值塑造是千锤百炼、时空沉淀的成果，正如金陵古都的文化底蕴，是“钟山风雨起苍黄，百万雄师过大江”，是“何处望神州？满眼风光北固楼”，是“南朝四百八十寺，多少楼台烟雨中”的历史沉淀、文化沉淀和伟业沉淀。上市公司的价值形成也是这样需要辛勤浇铸、长期耕耘而得。前段时间，我到烟台张裕，100 年前中国的第一桶葡萄酒诞生就是经过 18 年无声无息、默默无闻的试验才酿造出来的。昨天我们到苏宁电器，看到了世界一流的信息化营销和管理集成系统，一种全新的商业模式即将改变和提升人们的生活质量，而这一切是 20 年的执着和 10 年坚持的硕果，可见上市公司的价值创造绝非一朝一夕之功。“不经一番寒彻苦，哪得梅花扑鼻香”，我们倡导这样经风沐雨、长期积淀的价值创造。在此，我要向今天参会的价值创造者们致以最崇高的敬意。

近代中国经历了千年未遇的大变局，上市公司的价值创造成为引领当代中国经济社会转型和进步的重要标杆。在上市公司价值评选中，相关的机构、专家和投资者对上市公司的经营管理、公司治理、价值增长、股东回报、社会责任进行

① 2012 年 6 月 23 日。

了综合评价。从更深远的意义看，上市公司价值创造包含了以下四个维度：一是推动了现代企业制度的建立和完善，夯实了社会主义市场经济的微观基础；二是培育了适应市场经济的企业家队伍，创造了就业机会，促进了当代中国经济社会转型；三是为投资者提供了分享经济增长和财富积累的机会；四是依托科技进步改变了人们的生活方式，提高了生活质量。截至目前，近2500家上市公司已经成为中国经济增长的战略引擎。可以预见，上市公司价值创造也必将成为引领创新型国家战略实现的先锋。在此，我们应该为今天参会的上市公司价值的创造者们喝彩和鼓掌。

上市公司协会成立以来，秉持“服务、规范、自律、提高”的职责，支持旨在引导社会进步，经济增长，提高上市公司核心竞争力的上市公司价值评选活动。近期，中国上市公司协会还将携手《证券时报》等主流媒体，开展倡导上市公司治理最佳实践的活动。通过广泛征集最佳实践，组织交流研讨，举办培训引导，总结倡导上市公司治理的最佳实践等方式，促进不同类型、不同规模的上市公司，探索个性化的、行之有效的治理模式，提高上市公司的治理水平、持续发展能力和价值创造能力，进一步丰富和充实中国上市公司价值的内涵，提升上市公司价值创造的质量。

最后，祝贺当选的上市公司和与会同仁实至名归，祝愿颁奖典礼圆满成功！祝愿所有嘉宾在公司价值和个人价值创造中感受到花枝春满，天心月圆的喜悦！

我国香港特许秘书公会2013年晚宴致辞[①]

尊敬的施熙德会长，各位会员，女士们、先生们：

大家好！

首先，感谢我国香港特许秘书公会邀请中国上市公司协会执行副会长李小雪先生担任贵会2013年度庆典活动的主礼嘉宾。非常抱歉的是，由于工作安排原因，李小雪先生无法赴港出席活动。请允许我代表李小雪先生本人及中国上市公司协会，通过视频，向参加周年庆典的各位朋友，致以最诚挚的问候；向组织本次活动的各位同仁，表达最真诚的谢意。预祝今晚的盛宴圆满成功！

借此机会，我想向大家简单介绍一下中国上市公司协会。中国上市公司协会于2012年2月15日正式成立。现设10个职能部门，专职工作人员共33名，另有从会员单位借调的工作人员36名。作为一个年轻的协会，过去1年中，我们贯彻落实“服务、自律、规范、提高”的工作方针，着力开展自身组织建设、会员服务渠道建设、自律规范体系建设工作，基本实现了各个既定目标：

一是成功举办了协会成立大会、中期会议，与中国证监会、OECD联合举办了公司治理国际研讨会，与上海证券交易所联合举办了“第11届中国上市公司治理论坛”，与中央电视台联合举办了“2012中国上市公司高峰论坛”，探索打造促进会员交流合作的高端服务平台；二是积极推动会员登记工作，已有1667家上市公司登记为会员，占全部上市公司总数的67%；三是以倡导上市公司治理最佳实践、服务上市公司“走出去”为主题，积极探索自律服务体系建设；四是

① 2013年12月23日。

以维护上市公司整体权益为方向，探索新媒体时代舆论引导力建设；五是以广泛深入的调查研究为基础，积极促进政府和企业对话交流，反映会员的重大关切，传导资本市场改革的政策信息，为促进改善上市公司监管和发展环境进行了务实探索；六是探索分层次、分类别培训方式，开展差异化、特色化培训服务。回顾2012年，在全体同仁的共同努力下，协会开展了大量工作，树立了协会的良好形象，增强了协会的凝聚力，扩大了协会的影响力。欢迎大家浏览协会网站，关心、关注、支持、帮助协会发展。

值得一提的是，2012年，协会还与包括香港特许秘书公会在内的很多境外机构及国际组织建立了联系、启动了交流与合作。2012年6月，李小雪执行副会长在北京接待施熙德会长，两位会长就董事会秘书的专业化、职业化和国际化问题进行了深入的探讨。他们一致同意，两会应加强交流与合作，内容可包括共同举办上市公司治理研讨会、共同开发A+H股高级管理人员专业培训课程、支持公司秘书国际联合会申请把“公司治理，合规及公司秘书顾问服务”列入WTO服务业分类目录等。2012年8月，我本人率团出席了公会的“第八届公司治理研讨会”，并访问了香港秘书公会，得到了施会长和公会同仁的热情接待和悉心安排。更为可喜的是，在内地协会与公会已开始了务实合作，并建立了密切的日常联络和沟通机制。

各位朋友，展望未来，心生自信与欢喜。两地资本市场的内生联系，为协会与公会的交流合作创造了良好的条件；同样，公会与协会的紧密合作，必将为促进两地资本市场健康稳定发展做出相应的贡献。

最后，值此农历新年即将来临之际，请允许我预祝各位身体健康，阖家幸福，事业发达！让我们继续携手共进，为两地资本市场繁荣昌盛，为两地上市公司群体的健康发展不懈努力！

良宵盛宴，高朋满座，胜友如云，祝愿大家愉快交流，共度美好时光！

谢谢！

中国资本市场社会责任年会总结发言[①]

各位嘉宾：

大家好！

很高兴应邀参加中国资本市场社会责任年会，和大家一起分享资本市场社会责任的经验和成果。受主办方委托做最后发言，不敢说是总结，因为，到会晚了只听到部分专家的发言，但收获和启发很多。在此，我也谈谈自己的感受，尽量做到少占用大家的时间。

首先，本次年会讲的是资本市场社会责任，大家从这个主题出发，分享了很多真知灼见的话题，归纳起来可从两个方面来解读：一是从资本市场层面，所有市场主体的社会责任，主要体现在“两维护一促进”，即维护公开、公平、公正原则，维护投资者特别是中小投资者的合法权益，促进资本市场的健康发展。二是从上市公司层面，社会责任是企业可持续发展的解决方案。此两者同出而异名，相得益彰。上市公司作为资本市场的基石，认真履行以投资者需求为导向的信息披露义务，是上市公司社会责任最本质的内容；公司治理始终关注上市公司的可持续发展，是上市公司社会责任最核心的任务。随着科学技术的进步和生态文明的发展，企业开始越来越关心自身运营对社会资源的占用和对环境的影响，企业越来越希望通过技术革新减少生产活动各个环节对环境可能造成的污染，同时也可以降低能耗，节约资源。越来越多的企业开始提出将履行社会责任作为公司发展战略，希望将社会责任作为企业独特的竞争优势。这足以看出，积极履行

① 2013 年 12 月 10 日。

社会责任，不仅是政策和市场的要求，也开始成为企业自身发展的内在需求。我们欣喜地看到，近年来上市公司已将社会责任提升到企业发展战略的高度，提升到增强投资者信心和吸引力的广度，已与企业的经营、管理、创新和发展紧密结合，将推动上市公司社会责任落到实处，促进和提高了资本市场体系的成熟和完善。

其次，责任投资在我国基金行业有了良好的起步。近年来，社会责任投资在海外资本市场已经蔚然成风。根据 GSIA《全球可持续投资报告 2012》显示，截至 2011 年末，全球七大地区将环境、社会和治理问题纳入投资选择与管理专业管理的资产已达到 13.6 万亿美元。由此可见，强调财富增长与社会可持续发展相结合的投资理念已经被全球投资界广泛认可。今天，《中国基金业责任投资调查报告》的发布是一个非常好的开端。此次调查现在带来的改变还很有限，但这是千里之行的第一步。社会责任投资的本质不仅是要求更多的财富回报，还要求我们的每一份投资都能够使我们的生活越来越清洁，越来越美好。我们期待着，基金行业作为机构投资者，在寻求管理资产增值的同时，运用资本的力量引导上市公司提高公司治理水平，增强其社会责任感，共同履行“两维护一促进”的资本市场社会责任。

最后是感谢。感谢主办方《证券时报》和全球报告倡议组织 GRI，为大家就共同关心的社会责任话题提供了一个很好的对话和交流的平台。同时，感谢全体与会者，在年终的百忙工作之中，很多企业家、专家专门抽出时间，相聚一堂共议社会责任话题，大家的热情本身就是身体力行社会责任的重要标志。感谢今天的发言嘉宾，能够将自己和企业的宝贵经验与成功案例和大家慷慨分享！感谢媒体朋友们，社会责任与每一个中国人都紧密相关，希望更多的媒体能够更多地宣传社会责任，让社会责任广为人知、广为人道、广为人传！

中国上市公司协会 2012 年成立两年来，作为服务型社会组织，恪守“服务、自律、规范、提高”的办会宗旨，科学定位、不越边界，努力搭建交流平台、传递政策信息、推动政企对话，引导上市公司更好地承担改善公司治理、提高信息披露质量、履行社会责任等义务，全面提高公司质量和社会形象。面对新形势、新挑战，我们愿与社会各界的同仁们共同努力，与企业界、媒体界，国内及国际的 NGO 组织们一起，共同推动中国资本市场的社会责任进程。

谢谢大家！

在"2013年第1期新上市公司董事长、总经理研修班"致辞（初稿）[①]

同志们、朋友们：

上午好！

在这七月流火的时节，由中国证监会上市公司监管部与中国上市公司协会共同主办的"2013年第1期新上市公司董事长、总经理研修班"如期开班。首先，我谨代表中国上市公司协会向参加此次研修学习的上市公司董事长、总经理表示热烈的欢迎和诚挚的感谢！

中国上市公司协会成立于2012年2月。一年多来，在证监会的指导下，在各会员企业的大力支持下，协会紧紧围绕"服务、自律、规范、提高"的办会宗旨，坚持建设去行政化的新型社会中间组织，各项工作有序开展，在致力于打造高层次、高水平的会员服务平台方面做了有益的探索和积极的尝试。1年来，我们主要做了三方面的工作：一是着力促进改善公司治理，提高上市公司质量。2012年8月以来，按照证监会的统一部署，开展了"倡导公司治理最佳实践"活动，在各地证监局、各地上市公司协会的大力支持下，广大会员积极响应，纷纷结合自身特点总结了行之有效的公司治理经验和做法，交流分享了公司治理最佳实践案例450多起，形成了相互借鉴、砥砺共进的风气。为推动形成政府监管、自律引导和公司自治"三位一体"的现代公司治理体系奠定了基础。

二是积极反映会员诉求，促进改善企业发展环境。2012年8月以来，协会及时关注会员重大关切的问题，积极反映会员的共性诉求。针对会员单位普遍反

---

① 2013年8月22日。

映的经营活动中税收负担过重或税率过高、高速公路重大节假日免费通行政策对上市公司的影响等问题进行专题调研，及时形成报告得到了相关主管部门重视，在政策完善和法规制定中吸纳了相关建议。2013 年以来，协会针对改善企业发展环境、促进企业转型的问题组织了专题调研，从企业的视角，提出了 24 条建议，包括改革投融资体制、减少项目审批、加快垄断领域改革、结构性减税等，形成了《改进政府与企业关系，改善企业发展环境》的调研报告。国务院领导对该报告高度重视并做出了重要批示。24 号在协会与央视联合主办的中国上市公司峰会上，将正式发布《2013 中国企业发展环境报告》。今后协会将持续进行中国企业发展环境的第三方评估工作，积极推进反映企业呼声的话语权建设，积极促进改善企业与政府关系，把为企业争取“话语权”作为服务会员的重要工作。

三是积极探索建立协会的工作机制，搭建更好的服务平台。在上述两项工作的实践中，努力探索建立社会中间组织的良好工作机制。在一年多的工作中，我们逐步理顺了在资本市场上证监会、交易所、派出机构与协会的关系，找到了自己的定位，为今后更好地服务会员打下了一个好的基础。原则上讲，行政监管部门不应管和管不好，而单个企业又难以做到的领域是协会发挥作用的广阔空间。

作为协会服务会员工作的重要组成部分，协会一直高度重视培训工作。如何找准协会培训工作定位、在现有培训体系之外努力探索出一个既贴近监管要求，又贴近上市公司实际需求的高层次、差异化的特色培训模式是协会培训工作的目标。根据证监会统一部署和《上市公司高级管理人员培训工作指引》的相关规定，从源头上提高上市公司的规范运作水平，切实加强上市公司高级管理人员的规范意识、自律意识和创新意识，协会在证监会的指导下，将着力做好董事长、总经理、财务总监的培训工作，在 2012 年 9 月成功举办“上市公司控股股东、董事长防控内部交易研修班”的基础上，今年的培训工作按监管要求分类、分层次展开，在师资搭配、培训内容和培训课程的针对性、前瞻性、实用性上有了更多的突破和提升。未来，协会还将继续发挥平台与纽带的作用，为会员提供更多更好的培训服务。

据介绍，此次培训受到了各上市公司的高度关注，报名十分踊跃，报名人数远远超过我们的预期，原定 120 人的规模最后实际报名人数超过 200 人。除董事长、总经理报名参会外，许多公司的董事会秘书、财务总监也想参与研讨学习；除近 3 年新上市的公司外，许多老上市公司也对培训内容表示了浓厚的兴趣，由于场地有限最后我们不得不控制规模。此次研修班得到了广大会员单位的积极参与和大力支持，在此我代表中国上市公司协会向大家表示由衷的感谢。有此鼓励，中国上市公司协会今后当更勤勉尽责，力求为上市公司提供最优质的服务，为各会员提供最具能量的智力支持！

最后祝大家学有所获！祝研修班圆满成功！

谢谢大家！

北京地区上市公司培训总结会发言[①]

尊敬的杨志强秘书长、霍学文书记、王红局长、王建平局长，女士们、先生们：

大家好！

首先，感谢北京市金融局邀请中国上市公司协会出席今天的会议，让我在新年到来之际见到了许多老朋友，结识了许多新朋友。借此机会，我想向大家简单汇报一下，一年来中国上市公司协会建设服务型自律组织的情况。2012 年 2 月 15 日，经国务院同意，中国上市公司协会正式成立。中国上市公司协会的成立是适应资本市场行政体制改革趋势，健全上市公司自律组织，进一步完善资本市场体系的重要举措。郭树清主席为中国上市公司协会确立了“服务、自律、规范、提高”的八字工作方针，成立之初着力开展了三大建设工作，一是推进自身组织建设，打造促进上市公司交流合作的高端服务平台；二是推进会员服务渠道建设，促进改善上市公司发展环境；三是推进自律规范体系建设，促进改善上市公司监管环境。在广大会员的支持下，各项工作取得积极进展。

一、探索建设服务型自律组织，积极传播资本市场的正能量

中国上市公司协会精心组织了成立大会和中期会议，境内外知名的 200 多位

① 2012 年 12 月 28 日。

企业家作为会员代表和理事出席了两次会议，认真履行了协会章程赋予的职责。中国上市公司协会与上海证券交易所联合举办了“第11届中国上市公司治理论坛”，与中央电视台联合举办了“2012中国上市公司高峰论坛”，与国际经合组织（OECD）、德国国际合作机构分别举办了公司治理国际研讨会，广泛宣传了上市公司的先进制度和科学发展成果，增强了凝聚力，扩大了影响力，传播了资本市场的正能量。截至目前已有近1700家上市公司登记为会员，占到全部上市公司总数的近70%。

二、加强服务渠道建设，促进政府与企业的对话与交流

一是积极拓展服务合作面。为促进改善上市公司发展环境，在国家各部委的大力支持下，中国上市公司协会邀请了15个部委的19名司局级干部担任非会员常务理事，利用协会平台增进了政府和企业的对话和交流，2012年共计组织会员与相关部委常务理事对话交流20余次。

二是积极探索新媒体时代的舆论引导力建设，维护会员的整体利益。会同中证报等主要证券平面媒体，共同发起建立“上市公司报道记者俱乐部”，倡导客观、公正地报道上市公司；邀请媒体记者全程参与协会的各项业务活动，增进媒体记者对上市公司的了解和信任；与中央电视台、第一财经等有影响力的电视媒体探索战略合作，联合开展“走进上市公司”活动，宣传报道上市公司科学发展成果。2012年有关中国上市公司协会活动的报道，纸面媒体发稿140余篇，中央电视台报道10条次，网络转载1600多条。

三是深入调查研究，积极反映会员的重大关切，为改善上市公司发展环境反映呼声建言献策。2012年，中国上市公司协会针对上市公司关心的退市制度、分红制度、税收制度完善、B股市场改革、民营红筹监管等形成数十份研究报告报送相关部门，努力在公共政策制定过程中反映会员呼声。

三、加强自律传导体系建设，促进改善上市公司监管环境

一是以独立董事、监事会制度建设为切入点，在全国上市公司中开展倡导公司治埋最佳实践活动。中国上市公司协会邀请13位知名独立董事、7位监事、境内外有影响力的12家审计机构、10家律师事务所、9家公私募机构投资者进行座谈交流。在证监会指导下，各地证监局推荐、上市公司协会组织、上市公司自发总结最佳实践案例，在各地形成了交流、普及最佳治理实践的示范效应。目前，共计收到200多家上市公司贡献的最佳治理实践案例，并着手进行了案例汇编工作。下一步，中国上市公司协会将会同沪、深证券交易所编制并发布《中国上市公司治理白皮书》，并探索制定发布相关自律行为指引。二是服务上市公司“走出去”，组织问卷调查，了解企业诉求，全面规划上市公司“走出去”相关的政策解读、信息共享、培训咨询和渠道建设等全方位服务体系。成功举办了“走进巴西”研讨会，组织专家向与会上市公司讲解“走出去”经验、挑战和注意事项，做政策解读，详细介绍了投资巴西相关的劳工政策、融资环境、法律法规、财税规定、文化差异等。三是探索分层次、分类别上市公司培训体系建设，积极尝试差异化、特色化培训服务。四是组织上市公司行业分类认定工作，尊重和维护会员的权益。

回顾2012年，中国上市公司协会在树立形象，增强凝聚力，扩大影响力，探索服务上市公司整体利益等方面开展了一些务实的工作。这些工作，得到了北京市政府、金融局、证监局和北京上市公司的大力支持，在此我代表中国上市公司协会表示衷心的感谢。中国上市公司协会在建设服务型自律组织方面刚刚迈出步伐，在新的一年里，衷心希望大家继续关心、支持、帮助中国上市公司协会的工作，推动中国上市公司协会在促进改善上市公司监管和发展环境方面，更好地发挥桥梁和纽带作用。

最后，时值岁末，请允许我向大家拜个早年，预祝大家在新的一年中身体健康，阖家幸福，事业进步！

谢谢！

南开大学上市公司治理指数发布与研讨会发言[①]

尊敬的陈清泰会长、龚克校长、李维安校长，各位领导、各位嘉宾：

上午好！

刚才陈清泰会长已就今天研讨会发表了主题演讲。李维安教授让我作一个发言，还有一个特殊的缘故，因为我是南开人，曾在南开大学学习。刚才龚克校长谈到南开大学的校训："允公允能，日新月异。"这是南开大学校长张伯苓先生1934年在南开创办30周年校庆纪念会上提出来的，"公"便是无私无我，"能"便是实干苦干；日新月异是要接受新事物，而且还要能成为新事物的创造者。南开大学公司治理研究中心在李维安教授身边集合了一批纯粹的专业团队，连续十年专注一个课题，连续十年发布中国公司治理指数和中国公司治理评价报告，"十年磨一剑"，这份专注代表了深度，也深刻诠释和代表了"允公允能，日新月异"的南开精神。今天承载着10年的丰厚积累，中国公司治理研究院正式挂牌。在此，我对本次治理指数、治理评价报告的发布和研究院的挂牌表示衷心祝贺！

公司治理是一个实践问题，因此受到广泛关注。我国理论界对公司治理的关注，早在20世纪80年代就开始了，但是真正进入广泛实践领域，应当是以1993年《公司法》的颁布和在国有企业全面推行现代企业制度为标志。因此，可以说公司治理在中国已经有了20年的实践，虽然与国际经验相比，我们还是刚刚起步，但是20年的实践成就，陈清泰会长概括总结为"今非昔比"，具有广泛的代表性。我非常认同李维安教授把中国公司治理实践形象地描述为三个阶段，

① 2013年1月23日。

一是公司治理结构的搭建阶段，二是公司治理运行机制的检验阶段，三是公司治理有效性的建设阶段。之前20年的实践主要是在做公司治理结构的搭建、公司治理运行机制的检验工作，现阶段应当关注公司治理的有效性建设了。这就像房子搭建好，内部装修也完成了，但是是否宜居，是否适用，这需要居住者自我感觉、自我发现，用老百姓的话说就是“鞋是否合适只有脚知道”就是这个道理。

在公司治理结构搭建阶段，其规划、设计和建设离不开监管，监管部门的强制规范发挥了重要作用，比如，改制上市要求规定了上市公司治理的基本底线，政府部门在国有企业全面推行现代企业制度等。在公司治理机制运行检验阶段，监管部门推动了股权分置改革、清理资金占用、开展建立现代企业制度检查和公司治理专项活动等。在这两个阶段比较突出表现出了政府部门整齐划一的推动作用。在公司治理的有效性建设阶段，由于上市公司历史沿革、行业背景、发展阶段的差异性，客观上每家公司的“有效性”是不能整齐划一的，因此自觉、自发、自律将发挥更大的作用，自律组织的作用将凸显出来，具体的做法是通过导向性的、倡导性的“软法律”来促进有效性建设，研究院发布的公司治理指数和公司治理评价报告，中国上市公司协会“倡导独立董事、监事会最佳实践”，都属于此类“软法律”。

党的十八大报告提出，深化金融体制改革，健全促进宏观经济稳定、支持实体经济发展的现代金融体系，发展多层次资本市场。也就是说，我国资本市场将进一步市场化和规范化，而上市公司治理的成熟和完善是至关重要的环节。刚才，李维安教授介绍了中国上市公司治理评价报告，表述了这样的结论，即金融类、中小板（创业板）上市公司治理优于主板，分析其原因之一是外部监管发挥了重要作用。这种结论是成立的，同时应当关注的更为重要的一个因素，是公司治理的内生机制，金融类上市公司特别是商业银行在改制上市过程中引入国际机构作为战略投资者，中小板（创业板）上市公司在“创业期”引入PE、VC，这些机构投资者的介入，对提升公司治理有效性方面所发挥的作用不可低估。我们在深圳一家创业板上市公司调研时，创始人、董事长谈到PE、VC介入创业后，对公司治理的体会归纳为三个习惯：一是习惯于让别人看账，二是习惯于被审计机构审计，三是决策时习惯于与人商量。因此，公司治理有效性建设，应当是股东制衡、公司自治、行业自律、政府监管共同治理的成果。

国际经验和中国改革开放30多年的实践表明，公司治理是微观领域最重要的制度建设。制度建设的效用需要一个科学而系统的评价体系，发挥检验和传导作用。今天，南开大学中国公司治理研究院同时发布了中国公司治理指数、中国公司治理评价报告和2012年度中国公司治理与发展报告，系统地总结了我国上市公司治理发展实践的最新状况，对于促进中国上市公司治理制度建设具有重要的理论价值和实践意义。2012年7月以来，根据郭树清主席的提议，在庄心一副主席的指导下，中国上市公司协会开展了“倡导独立董事监事会最佳实践”工作，这是我国上市公司治理发展实践在新的历史阶段，探索促进公司治理有效性建设的重要尝试，研究院的最新成果为这项工作提供了重要的理论和实践支持。我们希望南开大学中国公司治理研究院再接再厉，在学术研究方面再创新辉煌，在中国公司治理发展方面贡献新的力量。最后祝贺本次研讨会圆满成功！

谢谢大家！

中国上市公司发展成果发布序[①]

东风欲来满眼春。22 年的持续发展，一幅中国上市公司改革发展的历史画卷次第展开。雄关漫道真如铁，而今迈步从头越，这是创业辉煌的再现，是创业者辉煌的再现。

万涓成水，汇流成河。20 余年弹指一挥间，中国上市公司从无到有，从小到大，终成社会主义市场经济的坚实基础；星星之火，可以燎原，中国上市公司经过 22 年的持续发展，终成中国经济社会改革开放的中坚力量；22 年前中国资本市场和股份制经济蹒跚起步，22 年后中国上市公司已成为中国经济可持续增长的中流砥柱。

上善若水，海纳百川。中国上市公司作为现代企业制度的先锋队，夯实了中国特色社会主义市场经济的微观基础；中国上市公司作为国民经济发展的战略引擎，挺起了中华民族伟大复兴的铮铮脊梁。放眼全球，中国上市公司迈出了“走出去”的坚实步伐，纷纷跻身世界 500 强。22 年上下求索，博采众长，中国上市公司治理取得了历史性跨越，会计制度、信息披露和内控规范比肩国际标准，并购重组活动日趋活跃，促进“转方式，调结构”。作为国民经济发展最先进、最透明、最具活力的企业群体和社会公民，承担起企业社会责任，促进生态文明建设、可持续发展和社会和谐进步。

这就是我们，全体上市公司！22 年峥嵘岁月，凝聚成这一刻，2012 年 2 月 15 日中国上市公司协会正式成立！中国上市公司有了自己的群体代言人。中国

① 本文收录于《证券时报》2012 年 2 月 15 日。

上市公司协会以"服务、自律、规范"为基本职责，致力于为上市公司科学发展、规范发展、可持续发展鼓与呼！传与习！驱与驰！让我们带着希望与收获，带着荣誉与自豪，带着使命与责任，携手共创各美其美的辉煌成绩，共建美美与共的精神家园，共迎和顺和谐的壮丽前程。

后 记

辨机，是指敏锐而深刻的思辨。机者机锋，本义是弓上的机牙和箭锋，机是喻指契合真理的关键、机宜，锋是喻指活用禅机的敏锐状态。以之为名，是想表达对所关注实相深入、深刻的思考。“大道行思，取则行远”（《左传》），是一种人生追求，也是一种精神生活状态，就如人们所向往的“诗意地栖居在这片大地上”（荷尔德林）一样。从 2007 年开始策划、2012 年挂牌成立“中国上市公司协会”，经历了创业体验和换位思考，故得以汇集成书。感恩开启我智慧的明师高贤，感谢相伴我前行的今世有缘，还有那些纷纷扰扰、临流不止的修行。

如如不动，随机而动。这份坚守与坚持源自亲人的陪伴和朋友的支持。感谢妻子牛燕姝在百忙之中为我校阅了部分书稿，感谢大儿子安宣诚在异国他乡的奋斗给予了我欣慰和鼓舞，感谢小儿子安宣耔的伴随和成长使我的内心安静而丰满。最后诚挚致谢经济管理出版社为本书的设计、编辑、校稿付出的心血，致谢出版社我熟识或者不知名的各位同仁为本书的出版发行付出的辛劳。

叶落归根是人性的终极关怀。搁笔之际，总想起远方家乡白发苍苍的母亲，虽然在通话中母亲已不能完全听清我的所说，我们经常是一个说东，一个说西，但是我还要坚持天天和母亲通话。因为，那是伴我前行的力量源泉，那里有一个少年时代的誓言：为了母亲的微笑……

安青松

二〇一四年九月八日

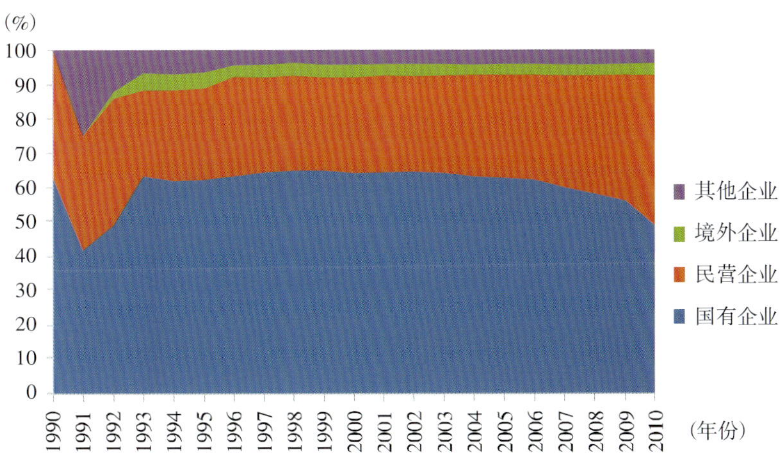

图 2　1990 年以来上市公司控股性质情况

资料来源：WIND。

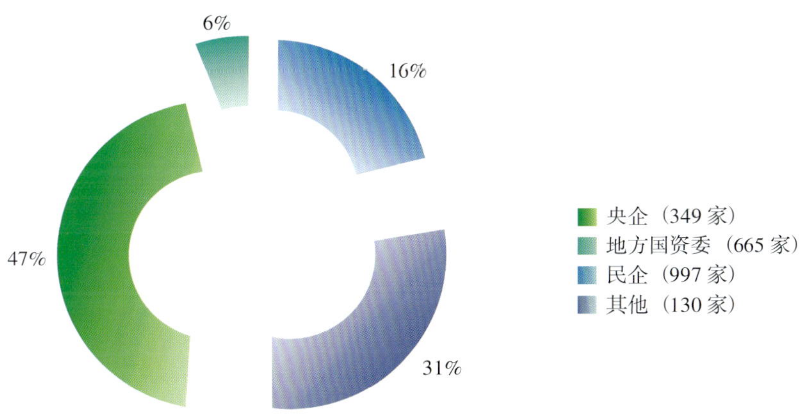

图 3　2011 年的上市公司控股性质

注："国有"包括统计表中实际控制人为大学、地方国有企业、地方国资委、地方政府、国务院国资委、中央国家机关以及中央国有企业的上市公司；"其他"包括统计表中股权较为分散没有实际控制人的、实际控制人为集体企业、职工持股会以及其他的上市公司；"实际控制人"的定义根据《上市公司收购管理办法》第 84 条：有下列情形之一的，为拥有上市公司控制权：（一）投资者为上市公司持股 50%以上的控股股东；（二）投资者可以实际支配上市公司股份表决权超过 30%；（三）投资者通过实际支配上市公司股份表决权能够决定公司董事会半数以上成员选任；（四）投资者依其可实际支配的上市公司股份表决权足以对公司股东大会的决议产生重大影响；（五）中国证监会认定的其他情形。

资料来源：WIND。

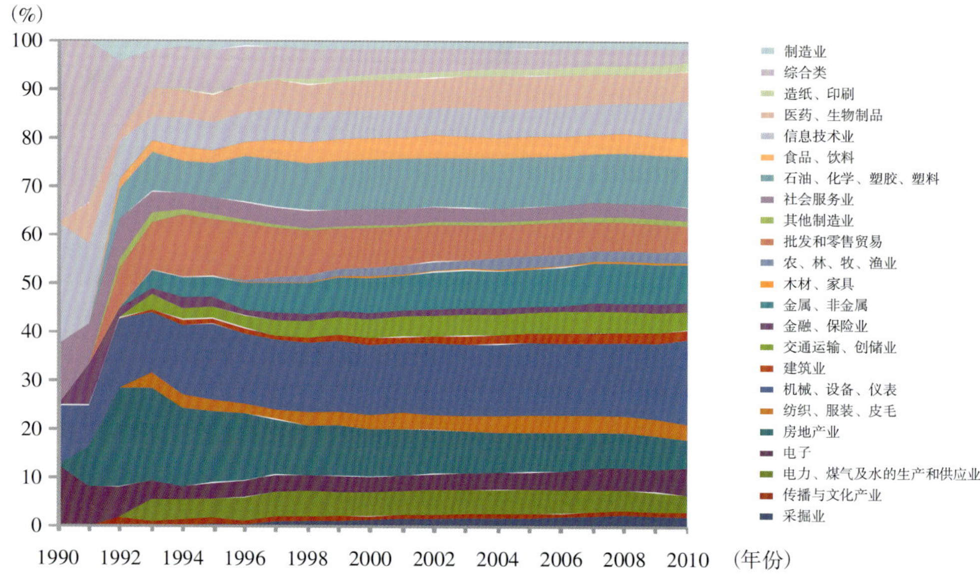

图 4　1990 年以来上市公司行业分布情况

资料来源：WIND。

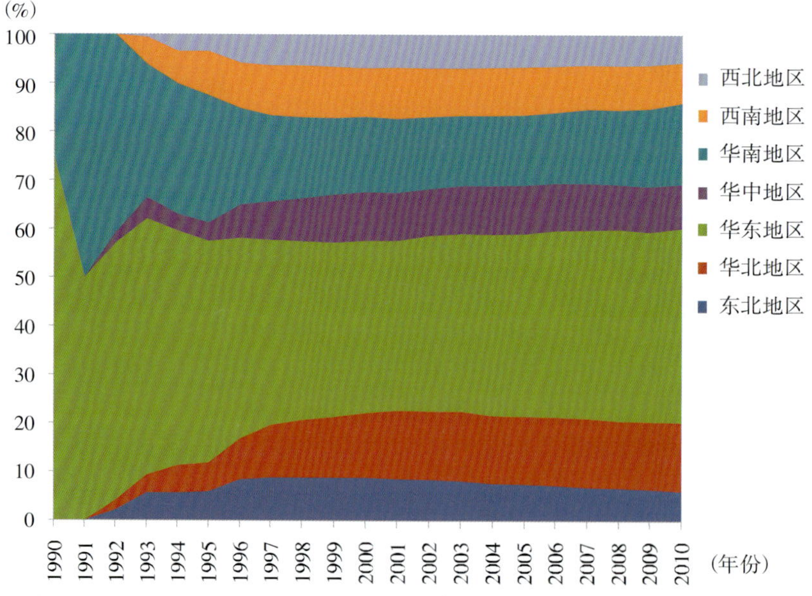

图 5　1990 年以来上市公司区域分布情况

资料来源：WIND。